财务管理

（第 2 版）

主　编　胡志勇
编写者　（以姓氏笔划为序）
朱磊磊　胡志勇
莫礼莉　蒋华林

北京理工大学出版社
BEIJING INSTITUTE OF TECHNOLOGY PRESS

图书在版编目（CIP）数据

财务管理/胡志勇主编. —2 版. —北京：北京理工大学出版社，2012.1（2016.7 重印）

ISBN 978-7-5640-5314-7

Ⅰ. ①财… Ⅱ. ①胡… Ⅲ. ①财务管理-高等学校-教材 Ⅳ. ①F275

中国版本图书馆 CIP 数据核字（2011）第 243785 号

出版发行 / 北京理工大学出版社
社　　址 / 北京市海淀区中关村南大街 5 号
邮　　编 / 100081
电　　话 / (010)68914775(办公室)　68944990(批销中心)　68911084(读者服务部)
网　　址 / http：// www. bitpress. com. cn
经　　销 / 全国各地新华书店
印　　刷 / 北京富达印务有限公司
开　　本 / 787 毫米×1092 毫米　1/16
印　　张 / 15.75
字　　数 / 361 千字
版　　次 / 2012 年 1 月第 2 版　2016 年 7 月第 5 次印刷
印　　数 / 13001～14500 册
定　　价 / 30.80 元

责任编辑 / 袁　媛
张慧峰
责任校对 / 周瑞红
责任印制 / 王美丽

再版前言

自本教材第一版出版以来，先后被会计学、国际经济与贸易、人力资源管理等十多个经济管理类专业选用为教材。在多轮征求意见后，本次再版时，我们进行了如下修订：

第一，近年来，我国经济现实中企业并购与资本重组频频发生，引起了各界的普遍关注。在本次修订中，我们对企业并购与资本重组的基本理论进行了专题探讨。

第二，尽管本教材以介绍财务管理基本理论和基本方法为原则，以提高财务管理分析的实际能力为宗旨，但考虑到我国的现实国情，我们在货币时间价值、财务分析中所用的计算公式尽可能与国内相关专业资格考试中的表达方式相协调。

第三，为了方便学习中查阅、使用，在附录中增加了货币时间价值的相关系数表。

本书由胡志勇、朱磊磊和蒋华林等合作编写完成。胡志勇负责全书的策划和审订，同时负责第一编第三章，第三编的第六、七、八章和第四编第十章，以及全书的四个附录的撰写；朱磊磊、蒋华林负责第一编第一、二章，第二编第四、五章和第三编的第九章的撰写，莫礼莉负责第三编第十一章的撰写，全书最后由胡志勇统稿。另外，莫礼莉和黄波共同承担了配套课件的制作。

由于水平与能力有限，本次再版中难免存在一些不足和差错，请读者们批评指正。

本书的出版获得了广州大学继续教育学院教材出版基金的资助及广州大学领导和北京理工大学出版社的大力支持与帮助，特别是广州大学王美兰、张汝国等提出了很多有益建议，在此一并表示感谢。

编　者

前 言

本书是根据高等教育的人才培养目标、教学大纲及该课程教学的实际状况编写而成的。在参考大量的有关著作和文献的基础上，我们按照企业财务管理活动的一般规律和理论与实践紧密结合的原则，以企业资金运动特征为主线，力图简明地、系统地介绍现代企业财务管理的基本概念、基本原理和基本方法，重点论述现代企业筹资、投资和分配等问题的决策理论与方法，并在以下5个方面进行了积极的探索和尝试。

第一，理论的前沿性和系统性。我们将近几年来国内外经过实证研究证明具有合理性和科学性的最新研究成果加以系统化，并作为本书的理论基础，如市场有效性学说、资本资产定价理论等。

第二，理论的实用性和可操作性。在保证理论系统性和前沿性的基础上，面向财务管理中的重点领域，提高理论的实用性和可操作性。长期以来，理论的实用性和可操作性是许多应用学科教材未能妥善解决的主要问题，我们对这一问题给予了极大的关注，尽最大可能来安排和处理。首先，选择具有可操作性和实用性的财务管理理论作为本书的理论基础；其次，在解决同一类具体财务管理问题的众多学说和方法中，选取具有实用性和操作性的方法构成本书的企业财务管理方法体系，并选择和配备了大量的实例来加强理解与应用；再次，为了达到理论和实践紧密结合的目的，选取了国内外几个实际财务管理事件作为案例，具体揭示其决策思路、理论和方法。

第三，分析工具的可应用性。虽然财务管理学提倡严密的、科学的数学分析，但为了便于不具备高深数学知识的读者阅读，我们以通用软件 Excel 作为本书案例分析的主要工具，力图使读者能够在较短的时间内熟悉和应用这些分析方法来解决实际财务管理问题。

第四，内容的现实性和政策性。我们在材料的选择与安排上，尽可能紧密地贴近企业财务管理实践的需要，尽可能符合我国现行的有关政策与法规的要求，尽可能总结财务管理实践中的成功经验和财务管理理论的最新研究成果，由浅入深地阐述财务管理的有关内容，尤其注重现代企业发展所必需的财务理论和所应采取的财务管理决策方法。

第五，财务管理方法的普遍性和适用性。在结构体系的安排上，基本上是按照企业财务管理实践的内在规律进行的，所选择的主要财务管理方法也具有普遍意义，适用于各种不同类型的企业。对一些重要的、具有普遍性的财务管理方法，不仅总结了一般的分析步骤，而且用具体问题来加以分析与运用，给读者示范。特别在一些重点章节里，还以一个现实中的财务管理实务专题贯穿始终，以便读者模仿和更深入地理解、掌握这种分析方法，使之能够运用到我国企业实际财务管理工作中，发挥它的应有作用。

企业财务管理理论十分广泛，企业财务管理环境在不断发展，企业财务管理实践也日趋纷繁，由于时间和水平所限，我们仅尝试探讨现代财务管理的主要方面，我们希望我们所做的这种努力和探索，能对读者有所裨益。

本书由胡志勇、朱磊磊和蒋华林等合作编写完成。胡志勇负责全书的策划和审订，同时负责第一编第三章，第三编的第六、七、八章和第四编第十章，以及全书的四个附录的撰写；朱磊磊、蒋华林负责第一编第一、二章，第二编第四、五章和第三编的第九章的撰写，莫礼莉负责第三编第十一章的撰写，全书最后由胡志勇统稿。另外，莫礼莉和黄波共同承担了配套课件的制作。

本书的出版得到了北京理工大学出版社的大力支持与帮助，在此表示感谢。此外，特别感谢广州大学王美兰、张汝国等提出的有益建议。

由于我们水平与能力有限，本书难免会存在一些不足之处，请读者们不吝指正。

编　者

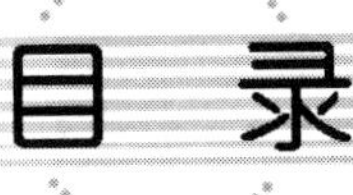

目录

第一篇　财务管理基础

第二篇　营运资本管理

第三篇　长期资产与资金管理

第四篇　利润分配管理与企业并购、重组

第一篇

财务管理基础

在开始学习之前，让我们先来看几个问题。如果你将进行自主创业，要开设自己的企业，你必须以某种形式回答下面的问题：

（1）你将进行何种投资，即你将从事何种行业？需要什么样的厂房、设备和机器等？

（2）如果你将进行长期融资，那么你融资的来源是什么？

（3）你将如何管理每天的财务活动，如何管理企业的现金、信用政策，如何制定财务计划以及资本支出预算？

（4）如果企业赚得了一定利润，应将多少股息发给股东？将多少留给企业用做再投资？

这些问题是财务管理学需要解决的基本问题，对这些问题的回答也就构成了财务管理学的主要内容。财务管理是对企业的资金进行规划和控制的一系列管理活动，也就是说财务管理实质是对企业现金流量的安排，它主要研究企业投资、筹资和股息分配等与财务决策有关的理论与方法。显然，学习财务管理有助于回答上述问题。通过学习财务管理，掌握企业财务决策的理论和方法，有助于了解企业经营中所面临的一系列财务问题，认识到各种活动对企业获利能力的影响，即哪些活动为企业创造价值，创造了多少价值，进而通过理性决策提高企业的价值。

本部分将着重探讨企业财务管理的理论基础，主要包括财务管理理论的演进过程，企业财务管理的环境、目标和内容，货币时间价值、财务分析、财务规划和财务预算等，为后续学习企业财务管理的专门技术和方法奠定基础。

第一章

财务管理概述

财务管理学是以企业资金运动为研究对象的一门应用学科，是管理学科中迅速发展的重要分支之一。本章主要介绍财务管理理论的演进过程、环境、目标以及内容等基本范畴，特别是企业财务管理的目标理论和财务管理的内涵。

第一节　财务管理的演进

学习财务管理之前，首先要对财务管理的产生和发展过程有一定的了解。只有了解了历史，才能更深入地了解它的内涵并学以致用。

一、财务管理的演进

作为一门独立的学科，财务管理理论产生于20世纪初期，其演进经历了从产生、发展到不断完善的过程，大致有以下四个阶段。

1. 理论形成阶段（19世纪末到20世纪初）

1897年，美国著名财务管理专家格林出版了《公司理财》一书。该书是第一本论述财务理论的著作，它的出版标志着财务管理的正式产生。在这一时期，随着经济的发展，特别是金融业的兴起，生产和交换规模不断扩大，科学技术日益发展，股份公司蓬勃发展起来。为了满足当时经济发展的需要，企业要不断扩大规模，而扩大再生产需要大量资金投入，那么，企业通过哪些渠道可以取得资金？企业如何借助于普通股、债券和其他有价证券来筹集资金？这一阶段中，筹资成为了当时财务管理的重要职能。相应地，该时期理论研究主要关注负债和股东权益的管理，集中于外部筹资的方法，很少注重资产管理，以适应公司扩大经营规模的需要。

2. 调整过渡阶段（20世纪30～50年代）

在这一阶段，受全球性经济危机的影响，大量的企业倒闭，股价大跌，公司资金周转困难，企业生产不景气。在恶劣的环境下要维持企业的生存和发展，仅仅依靠筹集资金是不够的。相反，维持合理的资金结构、提高资金使用效果才是公司生存的必要基础。与之相应，财务管理学开始把研究重点转向了如何维持企业的生存。例如，如何运用资金？如何维持偿债能力？如何加强现金和存货的管理？如何制定资本结构和股息政策等。显然，这一时期，财务管理开始注重资产管理，研究角度开始从企业外部转向企业内部，服务于企业内部决策的需要。

3. 发展成熟阶段（20世纪50年代末期到80年代）

随着世界经济的复苏，企业迅猛发展，无论是从产品到市场，还是从技术到管理，都出现了前所未有的新局面，特别是跨国公司出现后，市场竞争更加激烈。企业外部环境的这些变化为财务管理提供了良好的机会，财务管理理论在这一阶段得到了很大发展。尤其是在20世纪50年代，F. Modigliani和M. Miller提出了MM理论；20世纪60年代，H. Markowitz，W. Sharp和J. Lintner提出了投资组合理论（CAPM），E. Fama提出了市场有效性理论（EMH）。这些理论共同奠定了现代企业财务管理的理论基础。在这一时期，财务管理的研究方法也逐渐从描述性转向分析性，尤其是对风险和报酬之间关系、资本结构等重大问题的研究从定性转向了定量研究，并提出了许多融资、投资项目决策方法，财务管理已经不再是单纯的筹资管理，营运资金管理和投资管理等得到重视，现代财务管理理论初步形成。

4. 不断深化阶段（20世纪80年代以来）

在这一阶段，金融市场不断完善，大量新金融工具涌现，企业融资方式多样化，投资组合方式也日益完善，财务管理活动已经渗入到企业经营活动的方方面面。一般而言，金融工具的大量使用意味着企业面对的不确定性将增加，企业经营状况与市场利率、通货膨胀、政府的宏观经济政策等之间的联系更为紧密。为此，财务管理的重要性也日益凸显。在这一阶段，因代理理论、信息不对称性理论等的发展，财务管理理论的内容得以进一步丰富。在这一时期，我国进行了众所周知的经济体制改革，现代企业制度和市场经济体系也随改革开放的步伐逐步得以确立和完善。顺应我国经济体制改革和经济发展的进程，在吸收国外现代财务管理理论的基础上，国内的财务管理理论也迅速发展，为财务管理理论增添了许多转轨经济背景下的新内容，并初步形成了适应我国企业实际状况的财务管理理论体系。

二、企业的组织形式

企业是依法成立的、以营利为目的的、从事经营活动的单位，是实行独立核算、自负盈亏的经济实体。无论企业是以何种组织形式进行经营活动，都有一个共同的追求——实现股东财富最大化。企业的组织形式一般可以分为独资制、合伙制和公司制三种类型。

（一）独资企业

独资企业（Sole Proprietorship）是一种比较古老的商业组织形式，也称为个人企业。顾名思义，它是由一个业主单独出资创立的企业。这是一种最简单的企业形式，也是规范程度最低的企业形式。从法律的角度来看，企业和业主是一体的，业主拥有企业的全部资产并对企业债务承担无限责任，这也就意味着，如果企业在面临大量债务无力偿还时，业主将以其私人所拥有的财产来偿还债务。

独资企业所具有的优点主要为：

（1）创立成本低，易于成立。企业主可根据自己的意愿，向工商部门申请，按照企业设立的相关条例，办理相关的手续后即可营业。

（2）有一定的独立性，经营决策完全取决于业主。业主是企业的所有者也是经营者，业主在进行决策时，可以不受外人的影响，对企业所有的经营项目、营销手段和企业财务管理等实施完全控制，从而有利于抓住市场机会。

（3）利润归业主本人所有。独资企业一般不是企业所得税的纳税主体，不必缴纳企业所得税。由于企业主的个人资产和企业资产之间也没有明显的界限，在我国，独资企业的所得作为业主的个人所得交纳个人所得税。

企业的独资性决定了它必然存在一些局限性：

（1）企业寿命有限。独资企业与业主个人息息相关，而业主个人的生命是有限的，从而决定了独资企业寿命的有限性，一旦企业业主死亡，企业也将不复存在。

（2）资金来源有限，筹资渠道狭窄。由于独资企业仅依靠业主个人力量，而业主个人的财力、经营企业的能力和筹资能力都有一定的局限，难以大规模地从事生产经营活动。特别是，如果业主做出不利于企业生存和发展的决策，就有可能立刻为企业带来灭顶之灾，导致企业破产。

（3）业主对企业承担无限责任。这一无限责任意味着企业一旦资不抵债时，业主个人就必须对企业的全部债务负责，并承担无限赔偿责任。此外，独资企业的产权也很难转移，若将产权转移，也就意味着将整个企业出售给新的所有人，这也是独资企业最大的缺点。

（二）合伙企业

合伙企业（Partnership）与独资企业类似，只是其业主由两个或者两个以上的人组成。合伙企业是由各合伙人自愿合作、共同出资创立起来的经营实体。根据合伙人承担经济责任的不同，合伙企业又可以分为一般合伙企业和有限合伙企业。

除了业主是两个或者两个以上外，一般合伙企业与独资企业基本相同。一般合伙企业中，任何一个合伙人都可以代表企业，所有合伙人对企业的债务承担无限责任。由于所有合伙人将共同分享企业收益，也需承担企业的损失，各合伙企业分享收益、承担损失的方法会在合伙协议里予以规定。当然，这个协议可以是不正规的口头协议，也可以是正式的书面协议，但一般多为正式的书面协议。

在有限合伙企业中，一般有一个或几个合伙人对企业负无限责任，而另一些不经常参加经营管理活动的合伙人只对企业承担一定的或有限的责任。这些负有限责任的合伙人所承担的损失，一般也只限于合伙人对合伙企业的出资。当然，各合伙人的权益和责任会在合伙协议中明确予以规定。在我国，会计师事务所和律师事务所等常常采取有限合伙企业的形式。

合伙企业的优缺点与独资企业的基本相同，一般合伙企业的合伙人对企业负无限责任，合伙企业的寿命取决于合伙人的寿命以及出售整个企业的愿望。合伙企业的所得需作为各合伙人的个人所得纳税，产权转移相对较为困难。

正是由于独资企业和合伙企业都难以筹集大量资金，所有者对企业债务负无限责任，企业的寿命有限，而且所有权转让困难，导致独资企业和合伙企业的发展能力受到限制。为了适应社会和经济的发展，公司制企业应运而生。

（三）公司

公司（Corporation）是以盈利为目的的“法人”，拥有自然人所具有的权利、义务和权益。公司作为现代企业的组织形式，其最大的特点就是所有权和经营权相互分离，公司的所有者（股东）不需亲自经营企业，而是雇用他人（代理人）代表自己的利益行事，实现企业的经营目标。在这一组织形式下，股东和管理层是两个完全独立的群体，董事会由股东选举产生，管理层由董事会任命，并根据董事会的授权处理公司的日常事务。归根结底，股东掌握着整个公司的所有权。

在这一企业组织形式下，公司的所有者（股东）对公司的债务承担有限责任。现实中，公司进一步分为有限责任公司和股份有限责任公司两类。其中，有限责任公司股东的责任限于其出资，而股份有限公司可以发行股票筹集资金，股东的责任也仅限于其所占股份的出资，但公司作为独立法人，以其全部资产对其债务承担法律责任。

正是所有权和经营权相分离的这种特殊性，决定了公司制企业具有一些独特的优势：

（1）所有权（股份）易于转让。股份有限公司的资本划分为股份，每一份金额相等。股份的持有者就是公司的所有者，股票与它代表的财产权有不可分离的关系。换言之，股东权利的转让也就是股票占有的转移，而股票可以在证券市场上自由转让。

（2）生命期无限。由于所有权转移相对容易，公司可以具有无限生命力。由于股东无需经过其他所有者的同意，可以自由地转让股份，因此公司不会因为所有者或者经营者的死亡而寿命终结。除非公司破产清算，否则，公司可以无限期经营下去。

（3）责任有限。公司股东只以其出资额为限对公司的债务承担责任，公司股东最大限度的损失仅限于他们的全部出资。

（4）融资能力强。由于公司可以发行股票吸收新的股东，股东的数量可以非常庞大，从而极大地增强了公司的筹资能力，为公司的发展提供了可能。

然而，公司这一组织形式也存在一些不足。比如，重复纳税。公司作为企业法人，须就其所得交纳企业所得税，而股东从公司税后利润中取得的股息还需交纳个人所得税。此外，公司的设立需按相关法律法规办理，设立手续烦琐，设立期间长，创建成本较高。特别是公司所有权和经营权的分离会出现委托代理问题，其代理成本高。

第二节　财务管理环境

企业财务管理受到众多环境因素的影响，为此，有必要对这些环境因素有所认识，并予以关注。一般而言，财务管理环境分为微观环境和宏观环境两个方面。

一、财务管理的微观环境

财务管理的环境直接影响到企业生产经营活动，认识企业的内部微观环境，是财务管理工作的起点。财务管理的微观环境又称公司的内部财务管理环境，包括公司的内部组织结构、生产环境、采购环境、市场环境和企业的经营管理水平等因素。

（一）公司的内部组织结构

公司的内部组织结构是企业指挥系统和信息报告系统的体现，它指明了企业从事生产经营活动时内部各部门之间职责、权限的划分。现实中，尽管每个公司的组织结构都会有所不同，但其基本构成还是大同小异的，图 1.1 显示了多数公司组织中的财务部门机构，从中可以清楚地看出各财务职能部门的设置及其相互间的职责分工。在多数公司，财务总监（CFO）居于重要地位：作为总裁（CEO）的助手，直接受公司总裁的领导；作为财务部门的最高负责人，直接领导着公司的财务部门。财务经理和主管会计受财务总监的直接领导，并分别承担着财务管理和会计核算职责。

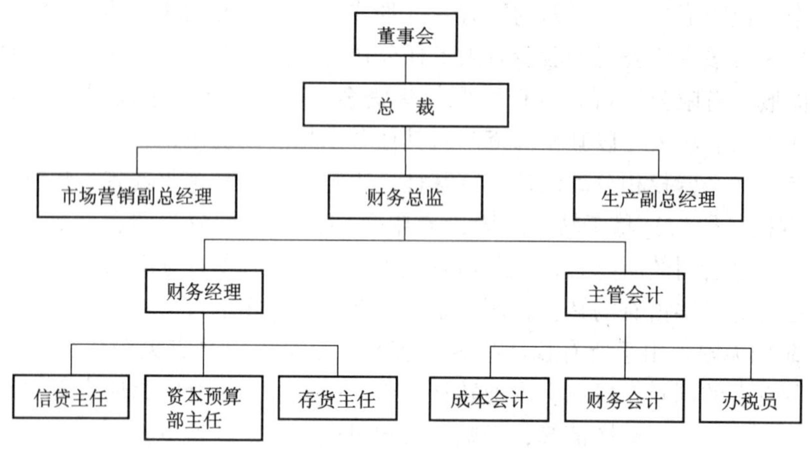

图1.1　公司组织结构

（二）生产环境

人力资源、技术资源和时间资源等都是企业生产环境的组成部分，为此，企业的生产环境对财务管理必然有着很大的影响。例如，公司所处地理位置、厂房状况、机器耗损状况、交通运输条件、雇佣员工的数量以及工资和费用等因素，都是财务管理中必然会面对的。这些因素通常会影响公司的成本预算、投资额、固定成本、产品定价、存货量等。

（三）采购环境

采购环境也可称为材料物资供应环境。一般地，采购环境可分为稳定的采购环境和波动的采购环境。稳定的采购环境下，企业所采购物资的来源比较稳定，有固定的采购市场和采购材料，不用担心货源的问题，而波动的采购环境则不同。在波动的采购环境下，企业所需材料物资的供应可能受季节或不可抗力因素的影响而无法采购到。显然，在不同的采购环境下，企业材料物资的采购量和库存量会有所不同。若企业的采购环境比较稳定，可以减少存货量，即减少了存货所占有的资金。反之，若处于波动采购环境下，企业则需要增加存货量，而这就意味着企业为了避免因为存货短缺而影响生产经营活动，需将更多的资金用于储存材料物资等存货。

按材料物资价格的波动情况，还可把采购环境分为涨价的采购环境和跌价的采购环境。一般而言，在不影响生产经营的条件下，许多企业在涨价期都尽量少采购，而在价格下降时相应地增加采购量，从而减少存货占用的资金。

（四）市场环境

市场环境也叫竞争环境。它反映了一行业内各企业之间的竞争关系，即市场竞争的强度。市场环境对企业财务管理有着十分直接和重要的影响。企业所处的竞争环境通常包括以下四种。

1. 完全竞争市场

完全竞争市场又称纯粹竞争市场，是指一种竞争完全不受任何阻碍和干扰的市场。它通常具备如下特征：第一，有众多的市场参与者，即买方和卖方众多。由于买方和卖方数量多，任何一方都难以对市场价格产生影响；第二，产品或服务是同质，即产品不存在差别，从而卖方之间能够进行完全平等的竞争；第三，无进入和退出障碍。生产资源可以完全自由流动，企业可以依照自己的意愿自由地进入或退出市场；第四，信息是充分的，即消费者和生产者都有充分的信息。显然，在完全竞争市场上，市场价格由供求双方的竞争决定，个别卖方和个别买方都只是这一价格的接受者。

2. 完全垄断市场

完全垄断市场又称"纯粹垄断市场"或"独占市场"，是指完全由一家企业所控制的市场。它通常有如下特征：第一，卖方只有一家，而买方则很多；第二，存在进入障碍。技术专利、专卖权、政府管制或自然环境等条件的限制，使其他卖方无法进入市场；第三，产品或服务无替代品。在完全垄断市场上，垄断企业作为价格的制定者可以操纵价格，它通常会通过限制产量来控制价格，从而把价格保持在较高水平上，以获取最大利润。

3. 不完全竞争市场

在这一市场中，既存在垄断，又存在竞争，既不是完全竞争又不是完全垄断。它一般会有如下特征：第一，产品存在差别。正是由于产品在性能、质量、外观、包装、商标或销售等方面存在差别，不同企业的产品能够以其特色在一部分消费者中形成垄断地位，但同类产品的相互替代性会形成一种竞争的状态；第二，市场上竞争者较多，但无任何企业占明显优势；第三，进入或退出障碍较小；第四，买卖双方都有足够的信息。

4. 寡头垄断市场

这一市场是由少数几家企业所垄断的市场，一般是由市场进入障碍导致的。在这一市场上，由于各企业对整个行业的价格都有举足轻重的影响，它们通常会通过各种或明或暗的形式就价格和产量达成某种协议，合伙谋求最大利润的可能性。

（五）经营管理水平

企业的经营涉及生产环境的选择、物资采购与供应、产品的生产、包装与销售等一系列的管理工作。在激烈的市场竞争中，企业是否能够生存和发展在很大程度上取决于企业的经营管理水平。大量的研究表明：经营管理水平高的企业更可能在市场竞争中立于不败之地。

二、财务管理的宏观环境

财务管理的宏观环境是指对企业财务管理活动产生影响的各种外部条件，如国家政治体制、经济体制、经济发展水平、经济政策和金融市场状况等。其中，最重要的是经济环境，它不仅直接影响到财务管理工作，还对政治、法律、教育、社会文化等其他因素产生重要影响。

（一）政治和法律环境

1. 政治环境

一个国家的政治环境稳定与否直接影响着企业的财务管理活动，如军事政变、战争（包括内战）、政治体制稳定与否等，都直接影响着企业的投资、筹资等财务管理活动。和平和发展是当今世界发展的主旋律，特别是我国国内政治环境稳定，为我国企业的财务管理创造了良好基础。

2. 法律环境

法律环境包括企业与外部发生经济关系时应该遵守的各种法律法规和制度等，尤其是与企业生产经营活动有关的经济法律法规。改革开放以来，我国颁布了一系列涉及经济方面的法律法规和制度，如企业法、公司法、票据法、证券法、企业会计准则、银行法和税法等，构成了各企业从事生产经营管理，包括财务管理的法律依据。

（二）经济环境

影响企业经营和财务管理的经济环境主要有国际经济环境、经济体制和经济政策等。

1. 国际经济环境

目前，世界各国的经济发展水平大不相同。在经济发展水平上，不仅存在发达国家、发展中国家和不发达国家之间的差别，还存在各种经济组织成员国和非成员国之间的差别，特别是一些发达国家政府借助于经济政策和贸易壁垒，加大了它们与发展中国家和不发达国家之间的经济差距。同时，随着经济国际化进程的加快，跨国公司迅速发展，对企业财务管理产生了重要影响。

2. 经济体制

经济体制是指对有限资源进行资源配置并执行决策的各种机制，是一国的基本经济制度。一般地，按资源配置方式的不同，经济体制分为计划经济体制和市场经济体制。从国际上看来，实行计划体制的国家只占少数，大多数国家实行市场经济体制。在市场经济条件下，企业成为真正的财务管理主体，对资金的筹措、使用和分配有充分的决策权，并对企业的筹资、投资、股息分配等财务管理活动进行自主决策。经济体制对企业的财务管理工作有着巨大影响，因此企业管理层必须密切关注经济体制的改革举措，及时采取有效的应对措施。

3. 经济周期

市场经济下，各国经济的运行都遵守一定的规律——具有波动性，即有时衰退有时繁荣，这一规律对企业财务管理有极大的影响。经济发展的波动大体可经历复苏、繁荣、衰退和萧条四个阶段的循环。这些波动直接影响到企业的营业收入，如营业收入下降会阻碍企业的现金流转，造成成品积压不能变现，从而导致企业需要筹资以维持经营；相反，营业收入增加也可能会引起企业经营失调，造成存货枯竭，也需筹资以扩大经营规模。

4. 经济政策

随着我国经济体制的不断完善，各项经济政策陆续出台，如国民经济发展规划、国家的产业政策、经济体制改革的措施、政府的行政法规等。国家经济政策的制定对产业结构的调整、地区经济的发展和企业财务管理活动提供了机遇和条件，为各企业在市场经济条件下进行公平竞争、改善经营管理提供了良好的平台。

（三）金融市场环境

现代企业财务管理的基本职能是筹集资金和使用资金。当企业将其闲置的资金存入银行或投资于股票、债券，当企业从金融机构融资，或通过资本市场、货币市场进行融资时，企业与金融市场就有了直接联系。

金融环境是指企业融通资金的环境，金融市场是指资金融通的场所。广义的金融市场是指一切资本的流动场所，它包括实物资本和货币资本的流动。狭义的金融市场指的是有价证券市场，即股票和债券的发行和买卖市场。一个完善的金融市场由主体——金融机构、客体——金融工具和参加者三部分组成。（金融市场的进一步探讨见第八章第一节）

1. 金融机构

金融机构是专门从事金融活动的市场交易主体，在金融市场中起着十分重要的作用。它主要有：

（1）证券经营机构。证券经营机构是金融市场上最活跃的组成部分，企业可以其自有资本、营运资金进行证券投资。

（2）银行业金融机构。银行业金融机构包括中央银行、商业银行、城市信用合作社、农村信用合作社等吸收公众存款的金融机构以及政策性银行。

（3）保险公司及保险投资管理公司。保险公司是经营保险业务的金融机构，它通过吸收投保者的保险费，进行大量长期性的金融投资。目前，保险公司已经是全球最大的机构投资者，除大量投资各类政府债券、高等级公司债券外，还广泛涉及基金和股票的投资。目前，保险公司均发起设立了保险资产管理公司，对保险资产的投资进行集中管理。

（4）其他金融机构。其他金融机构包括信托投资公司、企业集团财务公司和金融租赁公司等。

信托投资公司是以受托人的身份代为管理财务的金融机构，主要业务包括经营投资和财产委托、代理资金托管和投资咨询等服务。

企业集团财务公司，是为企业内各成员技术进步服务的金融股份有限公司，其资金来源于企业集团各成员单位入股，但其业务只限于企业内部，不得从集团外吸收存款，也不能对非集团单位和个人贷款。

金融租赁公司是办理融资租赁融资的经济主体，其主要业务是对不动产和动产进行租赁、转租赁和售后回租。

2. 金融工具

金融工具是指在金融市场上交易的对象，它包括股票、各种金融债券、基金和商业票据、银行本票和权证等金融工具。金融工具大体可分为两大类：一类是基础金融产品，如债券、股票和银行定期存款单等；另一类则是金融衍生工具，它是基础金融产品相对应的一个概念，建立在基础产品或基础变量之上。其价格取决于基础金融产品的价格或数量变动的派生金融产品，如远期合同、期货合同、互换和期权等。

金融工具具有以下属性：一是流动性。流动性是资产在金融市场短期内没有明显损失的情况下变为现金的能力。一般说来，投资期限短，交易费用低，市场价值相对稳定的金融工具流动性较大；反之，流动性较小。二是风险性。风险性是投资于金融工具的本金不但不能收回还可能产生经济利益损失的特性。投资金融工具的预期收益是不确定的，这种损失的可能性来自于发行金融工具的机构的盈利状况、经营水平等因素。不能收回本金的可能性越大，则此金融工具的风险越高。三是收益性。收益性是投资者投资金融工具能够获取利益的高低。一般用报酬率来衡量收益性的高低，报酬率即投资者获得的收入与投资本金的比值。收益是和风险相对应的，风险较大的金融工具要求的报酬率相对较高；反之，报酬率低的投资对象其风险也相对较小。

3. 金融市场的参与者

金融市场的参与者可分为资金的筹资者和投资者。一般而言，企业为了能正常从事生产经营活动，需要向社会募集大量的资金。一种途径是直接向银行贷款，但此方法有一定的局限性，除受大量银行规章制度的限制外，融资量也不够大；另一种方法则是企业公开融资，即通过向社会发行股票或债券达到筹集资金的目的，但这一公开融资需符合相关法律规定，并经政府主管部门批准后方可发行。在这一情形下，企业就成为金融市场上的发行者。发行者向投资者出售发行证券的市场称之为“一级市场”或“初级市场”；而个人和单位等资金的供给者在金融市场上进行证券交易买卖，实现投资目的的市场称为“二级市场”或“次级市场”。一般而言，企业往往兼具了资金的供给者和需求者的双重身份，而个人、政府和金融机构是金融市场上资金的主要供给者。

4. 金融市场的风险

当企业在进行财务管理，尤其是在金融市场进行投资时不得不考虑金融市场的风险。金融市场存在风险是客观的现实。为此，在金融环境下进行投资时，一定要深刻认识金融市场的特性，结合企业实际情况进行投资，尽可能避免决策的失误，降低投资的风险。

尽管财务管理环境可分为微观环境和宏观环境，但为了对财务管理的环境有更深入、全面的认识，应将企业的外部宏观环境和内部微观环境进行综合考虑，结合企业生产经营的特点和规模，加强内部管理，提高企业的市场竞争能力以及抗御风险的能力，不断优化企业资源的配置，促使企业财务管理水平进一步提高。

第三节　财务管理的目标

财务管理的目标是指企业这一财务主体通过确定财务结构、组织财务活动以及处理相关财务问题所要达到的目的。任何财务管理目标的确立必须以符合企业发展的总目标为前提。随着我国市场经济体制的逐步完善，财务管理理论也在不断地丰富和发展，不同时期不同环境下的财务管理目标也各有不同。一般来说，财务管理的目标有以下几种类型：利润最大化、企业价值最大化、股东财富最大化、生存和社会责任等。

一、利润最大化

微观经济学中，利润是经济收益，是收入减去投入成本后的差额。从这一角度来看，公司应该致力于实现经济收益的最大化，因此利润最大化常常被用作企业的财务管理目标。但是，经济收益和会计收益的内涵是完全不同的，如个别公司在对外公告的财务报表中显示了高会计收益，但是却面临破产的危机。例如，2002 年破产的世界 500 强企业安然公司，原为世界上最大的综合性天然气和电力公司之一，是北美地区头号的天然气和电力批发公司。2000 年，公布的营业额高达 1 010 亿美元，但却在几周之内破产。通过这个例子可以看出，利润最大化并不是一个精确的目标，因为人们通常难以对利润进行准确有效的量化。利润最大化没有指明所指的利润是会计利润还是每股盈余，是长期的还是短期的，哪一个时间段内的利润应该最大化。除此之外，将利润最大化作为公司的财务管理目标还有很多不足之处：

1. 没有考虑货币的时间价值

货币的时间价值是指货币的价值会随着时间而发生相应的变化。一个从现在起 8 年后获得 100 万元报酬的投资项目与未来 10 年内每年获得 12 万元的投资项目哪个更有价值？这取决于货币的时间价值。从总的报酬上看，可知第二个项目可以获得更多的报酬，但 10 年后可能会出现货币贬值或其他情况，使得第二个项目的价值低于第一个项目的价值。显然，将利润最大化作为财务管理目标是不恰当的。

2. 忽略获取利润所要承担的风险

利润与风险是并存的，获得利润就得承担风险。利润越大，风险也越大，犹如权利与责任，享受权利就得履行责任，权利越大，责任越大。以利润最大化作为财务管理目标就有可能导致一味地追求高利润而忽略相关的高风险，从而导致公司出现危机。

3. 行为导向短期化

追求利润最大化会使公司的财务决策倾向于短期的、眼前的利润，而不顾公司的长远利益和发展。例如，企业对老化的生产设备进行更新升级需要投资，这必然会影响公司短期的利润，但升级改造后，企业的生产效率可能会提高，竞争力会加强，更有利于公司获得更多的利润和长久发展。

4. 利润易被操纵

确定利润的依据是企业会计准则，而会计准则的应用又依赖于会计人员的职业道德和判断能力，易受人为因素影响。在一定程度上，企业管理层可以通过调整会计政策，使得报表显示出较高的利润水平。

5. 忽视投入与产出的关系

利润额是一个绝对数，只是从量上衡量企业的业绩，而忽视了所得利润同投入资本之间的比较，因此难以判断企业经济效益的高低。总之，获得高利润对企业固然重要，但利润最大化的种种缺陷表明：不应该将利润最大化作为企业财务管理的目标。

二、企业价值最大化

20 世纪 90 年代开始，特别近几年，将企业价值最大化作为财务管理的目标十分流行。企业价值最大化是企业进行财务决策时，考虑货币的时间价值以及风险与报酬之间的关系，选择最优的决策，从而使得公司的总价值最大。

企业价值最大化弥补了利润最大化的很多不足。例如，它考虑了货币的时间价值，符合现代财务管理的基本原则；考虑了风险与报酬之间的关系，企业价值最大化要求企业及时有效地对风险和报酬进行调整，避免了过度追求高报酬所要面临的危机，有效地弱化了潜在危机可能给公司造成的不利影响；遏制了企业追求短期利润的行为；特别是企业价值最大化追求的是企业真实经济收益，而不是会计利润的最大化，遏制了人为操控可能引起的会计利润不实。以企业价值最大化作为财务管理的目标还有很多优点，但是也有很多不足和缺陷：

第一，同利润最大化一样，企业价值最大化也是一个绝对数，没有考虑投入和产出的关系。

第二，对上市公司来说，企业的价值通过股票来显示，但是股票价格受很多因素的影响，短期的股价并不是对企业价值的真实反映，只有长期的趋势才能显示出公司的价值水平。对于非上市公司来说，公司的价值只有通过评估才能确定，但这种对价值的确定方法会因为采用的评估标准以及评估方式的不同而出现偏差。

尽管企业价值最大化也存在一定不足，但考虑到这一目标可以同时兼顾企业股东和债权人的利益，可以认为企业价值最大化是财务管理相对理想的目标。

三、股东财富最大化

股东财富最大化是指企业以股东利益最大化作为其财务活动的准则，通过制定决策使现有股东权益的市场价值最大化。显然，股东财富最大化不同于企业价值最大化，两者之间有很多差异。和企业价值最大化一样，将股东财富最大化作为企业的财务管理目标考虑了货币的时间价值以及风险和报酬的关系，有助于克服财务决策的片面性和短期性。股东财富最大化与企业价值最大化的主要区别有：

（1）利益主体存在差异。股东财富最大化目标下，利益主体是股东。由于股东是公司的所有者，公司管理层代表股东进行财务决策，他们之间是一种代理关系，公司管理层的目标是使现有的股东权益的市场价值最大化。企业价值最大化目标下，利益主体是企业的股东和债权人。由于企业的价值由权益资本和债务资本组成，企业价值最大化包括权益资本和债务资本价值的最大化两个方面。

（2）关注的焦点不同。股东财富最大化关注的是企业资本保值增值的程度，而企业价值最大化则要兼顾股东和债权人的利益。

以股东财富最大化作为财务管理目标有很多优点。例如，股东财富最大化目标考虑了获得报酬的时间因素，考虑了货币的时间价值，有助于减少企业追求短期利润的行为，从而有利于企业的长期发展等。但这一目标也存在着明显的不足，除难以兼顾不同利益相关者的利益外，还易引发两类代理问题：一是股东与公司管理层之间的代理问题，包括公司管理层道德风险和逆向选择；二是股东与债权人之间的代理问题等。股东财富最大化目标下，公司管理层追求的是高报酬率，高报酬率就会有高风险。相对于股东而言，债权人的报酬率是固定的，因此债权人更偏好风险小的投资项目。如果以股东财富最大化为目标，公司管理层在进行投资决策和融筹资决策时必然会选择高风险、高回报的项目，从而以牺牲债权人的利益为代价，追求股东财富的最大化。

四、生存

2008年，席卷全球的次贷危机导致我国很多出口型企业的营业额急剧下降，损失惨重，企业面临生存危机，很多企业不得不进行财务调整，将生存作为企业当前的财务目标。因此，在特定时期的特定环境下，将生存作为公司的短期目标是合理的。但是，如果将生存作为公司的长期目标则是不合理的，没有哪个投资者愿意将自己的资金投入到将生存作为长期目标的公司。

五、社会责任

社会责任意味着企业在维护股东权益的同时，还应承担对债权人、雇员、顾客、供应商、社区和环境的社会责任。例如，关注改善雇员的工作条件和人身安全，为消费者提供货真价实的商品，致力于清洁空气保护、节约水资源等。尽力避免一些违反社会公德的活动，维持社会的和谐和可持续发展。

一般而言，如果雇员对公司的工作环境比较满意，则会有较高的工作积极性和效率；公司是否能与社区和政府保持良好的关系、是否具有良好的社会形象和声誉，都会或多或少对公司拓展业务以及吸引投资产生影响，而外界对公司不利的宣传和投诉会减少公司的利润。随着构建和谐社会浪潮的掀起，公司的管理层、股东和社会各界对企业社会责任的关注度越来越高。尽管社会责任可以作为企业财务管理的一个目标，但不能作为企业的主要目标。

上述几个财务管理的目标各有其优点，也存在着各自的不足。综合考虑，可以认为企业价值最大化和股东财富最大化这两个目标是比较好的选择。但是，企业价值最大化这一目标应作为一个理想型的财务管理目标，而股东财富最大化应作为现实的财务管理目标。本书以股东财富最大化这一目标为基础进行论述。

第四节　财务管理的内容

财务管理是在财务管理目标指导下通过财务决策对企业资金作出合理配置的过程。具体而言，企业管理层需通过投资决策、融资决策和股息决策等财务决策，优化企业财务资源的配置，实现股东财富最大化这一目标。显然，财务决策主要包括投资决策、融资决策和股息决策等三个方面，这三个决策构成了财务管理的主要内容。

一、投资决策

投资决策是三项财务决策中最重要的决策，它控制了企业资金的流向。企业投资的目的是将资本分配给投资项目，获得可观的效益，实现财务管理的目标。企业进行投资决策时不仅要考虑货币的时间价值，要对预期的收益和风险进行评估，还要考虑外部的政治环境、经济环境、企业自身的生产能力及经营状况等，对投资项目的可行性进行综合、全面的评价。随着市场经济的发展，企业投资的范围不断扩展，也不再单一地投资于生产经营，股票、债券、基金和期权期货等投资所占比重越来越大，很多国内企业已经将投资范围从国内拓展到了国外。

投资决策的好坏直接影响着公司效益的高低，除了上面的相关因素，投资决策过程还与很多因素有关，本书将在第二、第三篇中对投资决策中的投资资金管理程序和投资项目的评估选取等相关问题进行详细探讨。

二、融资决策

融资决策，是涉及如何筹集企业所需要资金的决策，也称为筹资决策，是企业财务管理的重要内容。企业能否有效地筹资影响着投资决策实施的效果，所谓有效地筹资，是指企业融资成本和风险最小化。企业筹集资金的方式有内部融资和外部融资之分。

1. 内部融资

内部融资的资金来源是企业的剩余利润，又叫留存收益。内部融资的成本相对较小，企业无须承担利息、税收等负担，但很多企业没有足够的留存收益来满足投资的需要，这就需要进行外部融资。

2. 外部融资

外部融资的资金来源是发行股票、债券和银行借款等。企业管理层应依据企业不同发展时期的资金需求量来确定其短期融资和长期融资策略，选择最优融资组合，使得融资成本最低及风险最小。

与外部融资相比，企业会优先考虑内部融资，但是由于受公司留存收益及投资项目资金需求量的限制，不得不进行外部融资时，企业必须根据自身状况以及资本市场环境的变化确定其资金需求量，研究分析融资的可行性，充分考虑融资的成本和风险，合理安排内部融资和外部融资的比例，确定最优的融资组合。

三、股息决策

股息决策是公司的第三项重要决策，它决定了公司利润的分配。股息决策涉及股票股息、留存收益的比例以及分配给股东的现金股息占盈余的比例等。股息是公司税后所得利润的分配，主要以现金的方式支付，但也存在着其他的替代方式，如股票股息、股票回购等。企业的股息决策受很多因素影响，如企业资本的流动状况、控股股东和其他投资者对股息的需求和期望、内部融资的需求和个人所得税的税收水平等。在投资决策既定的情况下，目前学术界对股息决策是否影响企业价值存在着分歧，即股息支付无关论和股息相关论。

财务管理的三个决策是相互影响相互制约的。如果某公司决定对某些具有吸引力的项目进行投资，就需要筹集投资所需的资金。如果企业无法进行外部融资，则只能通过内部融资来筹集资金，而内部融资的来源只能是留存收益，但为了增加留存收益只有降低股息。相反，若公司的股息决策决定向股东支付更高的股息，则留存收益将会减少，而较低的留存收益不能够满足公司投资的需求，那么公司就需要进行外部融资；如果外部融资难以实现，那么投资项目就不得不搁浅。若公司融资的成本较高，必然会增加公司的资金成本。如果公司承担的资金成本过高，就会制约公司对投资项目的选择，影响公司利润的增长，进而影响公司未来股息的支付能力，不利于股东财富最大化这一目标的实现。

第二章

财务管理的理论基础

20 世纪 50 年代和 60 年代，MM 理论、投资组合理论（CAPM）和市场有效性理论（EMH）的提出，奠定了现代企业财务管理的理论基础。本章主要介绍货币的时间价值、风险和报酬之间的关系、市场有效性假说等现代财务管理的基本理论，奠定进一步认识财务管理理论的基础。

第一节　货币的时间价值

在此前，先考虑这样一个例子。某知名企业承诺：若现在向公司支付 500 元的现金，那么五年后将得到 1 000 元的现金报酬。你是否愿意接收这笔交易呢?

在决策时，需要考虑的重要因素是什么呢? 今天投资 500 元在五年后能得到 100% 的回报，看起来有一定的诱惑力，但是这 500 元是必须现在支付的，而 1 000 元的收益要在五年后才能得到。也就是说，需要考虑现在的 500 元和将来的 1 000 元在今天的关系是什么? 换句话说，在决定此项交易时，需要了解“当前 1 元与未来 1 元之间的关系”，即货币的时间价值。

一、货币的时间价值

货币的时间价值是指因现金流量发生的时间不同而使现金流量具有的价值不同，即今天你所拥有的一元钱要比你将来某日拥有一元钱的价值更高。其原因在于：在这段等待的时间里，你可以用你现在手中所拥有的资金进行投资，赚取一定的利息。在这里，利息就是货币的时间价值。货币的时间价值是在资金的使用中产生的，是资金所有者让渡资金使用权参与社会财富分配的一种形式。货币的时间价值有两个决定因素：一个是资金让渡的时间期限；另一个则是货币时间价值率水平。

在不同的时点上，同一笔资金的货币价值不相等。为此，货币时间价值有两种表现形式：一种是现值，即目前的价值；另一种是终值，即未来某时点的价值，见图 2. 1。

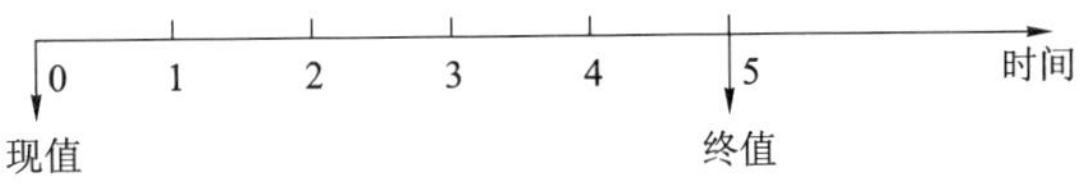

图 2. 1　现值和终值

（一）单利、复利和终值

确定货币的时间价值有两种方式：单利和复利。财务管理中，计算短期资金（一年以内）的货币时间价值时，主要采用单利方式；计算长期资金（一年以上）的货币时间价值时，主要采用复利方式。

单利意味着仅本金会产生利息，而利息则不会再滋生利息。换而言之，在利用本金投资而获得利息后，利息没有进行再投资，利息全部是由本金赚取的。复利意味着不仅本金会产生利息，本金形成的利息也会再滋生利息。换而言之，在利用本金投资而获得利息后，还会将赚取的利息进行再投资以赚取更多利息，全部利息是由本金赚取的利息和利息再投资赚取的利息两部分组成的，即人们常说的“利滚利”。

为简便起见，对本章中相关符号的含义统一界定如下：I 为利息额；i 为利息率或利率（折现率）；F 为终值；P 为现值；n 为计算利息的期数。

1. 终值的计算

终值（Future value）又称本利和，是指按照某一特定利率增长的一笔投资或本金在将来某个时点的现金价值（本金与利息之和），即未来的价值。

例 2.1 假设某人确定了一项年利率为 10% 的 2 年期投资，投资额为 100 元，两年后此人会得到多少钱？在单利下会得到多少钱？在复利下又会得到多少钱？

（1）在单利计息情况下，由于利息不再进行投资，单个期间（即一年后）的利息为 $100\times10\%=10$（元），故两年后的利息总额为

$$I=100\times10\%\times2=20\text{（元）}$$

两年后的单利终值为本金加利息之和，即

$$F=P+I=100+20=120\text{（元）}$$

若 I 代表单利的利息额；P 代表现值或本金；i 代表单利的利息率；n 为计息期数，则可归纳出在多个期间的投资：

单利的利息

$$I=P\times i\times n$$

单利的终值

$$F=P+I$$

（2）复利计息情况下，由于利息要进行再投资，单个期间（一年后）的利息为 10 元，此时，本利和为 $100+10=110$（元）；第二年后的利息为 $110\times10\%=11$（元），则两年后可得到的本利和为 $110+11=121$（元），即

$$\begin{aligned}121&=110\times1.1\\&=(100\times1.1)\times1.1\\&=100\times1.1^2\end{aligned}$$

推而广之，三年后或者 n 年后的复利终值为多少呢？同样，三年后的利息为 $121\times10\%=12.1$（元），其复利终值为 $121\times(1+10\%)=121\times1.1=131.1$（元），即

$$\begin{aligned}131.1&=121\times1.1\\&=100\times1.1^2\times1.1\\&=100\times1.1^3\end{aligned}$$

由此，可归纳出复利终值在 n 时期下的计算公式

$$F = P(1+i)^n = P \times (F/P, i, n)$$

式中，表达式 $(1+i)^n$ 称为复利终值系数或终值系数，记作 $(F/P, i, n)$。

计算终值时，须找到相关的终值系数。一般地，除使用计算器自行计算复利终值系数外，还可以利用终值系数表。表 2.1 给出了部分利率以及期限的终值系数。如期限为三年，利率为 14% 时，终值系数为 1.481 5。

表 2.1 终值系数

期限	利 率			
	20%	2%	8%	14%
1	1.020 0	1.080 0	1.140 0	1.200 0
2	1.040 4	1.166 4	1.299 6	1.440 0
3	1.061 2	1.259 7	1.481 5	1.728 0
4	1.082 4	1.360 5	1.689 0	2.073 6

例 2.2 假设以 8% 的利率存入 1 000 元，4 年后会得到多少钱？7 年后又会得到多少钱？在第 7 年年末能赚多少利息？其中有多少源自复利？

根据前面所讨论的，利率为 8% 时的 4 年终值系数为

$$(1+i)^n = 1.08^4 = 1.360\ 5$$

因此，终值为 $1\ 000 \times 1.360\ 5 = 1\ 360.5$（元）。

7 年后的终值为

$$1\ 000 \times 1.08^7 = 1\ 713.82$$

由于投资了 1 000 元，故得到的利息为 $1\ 713.82 - 1\ 000 = 713.82$（元）。当利率为 8% 时，7 年的单利总额为 $1\ 000 \times 8\% \times 7 = 560$（元）。为此，另外的 $713.82 - 560 = 153.82$（元）利息来自复利。

2. 现值的计算和折现率

现值（Present value），又称本金，是指未来某个时点的特定货币按一定利率折现到现在的价值，即目前的价值。

计算终值意味着：在目前投资一定的资金，按特定利率在一定期限以后将得到多少资金。而计算现值则意味着：为了在一定期限后能得到一笔资金，按特定利率现在需投资多少？将在未来的现金流量转换为现值的过程叫做折现（Discount），它的实质就是复利计息的相反运算。

问题 1. 如何计算现值？

例 2.3 假设在两年后需要 2 000 元，利率为 10%，那么现在投资多少元才能保证两年后能拿到 2 000 元？也就是说两年后的 2 000 元在今天值多少？

从上面的讨论可以知道

$$F = P\ (1+i)^n$$

本例中，终值 $F = 2\ 000$（元）。上式中的 P 即现值，则

$$P=\frac{F}{(1+i)^n}=\frac{2\ 000}{(1+10\%)^2}=1\ 652.8$$

即复利现值的计算公式是

$$P=\frac{F}{(1+i)^n}=F\times(P/F,i,n)$$

式中，称$\frac{1}{(1+i)^n}$为复利现值系数，即终值折现为现值的系数，记作（P/F，i，n）；i 被称为折现率，n 为计息期限。

例 2.4 假如某人希望 4 年后能得到 2 000 元现金，年利率是 6%，若每半年计息一次，那么现在应该存入多少钱？

由于其年利率为 6%，而银行每半年计息一次，那么它的实际利率为 $i=\frac{6\%}{2}=3\%$，计息期限为 $n=4\times2=8$。其现值系数为

$$\frac{1}{(1+i)^n}=\frac{1}{(1+3\%)^8}=0.789\ 4$$

则现值为 $P=F\times\frac{1}{(1+i)^n}=2\ 000\times0.789\ 4=1\ 578.8$（元），故 1 578.8 元就是现在应该存入的资金。

上例涉及名义利率与实际利率这两个概念。在此，首先弄清楚它们的含义及其相互关系。名义利率是指一年计息一次时使用的利率；实际利率是指对名义利率按计息期长短等因素调整后的利率，即一年内计息多次时折算成一年计息一次应使用的利率。显然，以实际利率（有效年利率）为每年计息一次所提供的利息，等于以名义利率每年计息 m 次所提供的利息。实际利率（有效年利率）与名义利率的关系为

$$1+i=\left(1+\frac{r}{m}\right)^m$$

即实际利率（有效年利率）为

$$i=\left(1+\frac{r}{m}\right)^m-1$$

式中，i 为实际利率，r 为名义利率，m 为每年的计息次数。

即此例题实际是运用了名义利率计算现值的公式

$$P=F\times\frac{1}{(1+i)^n}=F\times\frac{1}{\left(1+\frac{r}{m}\right)^{nm}}$$

计算现值时，须找到相关的现值系数。与计算复利终值系数相似，除使用计算器自行计算复利现值系数外，也可以利用现值系数表。

问题 2. 若已知现值和终值以及投资期限，那么如何来确定隐含的折现率？

例 2.5 一项投资在 4 年里使资金增加到原来的 2 倍，那么该投资的折现率为多少？

由于现值公式为

$$P=\frac{F}{(1+i)^n}$$

变形后可得

$$(1+i)^4=\frac{F}{P}=2$$

计算可得 $i=18.9\%$ 。或者查阅终值表，在终值系数等于2，期限为4时，$i\approx19\%$ 。

问题3. 如何确定期限数?

例2.6　现在拥有984元，每个月的存款利率为0.5%，那么在何时能拥有2 500元?

因为每个月的利率为0.5%，则年利率为 $12\times0.5\%=6\%$，由现值公式知

$$P=\frac{F}{(1+i)^n}$$

$$(1+6\%)^n=\frac{2\ 500}{984}$$

计算或者查阅终值系数表可得，$n=16$ 年。

3. 多期现金流量的终值和现值

前面已对一笔资金现值和终值的计算方法进行了较为详细的讨论，现在讨论多期现金流量的现值和终值。

例2.7　假如在未来4年里，在每年年末将100元存入一个年利率为5%的账户，那么4年后将拥有多少资金?

首先来看4年间每年100元的时间轴，类似的图表在解决复杂的问题时非常有用，对计算现值和终值都会带来很大的帮助。图2.2显示了4年后的终值计算过程。

图2.2表明：第一笔资金赚取了3年（而非4年）的利息，第二笔资金赚取了2年的利息，第三笔赚取了1年利息，而最后一笔发生在第四年年末，因此它没有赚取任何利息。对每一笔资金计算复利终值，然后进行加总就是最后的现金流量终值。

例2.8　假设有一项投资在未来四年内必须每年年末支出100元，且利率为5%，那么这项投资现在值多少钱?

计算多期现金流量的现值时，可以对每笔现金流量分别折现，而后进行汇总。图2.3给出了现值的计算（折现）过程。

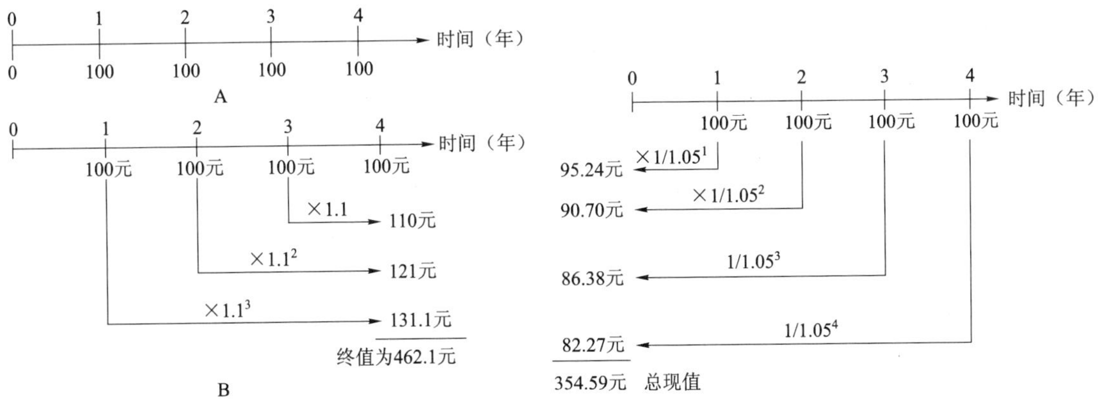

图2.2　多期现金流终值的计算

A. 时间轴；B. 分别对每笔现金流量计算复利终值

图2.3　多期现金流现值的计算过程

二、普通年金的终值和现值

年金是指定期等额的一系列收支，即指在某一期限内，每隔一定相同的时期，如一年、半年、一季或一月等，收入或支出相等金额的款项；在多期现金流量中，每一期的现金流量的数额相等。显然，年金是多期现金流量的一种特殊形式。

（一）普通年金的终值

普通年金的终值是指在复利计息的方式下，将每期期末发生的款项全部折算到最后一期期末的终值之和。根据定义和多期现金流量的终值，可以得到普通年金终值计算公式。利率为 i，持续 n 个期间，每个期间 A 元的年金终值为

$$F = A\ (1+i)^0 + A\ (1+i)^1 + A\ (1+i)^2 + \cdots + A\ (1+i)^{n-1}$$

利用等比数列求和公式整理可得到

$$F = A\frac{(1+i)^n - 1}{i} = A \times (F/A, i, n)$$

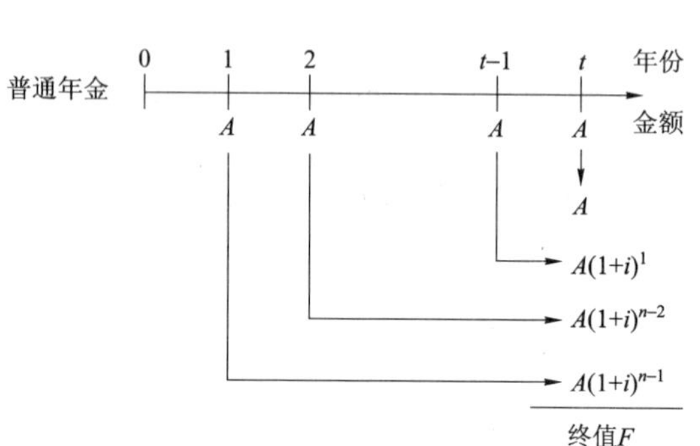

图 2.4 普通年金的终值

式中，$\frac{(1+i)^n - 1}{i}$称为年金终值系数，记为（F/A，i，n）。年金终值系数可以通过计算或查表很方便地得出，如图 2.4 所示。

例 2.9 假定年利率是 12%，每半年计息一次。如果从半年后起，每半年之末存入 1 420 元，共存入 24 次，则 12 年后这些钱的终值是多少？

因为名义利率为 12%，而每半年计息一次，每半年的实际利率为 6%，则年金终值系数为

$$\frac{(1+i)^t - 1}{i} = \frac{(1+6\%)^{2\times 12} - 1}{6\%} = 50.815\ 6$$

计算或查年金终值系数表可知为 50.815 6，则年金终值为

$$F = A \times \frac{(1+i)^n - 1}{i} = 1\ 420 \times 50.815\ 6 = 72\ 158.15$$

（二）普通年金的现值

普通年金现值是指为在每期期末取得相等的款项，现在需要投入的金额。假设利率为 i，n 个期间内每期 A 元的年金现值计算公式为

$$P = A \times (1+i)^{-1} + A \times (1+i)^{-2} + \cdots + A \times (1+i)^{-(n-1)} + A \times (1+i)^{-n}$$

利用等比数列求和公式可得

$$P = A \times \frac{1-(1+i)^{-n}}{i} = A \times (P/A, i, n)$$

式中，$\frac{1-\ (1+i)^{-n}}{i}$称作“年金现值系数”，记作（P/A，i，n），可通过计算或直接查阅年

金现值表求得。

例 2.10　你计划每季度从银行账户里取出 1 500 元，以满足 4 年大学生活的开支，假如存款利率为每季度 2%，那么今天你的银行账户需要有多少钱，才能满足你 4 年的花费？

$$P = A \times \frac{1-(1+i)^{-n}}{i} = 1\ 500 \times \frac{1-(1+2\%)^{-4\times4}}{2\%} = 1\ 500 \times 13.577\ 7 = 20\ 366.55$$

借助于年金现值和终值的计算方法，在已知年金现值和终值的前提下，可以计算利率、支付额和付款次数。

1. 计算支付额

例 2.11　假设投资一栋价值 500 000 元的住宅，可以采用分期付款支付方式。如果希望在 5 年内尽快还清这笔钱，假设利率为 18%，那么每年的还款额应该为多少？

因为年金现值为 500 000 元，则由求年金现值公式知

$$P = A \times \frac{1-(1+i)^{-n}}{i}$$

$$500\ 000 = A \times \frac{1-(1+18)^{-5}}{18\%} = A \times 3.127\ 2$$

$$A = 500\ 000/3.127\ 2 = 159\ 887.22$$

2. 计算付款次数

例 2.12　假如一投资者准备从本月底开始每月将 120 元存入其账户，此账户每月以 12% 的利息率计算复利，需要存多少期才能使账户余额达到 40 000 元？

此例中，年金终值为 40 000 元，每月支付额 A 为 120。由年金终值公式知

$$F = A\,\frac{(1+i)^n - 1}{i}$$

$$40\ 000 = 120 \times \frac{(1+0.12)^n - 1}{0.12}$$

经计算可得：$n = 32.768$。

3. 计算利率

例 2.13　假设朋友向你借 3 000 元，并承诺在四年内每年还给你 1 000 元，那么利息为多少？

计算利率时，一般采用试误法或插值法。此例中，可以将 10% 作为一个起点，用试误法计算利率。利率为 10% 时，年金终值系数为 3.169 9，因此由年金现值计算公式可计算出现值为 3 169.9。由于折现率和现值反方向变动，由此可知：此处现值高了，则折现率低了。折现率为 12% 时，现值为 3 037.35；再取折现率为 13%，计算得出现值为 2 974.47，故折现率应该为 12% ~13%。通过耐心的尝试，可以得出折现率约为 12.59%。

由于折现率为 12% 时，现值为 3 037.35；折现率为 13% 时，现值为 2 974.47，利用插值法可求出利率为

$$i = 12\% + (13\% - 12\%) \times \frac{3\ 037.35 - 3\ 000}{3\ 037.35 - 2\ 974.47} \approx 12.59\%$$

三、预付年金的终值与现值

现实生活中，人们常常会碰到这种情况：例如你在外租房，往往要在月初支付第一笔租

金，而在第一个月末或第二个月初支付第二笔租金，依次类推，这种现金流量发生在每期期初的年金称之为预付年金。图 2.5 清楚地揭示了预付年金与普通年金的区别。

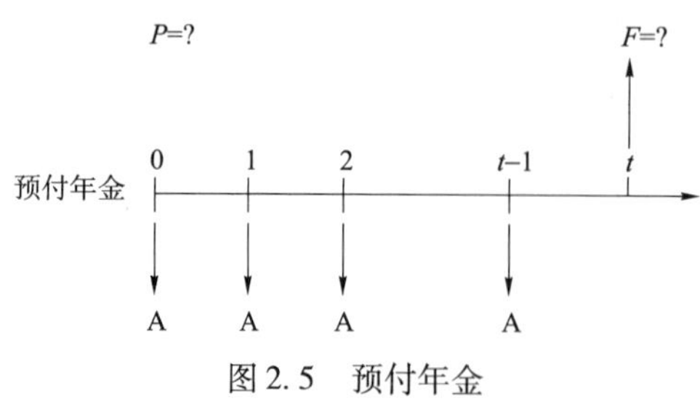

图 2.5　预付年金

图 2.5 表明：预付年金和普通年金的区别在于在时间点 0 处。预付年金第一笔现金流发生在此时点 0 处，而普通年金的第一笔现金流发生在时点 1。换而言之，n 期预付年金与 n 期普通年金的付款次数是相同的，但付款时间不同，预付年金比普通年金多了一个计息期。为此，在计算预付年金的现值或者终值时，要分两个步骤：① 先计算普通年金的现值或终值；② 再将普通年金的现值或终值乘以 $(1+i)$。其计算公式为

$$F = A\frac{(1+i)^{n}-1}{i}\times(1+i) = A\times\left[\frac{(1+i)^{n+1}-1}{i}-1\right] = A\times[(F/A,i,n+1)-1]$$

$$P = A\times\frac{1-(1+i)^{-n}}{i}\times(1+i) = A\times\left[\frac{1-(1+i)^{-(n-1)}}{i}+1\right] = A\times[(P/A,i,n-1)+1]$$

式中，$(F/A, i, n+1)$，$(P/A, i, n-1)$ 为年金终值系数和年金现值系数。

四、永续年金

永续年金是指无限期等额系列收付的年金，如优先股的股息、部分债券的利息等。永续年金没有终止时间，不存在终值问题。永续年金现值可通过普通年金现值的计算方法推导出来，其计算公式为

$$P = A\times\lim_{n\to\infty}\frac{1-(1+i)^{-n}}{i}$$

当 $n\to\infty$ 时，$(1+i)^{-n}\to 0$，则 $P=\frac{A}{i}$。

例 2.14　某项投资许诺给出一笔 1 000 元的永续年金，利率为 10%，则这项投资的价值是多少？

这项投资的价值是

$$P = \frac{A}{i} = \frac{1\ 000}{10\%} = 10\ 000\text{（元）}$$

五、递延年金

递延年金是指第一次收付款发生时间与第一期无关，而是间隔若干时期后（假设为 m 期，$m>1$）才开始发生系列等额收付款项，如图 2.6 所示。

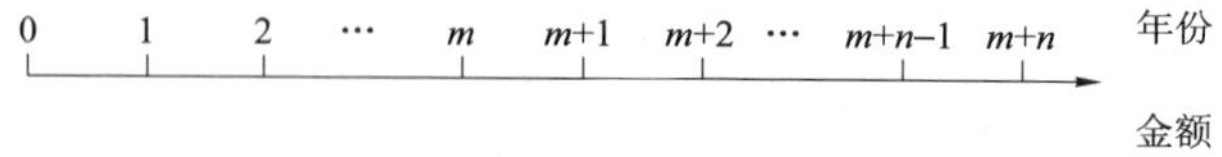

0　1　2　…　m　$m+1$　$m+2$　…　$m+n-1$　$m+n$　年份

金额

图 2.6　递延年金

图 2.6 揭示了递延 m 期的 n 期普通年金现金流。其中，第一次付款是发生在 m 期的期

末，共支付了 n 次。计算递延年金的现值有以下两种方法。

方法一：假设前 m 期也有支付，先计算 $m+n$ 期的普通年金现值，然后减去前 m 期普通年金现值，即可得出递延年金的现值。

$$P=A\times[(P/A,i,m+n)-(P/A,i,m)]$$

方法二：将递延年金看成 n 期的普通年金，先求出 n 期普通年金的现值，即第 m 期时一笔现金流的终值。然后，再将其贴现到第一期期初即递延年金的现值。

$$P=A\times\frac{1-(1+i)^{-n}}{i}\times\frac{1}{(1+i)^{m}}=A\times(P/A,i,n)\times(P/F,i,m)$$

第二节　风险报酬原理

风险是企业财务管理中必然会面临的问题。一般而言，有风险必然会有相应的收益。为此，有必要探讨风险的内涵、风险的度量、风险大小与收益大小之间的关系。

一、风险及其分类

1. 风险的定义

风险是指某一行动所面临的结果不是唯一的。也就是说，如果一件事情有多种可能的结果，就有风险；若只有一种结果，就没有风险。例如，同一笔资金如用来购买股票，由于股票未来价格的不确定性，其收益有风险；如用于购买国库券，由于到期可按规定取得利息收益，而这种收益几乎是完全确定的，因此可以说购买国库券的收益是没有风险的。

2. 系统风险和非系统风险

企业和投资者所面临的总风险可以分为系统性风险和非系统风险。

(1) 系统风险。系统性风险也称为不可分散风险或市场风险，是由某种全局性共同因素引起的投资收益变动的可能性，它包括商业周期、政府政策和利息率等系统性因素。

(2) 非系统性风险。非系统风险也称为可分散风险、公司特有风险或非市场风险，是由某企业自身因素所引起的其投资收益变动的可能性，它通常包括经营风险和财务风险。

一项投资的总风险可以表达为：

总风险 = 系统风险 + 非系统风险

现实生活中，投资者或企业不会仅投资于一项资产，大多数投资者倾向于投资一种以上的股票、债券或者其他资产，即持有投资组合（Portfolio）。投资组合的风险同组成投资组合的各项资产的风险有相当大的区别，将一项投资扩展到多项资产上会消除一部分风险，也就是说这一部分资产的风险是可以分散的，它是可以通过投资分散来消除。与风险资产相关联的部分（非所有的）风险可以通过分散投资消除。其原因在于单项资产所独有的非系统风险在投资组合中会相互抵消，而影响所有资产的系统风险是无法抵消的。

由于非系统风险可以通过持有投资组合予以消除，投资者真正需承担的风险仅是系统风险。为此，有风险必然有收益就意味着：承担风险的收益仅取决于一项投资所具有的系统风险，即无论一项资产的总风险有多大，只有系统风险部分与该项资产的预期报酬率是相关的。

二、风险报酬

一般而言，有风险必然有报酬；风险越大，报酬越高。现实中，由于股票的收益不确定性大，投资于股票的风险较大；债券的直接收益取决于债券利率，而债券利率一般是事先确定的，投资于债券的风险相对较小；由于基金主要持有有价证券投资组合，其收益有可能高于债券，而风险又可能小于股票。

投资者因冒着风险进行投资而获得的超出资金时间价值的那部分报酬，通常称为风险报酬或风险价值。在不考虑通货膨胀的情况下，投资报酬包括两部分：一部分是资金的时间价值，即无风险投资报酬率；另一部分是风险价值，即风险投资报酬率。其关系可表示为：

投资报酬率 = 无风险投资报酬率 + 风险投资报酬率

投资者如何选择投资取决于其对风险的态度。一般地，对待风险的态度分为以下三种：

(1) 风险偏好者：持这种态度的投资者优先选择高风险和高报酬的投资项目。

(2) 风险中性型：持这种态度的投资者不关心其所面对的风险。

(3) 风险厌恶型：持这种态度的投资者选择低风险和低报酬的投资项目。

在市场竞争下，高风险的投资必然有高报酬，低报酬的投资项目必须风险低。因此风险和报酬之间的关系是：风险越高，投资者要求的报酬率也越高；风险越小，投资者要求的报酬率也越小。两者的关系如图2.7所示。

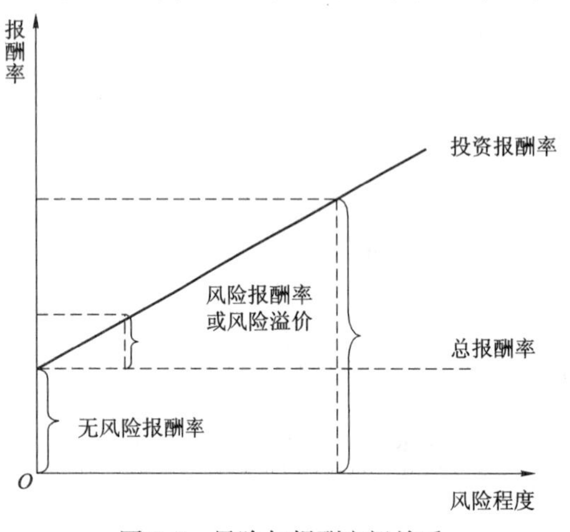

图2.7 风险与报酬之间关系

三、风险的衡量

风险是客观存在的，它影响着企业的生产经营活动。因此，量化投资所产生的风险非常重要。风险可通过标准差来衡量，通过历史报酬率或期望的报酬率进行计算。

1. 计算平均报酬率、方差、标准差

若 R_i 为某股票某年的报酬率，则其平均报酬率、方差、标准差和变异系数可表示为

$$\text{平均报酬率}\overline{R} = \frac{\sum_{i=1}^{n} R_i}{n}$$

$$\text{方差}\ \sigma^2 = \frac{\sum_{i=1}^{n} (R_i - \overline{R})^2}{n}$$

$$\text{标准差}\ \sigma = \sqrt{\frac{\sum_{i=1}^{n} (R_i - \overline{R})^2}{n}}$$

$$变异系数\ v=\frac{\delta}{R}$$

平均报酬率是衡量风险大小的基础，方差、标准差和变异系数都能衡量风险的大小。标准离差越大，风险越大，反之亦然。

例 2.15　A、B 两公司在过去 4 年的报酬率见表 2.2。

表 2.2　公司报酬率资料

年　份	A 公司	B 公司
2005	-0.2	0.05
2006	0.50	0.09
2007	0.30	-0.12
2008	0.10	0.20

那么 A 公司和 B 公司的平均报酬率是多少？它们的方差、标准差和变异系数是多少？哪一公司的风险大一些？

A 公司的平均报酬率为 $\bar{R}=0.70/4=17.5\%$

方差　$$\sigma^2=\frac{\sum_{i=1}^{4}(R_i-\bar{R})^2}{4}=0.267\ 5/4=6.69\%$$

标准差　$$\sigma=\sqrt{\frac{\sum_{i=1}^{4}(R_i-\bar{R})^2}{4}}=\sqrt{6.69\%}=25.86\%$$

变异系数　$$v=25.86\%/17.5\%=1.48$$

B 公司的平均报酬率 $\bar{R}=0.22/4=5.5\%$

方差　$$\sigma^2=\frac{\sum_{i=1}^{4}(R_i-\bar{R})^2}{4}=0.052\ 9/4=1.32\%$$

标准差　$$\sigma=\sqrt{\frac{\sum_{i=1}^{4}(R_i-\bar{R})^2}{4}}=\sqrt{1.32\%}=11.5\%$$

变异系数　$$v=11.5\%/5.5\%=2.09$$

计算结果表明：A 公司的标准差比 B 公司的标准差要大，但其变异系数小于 B 公司，因此 B 公司的风险要更大一些。

2. *预期报酬率和方差*

例 2.16　假如经济有两种可能状况，一种是经济走向繁荣，一种是经济走向衰退。统计表明：经济繁荣和衰退的概率分别为 0.70 和 0.30，股票 U 在经济繁荣时报酬率为 30%，而在经济衰退时报酬率为 10%，则其预期报酬率为

$$E(R_u)=0.7\times30\%+0.3\times10\%=24\%$$

即预期报酬率可以表示为

$$E(R) = \sum_{i=1}^{n} P_i \times R_i$$

式中，n 表示所有可能结果的个数；P_i 表示第 i 种结果出现的概率；R_i 表示第 i 种结果出现时的报酬率。

计算结果显示：股票 U 的预期报酬率为 24%。但其实际报酬率要么为 30%，要么为 10%。因此，可能的离差为 30% −24% =6% 和 10% −24% = −14%。方差为

$$\sigma_u^2 = 70\% \times (6\%)^2 + 30\% \times (-14\%)^2 = 25.79\%$$

方差可以表示为

$$\sigma^2 = \sum_{i=1}^{n} P_i [R_i - E(R)]^2$$

值得注意的是，预期报酬率和方差不同于历史报酬率和方差。历史的报酬率（平均报酬率）和方差都是建立在一些历史数据统计的基础上，而预期报酬率和相关概率是基于对未来的估计。

四、资本资产定价模型

前面分析表明：高风险的投资必然有高报酬，低报酬的投资项目必须风险低。因此风险和报酬之间的关系是：风险越高，投资者要求的报酬率也越高；风险越小，投资者要求的报酬率也越低。在证券市场中，投资者进行投资时往往并不是把其所有资金都投资于一种证券，而是同时投资于多种证券，这种同时投资于多种证券而形成的证券集合称为证券的投资组合，简称为证券组合。同样，证券组合也有两种性质完全不同的风险，一种是可分散风险，另一种是不可分散风险；但证券市场中所有证券组成的证券投资组合即市场组合，仅有系统性风险，而没有可分散风险。

1. 风险的度量

对于系统性风险或不可分散风险的大小，通常用 β 系数来进行衡量，其计算公式是

$$\beta_i = \frac{Cov(r_i, r_m)}{Var(r_m)}$$

式中，$Cov(r_i, r_m)$ 为证券 i 报酬率 r_i 与市场组合报酬率 r_m 的协方差；$Var(r_m)$ 为市场组合报酬率 r_m 的方差。

在已知某种股票 β 系数的情况下，可以判断该股票的风险程度。一般说，β 系数值越大，则该股票的风险也越大。如果某种股票的 β 系数小于 1，那么表明该股票的风险程度小于整个股票市场的风险程度，比如当 $\beta=0.5$ 时，说明该股票的风险只有整个股票市场风险的一半；如果某种股票的 β 系数等于 1，那么表明该股票的风险等于整个股票市场的风险；如果某种股票的 β 系数大于 1，那么说明该股票的风险大于整个股票市场的风险，如当 $\beta=2$ 时，则表明该股票的风险等于整个股票市场风险的二倍。

2. 资本资产定价模型

资本资产定价模型（CAPM）是反映某一证券的系统性风险与风险报酬之间关系的模型。该模型是由夏普（W. Sharpe）、林特纳（J. Lintner）、特里诺（J. Treynor）和莫森（J. Mossin）等人在资产组合理论的基础上提出的，是现代金融市场价格理论的支柱，广泛地应用于投资决策和财务管理领域。

资本资产定价模型基于以下主要假设：① 市场的信息是完全的、充分的、对称的；② 市场是完全有效的；③ 理性预期成立；④ 投资者属于风险厌恶者等。资本资产定价模型认为，对于一个给定证券 i，其期望报酬率和市场投资组合的期望报酬率之间关系可以表示为

$$E(r_i)=r_f+\beta_i\times(E(r_m)-r_f)$$

式中，r_m 为市场组合报酬率，r_f 为无风险资产报酬率，β_i 表示证券 i 的 β 系数，r_i 为证券 i 的报酬率，$E(r_m)-r_f$ 为市场风险溢价。

尽管实证研究表明，历史的投资报酬率难以完全验证 CAPM 模型的合理性，但由于该模型具有简洁和便于理解的特征等特征，在财务管理中运用非常广泛，特别是经常用于确定权益资本成本。

例 2.17　某公司股票的 β 系数为 2.5，无风险报酬率为 7.47%，市场组合的期望报酬率为 9.47%，那么，该公司股票的期望报酬率为

$$E(r_i)=r_f+\beta_i\times(E(r_m)-r_f)=7.47\%+2.5\times(9.47\%-7.47\%)=12.47\%$$

如果已知某证券组合中全部单个证券的 β 系数，那么可利用加权平均法来计算证券组合的 β 系数，其计算公式是

$$\beta_p=\sum_{i=1}^{n}x_i\times\beta_i$$

式中，β_p 表示证券组合的 β 系数，β_i 表示证券 i 的 β 系数，x_i 表示证券 i 在证券组合中的比重，n 表示证券组合中股票的数目。

第三节　有效市场假说

证券市场是一种通过信息收集和解释，进而影响其他参与方的偏好、信念和判断的定价机制，这一价格发现机制是目前人们所能够找到的最佳定价机制之一。尽管旨在揭示证券市场中信息与定价机制的理论假说有许多，如行为金融假说、功能锁定假说、投资者信息解释能力假说等，但在众多假说中，有效市场假说是关于信息与市场价格反应之间关系的主流假说。

一、有效市场的定义

Fama 第一次较系统地阐述了有效市场性的内涵：如果某一市场中价格完全反映了所有可获的信息，那么就称这个市场是有效的。有效市场假说实质上关注的是证券市场价格对全部相关信息反应的速度。若证券市场的价格能够迅速、充分和准确地反映有关该证券的所有可获信息，就可以说该市场是有效的。更准确地说，若影响证券价格的特定信息一旦被公布，证券价格的变动能准确、迅速地反映该信息，使其与证券投资价值一致或相符，这样投资者无法利用特定信息获得超额利润或经济利润，即市场对该信息是有效的。换而言之，有效市场是证券价格在任何时候都完全反映公开信息的市场。

证券市场的最重要功能在于其价格发现机制。新信息影响市场价格的机理在于，当新信息出现时，各投资者将依据披露的信息修正对公司未来现金流量的先验概率估计，形成对公

司价值的新估值，并进而通过市场交易使得市场价格及时而充分地反映出新信息的影响。

例如，某公司研究和开发了一项新技术，该技术能给公司带来丰厚利润，于是公司决定将这项计划的决策公之于众，预计公司股票价格将会上升。在消息公布后，股票的价格将会迅速据此得到调整。图2.8给出了股票价格的三种可能反应方式。

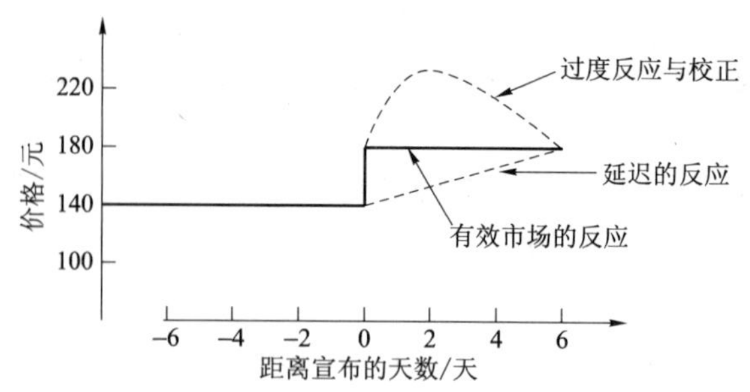

图2.8 有效市场对新信息的不同反应

图2.8中，实线代表的是有效市场的反应，虚线代表的是延迟反应，点状线代表的是过度反应与校正。其中，虚线和点线状股票价格反映的是非有效市场的反应。在有效市场情形下，价格即刻对新信息作出调整并对新信息作出充分反应，接下来未再发生上升或者下降的趋势。在延迟反应情形下，价格部分地对新信息进行调整，但对新信息作出完全反应还需要一些时间（图2.8中为6天）。在过度反应情形下，价格对信息作出了过度反应，但过度反应的新价格很快就会作出调整。

二、有效市场存在的前提

有效市场的存在必须满足以下假设条件：

（1）市场是一个无摩擦的、完全的竞争市场，即不存在交易成本和税收，没有限制性规定。

（2）整个市场充分竞争，所有的市场参与者都是价格接受者。

（3）信息的产生是随机的，且成本为零。投资者都可以免费、迅速地不断获得当前、未来所有可能的相关信息。

（4）所有投资者都是理性的，并且都追求效用最大化。

三、有效市场的特征

市场效率假说（Efficient Markets Hypothesis，EMH）认为组织良好的资本市场是有效率的市场，即使存在非效率状态，那么也是相对少数的，并不普遍。一个有效市场，一般具有如下特征：

（1）价格能充分反映新信息。证券价格能迅速根据与其价格相关的各种信息及时、准确、充分地进行调整，不存在延迟效应或过度反应。

（2）证券价格是其价值的可靠反映，各种证券的价格在任何时候都等于其价值。

（3）证券价格的变动是随机的，任何新信息都会对证券价格变化产生重要影响，从而使其围绕投资价值进行随机的、无规律的波动。

（4）任何投资者都不能获得超常利润。证券价格会迅速准确地对新信息做出足够的反应，任何投资者都很难甚至不可能通过信息分析获得超额收益，而只能获取一般利润，即市场平均投资报酬。

市场有效性是由投资者之间的竞争造成的。投资者通过对每只股票的历史股价和股息资料进行研究，最大限度地收集企业盈利、负债、业务、新的投资计划等方面的信息，分析各股票的投资价值。如发现股票定价不合理，就可以通过买卖股票获取利润。众多投资者收集和分析信息的努力使定价不合理的股票越来越少，市场效率越来越高。也就是说，通过投资者之间的竞争，市场将会变得更加有效率。

四、市场效率的形式

按照有效市场假说，市场效率水平通常可以分为三类。三种市场效率水平的区别之处在于市场价格反映信息的多少。

（1）弱势有效市场（Weak Efficient Market）是有效市场的最低层次，是指当前股价至少已经反映了所有过去股票价格变动和交易量变动的信息。换句话说，过去的证券价格和交易量不影响未来的证券价格，它们之间没有任何关系。因此，如果市场处于弱势效率市场，那么试图通过研究历史价格和交易量信息获利将是徒劳无益的。

（2）半强式有效市场（Semi-strong Efficient Market）是有效市场的第二个层次，是指所有公开信息已经反映到当前市场价格中。这些信息不仅包括证券的价格和交易量等历史信息，而且包括所有公开披露的信息，如公司收益、股票分配、利率和汇率等。投资者难以通过分析这些数据来发现不合理定价的股票，进而赚取超额利润，即在一个半强式有效的市场上，投资者无法利用任何公开信息赚取超常利润。现实中，人们一般所说的有效市场是指半强式有效市场。

（3）强式有效市场（Strong Efficient Market）是有效市场的最高层次，是指股票价格反映了所有类型的信息，这些信息不仅包括历史信息和公开信息，而且包括内幕信息和私人信息。因此，在强式有效市场上，投资者即使掌握了内幕信息也无法获得超额收益。但许多研究证据表明，内幕信息确实存在并对其拥有者来说具有一定的价值。由于某一特定的股票很可能存在一些未公开的、尚未被当前股价所反映的信息，若发现某一专业投资者能多次重复地获取超常收益，则表明其所掌握的信息没有为市场价格所吸收，从而表明市场不是强式有效的市场。

尽管有效市场假说难以解释许多异常现象（Anomly），但有效市场假说仍是财务管理领域的主流理论。有效市场假说表明：价格能随新信息的发布而作出快速调整；市场价格的走势，尤其在短期内，很难根据市场现有的信息做出预测。因此，对市场有效性的研究有助于正确地认识证券市场中价格（收益）序列的分布特征，建立均衡的正常报酬率模型，以及选择恰当的证券估值模型等。

第三章

财务分析与规划

管理工作都涉及了解过去、分析现在、预测并规划未来，财务管理亦不例外。公司财务分析是了解过去经营成果和财务状况的重要途径，财务预测是财务分析的趋势延伸；财务规划则是通过事先的各种财务决策，对未来的财务状况和经营成果进行安排的管理活动，而财务预算则是财务规划的系统化和具体化。财务分析、预测和规划的目的是评估公司未来的现金流量。无论对投资者，还是对公司管理层而言，这一信息都至关重要。因此，对公司财务活动的分析、预测和规划，构成了现代财务管理过程的第一步。本章主要介绍财务分析、财务规划和财务预算等现代财务管理的基本理论和方法。

第一节　财务分析基础与比较分析

财务分析是财务管理活动的起点，它以公司的财务报表等相关资料为基础，借助于特定方法对公司的财务状况和经营结果进行研究、评价和预测，从而揭示出公司经营管理中存在的问题，并为改善经营管理和提高效益提供经济信息。

财务分析对公司管理层和外部各利益团体都至关重要。外部各利益团体由于决策的具体目的不同，其财务分析的侧重点各有不同，如债权人重点分析公司的偿债能力，投资者偏重了解公司的获利能力等。公司管理层受投资者委托，全权负责公司的经营管理，其财务分析不仅要包括公司偿债能力、获利能力及其发展趋势分析，还涉及对管理效率等能力的评价。此外，外部各利益团体的财务分析以公司提供的财务报表为基础，为了满足信息需求者的不同信息需求，按照我国会计准则及有关法规编制的财务报告仅提供各方共同需要的信息；而公司进行财务分析时，除利用财务报表中反映的资料外，还可借助于日常核算和经营资料进行更深入的分析。

一、财务分析的基础

公司进行财务分析，研究、评价公司的财务状况和经营成果，必须以公司的财务报表为基础。财务报表是在日常会计核算基础上，按照一定的指标体系，总括地反映公司在一定时期内的资产、负债及所有者权益的状况，经营成果和财务管理过程的书面文件，是公司偿债能力、获利能力和经营管理效率等的集中反映。目前，依据我国颁布的会计准则和公司法，公司提供的财务报表主要包括资产负债表、利润表、现金流量表和其他附表以及财务情况说明书。其中，进行财务分析主要运用资产负债表和利润表两大基本报表。

1. 资产负债表

资产负债表，又称财务状况表，是反映公司在特定时日财务状况的会计报表。它是以“资产 = 负债 + 所有者权益”这一会计恒等式为基础，按照一定标准和格式编制的。海天公司资产负债表的简化格式如表 3.1 所示。

表 3.1　海天公司资产负债表

（2008 年 12 月 31 日）　　万元

资　产	年初数	年末数	负债及所有者权益	年初数	年末数
流动资产：			流动负债：		
货币资金	248	317	短期借款	638	498
短期投资	207	77	应付账款	162	239
应收票据	10	18	应付工资	75	125
应收账款	515	543	未交税金	34	34
存货	1 004	1 172	其他流动负债	37	54
其他流动资产	507	415	流动负债合计	946	950
流动资产合计	2 491	2 542	长期负债：		
固定资产：			长期借款	436	436
固定资产原价	1 109	1 332	其他长期负债	8	8
累计折旧	224	303	长期负债合计	444	444
固定资产净值	885	1 029	所有者权益：		
在建工程	199	390	股本	1 412	1 694
无形资产：			资本公积	435	435
无形资产	34	30	盈余公积	369	467
其他长期资产：			未分配利润	6	8
递延资产	3	7	所有者权益合计	2 222	2 604
资产总计	3 612	3 998	负债及所有者权益总计	3 612	3 998

表 3.1 中，左方列示资产项目，反映公司所拥有的经济资源的分布状况。资产按其流动性可分为流动资产、长期投资、固定资产、无形资产、递延资产和其他资产五类；右方列示负债和所有者权益项目，反映公司的资金来源。负债按其偿还期限分为流动负债和长期负债，所有者权益分为实收资本（股本）、资本公积、盈余公积和未分配利润四项。

资产负债表作为基本的会计报表，能够反映公司在一定时日的资产结构和分布状况，负债和所有者权益的水平、构成等，这些财务信息是分析公司的偿债能力、经营管理效率、经营风险及财务风险等的基础。

2. 利润表

利润表又称损益表或收益表，是反映公司在一定时期内经营业绩的财务报表。它是以“利润 = 收入 - 成本费用”这一会计等式为基础编制的。海天公司的利润表如表3.2所示。

表3.2 海天公司利润表

（2008年12月） 万元

项　　目	上　年　数	本　年　数
一、营业收入	2 795	3 117
减：营业成本	2 140	2 426
营业费用	13	12
管理费用	51	54
财务费用	50	46
二、营业利润	541	579
加：营业外收入	3	5
减：营业外支出	7	10
三、利润总额	537	574
减：所得税	81	86
四、净利润	456	488
注：该公司适用的所得税税率为15%		

表3.2中，收入是公司从事各种业务活动的所得，包括营业收入、投资收益和营业外收入等。成本费用为公司各项业务活动的耗费支出，主要有营业成本、营业税金、营业费用、管理费用、财务费用及营业外支出等。收入和费用的不同配比，形成了不同的利润概念，如总收入减去总成本就是利润总额。公司财务分析中，管理层通过利润表可以了解公司收入、成本费用的水平和构成，分析其变动趋势及原因，进而正确评价公司整体的获利能力和各部门的经营业绩。

二、比率分析

财务分析按不同的标志，可作不同的分类。按照财务分析方法的不同，可分为比较分析和趋势分析。比较分析是将同期财务报表中两个或多个项目进行比较，以反映它们之间相互关系所处状况的分析方法，主要有比率分析和构成分析。趋势分析是对一公司连续数期的财务报表或财务比率进行对比，借以反映公司财务状况变动趋势的分析方法，具体包括指数分析和比率趋势分析。

比率分析是财务分析中常用的分析方法，其分析过程就是计算和解释财务比率的过程。财务比率繁多，涉及公司经营管理的各个方面，我们将其分为流动性比率、管理效率比率、获利能力比率、债务比率及市场比率五类。

（一）流动性比率

在正常经营条件下，公司的流动负债需以其流动资产所产生的货币资金来偿付。流动性比率亦称变现能力比率，是用来反映偿还短期债务能力的指标。该类指标主要有流动比率、速动比率。

1. 流动比率

流动比率是公司流动资产总额除以流动负债总额的比值，其计算公式为

$$流动比率=\frac{流动资产}{流动负债}\times 100\%$$

从表 3.1 求得海天公司的流动比率为：（2 491 ÷946）×100% =263.32%（2008 年年初），（2 542 ÷950）×100% =267.58% （2008 年年末）。

一般认为，该比率越高，说明公司短期偿债能力越强，短期负债得到偿还的保障越大；但比率过高，则意味着公司在流动资产上投资过多，从而可能影响公司获利能力。因此，该比率大约为 200% 比较合适。以上计算结果表明：该公司 2008 年年初和年末的短期偿债能力均很强，且 2008 年年末又进一步升高。有经验的分析人员都知道，该比率的恰当水平会因行业和企业具体情况的不同而不同。

2. 速动比率（酸性测试比率）

速动比率指速动资产和流动负债总额之比，计算公式为

$$速动比率=\frac{速动资产}{流动负债}\times 100\%$$

式中，速动资产指扣除存货后的流动资产，包括货币资金、短期投资、应收票据、应收账款等项目。

在评价短期偿债能力上，流动比率存在一定的局限性。流动资产中，各项目的变现能力有所差别，除货币资金外，短期投资、应收票据和应收账款均比存货的流动性高。存货须通过销售和收款后，才能转换为货币资金。如果存货由于质量、价格等原因而滞销，其流动性会大打折扣。因此，就反映公司短期偿债能力而言，速动比率比流动比率更有意义。

海天公司的速动比率为（1 487 ÷946）×100% =157.19%（2008 年初），（1 370 ÷950）×100% =144.21% （2008 年年末）。

习惯上，速动比率以 100% 为宜；与流动比率相似，过高的速动比率也意味着公司的流动资产管理不善。由计算结果可知，海天公司的短期偿债能力较强，2008 年年末更趋向合理。尽管还应结合行业和公司的具体情况作进一步分析，但海天公司流动资产的管理很可能存在问题。

（二）管理效率比率

管理效率比率又称运营效率比率，是用于衡量公司资产管理效率和水平的财务指标，主要有应收账款周转率、存货周转率、固定资产周转率以及总资产周转率。其中，前两个指标反映了公司流动资产经营管理水平的高低，直接影响着公司的短期偿债能力。

1. 应收账款周转率

应收账款周转速度反映了应收账款转化为货币资金的快慢，它通常以一定时期内的周转

次数或周转一次所用天数表示。应收账款周转率表明了公司应收账款一年内的周转次数，应收账款平均收现期则是反映周转天数的财务比率。

$$应收账款周转率（周转次数）=\frac{营业收入}{平均应收账款余额}$$

$$平均应收账款余额=\frac{应收账款余额年初数+应收账款余额年末数}{2}$$

$$应收账款周转期（周转天数）=\frac{平均应收账款余额\times 360}{营业收入}$$

$$=\frac{360}{应收账款周转率（周转次数）}$$

从表3.1和表3.2可得出：2008年，应收账款周转率为$\frac{3\ 117}{(515+543)/2}=5.89$（次），应收账款周转天数或平均收现期为$\frac{[(515+543)/2]\times 360}{3\ 117}=61.1$（天）；2007年年初公司的应收账款余额为498万元，2007年应收账款周转率为$\frac{2\ 795}{(498+515)/2}=5.52$（次），应收账款周转天数或平均收现期为$\frac{[(498+515)/2]\times 360}{2\ 795}=65.24$（天）。

由此可以看出，海天公司2008年应收账款的管理水平有明显提高，其速动比率趋向合理可能部分地同应收账款周转速度的提高有关。一般而言，各公司通常会结合自身状况和行业习惯制定应收账款政策，所以难以定出对各公司都适宜的周转次数和占用天数。对这一比率进行分析时，应重点同公司的应收账款政策、历史最好水平及行业的平均值进行比较。

2. *存货周转率*

存货周转率和存货周转天数是衡量存货周转速度或流动性的财务指标，反映了公司存货管理效率的高低。计算公式分别为

$$存货周转率（周转次数）=\frac{营业成本}{平均存货余额}$$

$$平均存货余额=\frac{存货余额年初数+存货余额年末数}{2}$$

$$存货周转期（周转天数）=\frac{平均存货余额\times 360}{营业成本}$$

$$=\frac{360}{存货周转率（周转次数）}$$

通过表3.1和表3.2中资料可知：2008年，海天公司的存货周转率为$\frac{2\ 426}{(1\ 004+1\ 172)/2}=2.23$（次），存货周转天数为$360\div 2.23=161.45$（天）；2007年年初公司的存货余额为678万元，2007年存货周转率为$\frac{2\ 140}{(678+1\ 004)/2}=2.54$（次），存货周转天数为$\frac{[(498+515)/2]\times 360}{2\ 795}=141.48$（天）。

可见，2008年存货的周转速度明显降低，海天公司流动比率偏高，很大程度上同存货周转速度过慢有关。同样，分析存货管理效率时，应结合其具体情况，通过与其历史最好水平、同行业平均值的比较作出理性的判断。

3. 固定资产周转率

固定资产周转率衡量的是固定资产的利用效率，计算公式为

$$\text{固定资产周转率（周转次数）}=\frac{\text{营业收入}}{\text{平均固定资产净值}}$$

$$\text{平均固定资产净值}=\frac{\text{固定资产净值年初数}+\text{固定资产净值年末数}}{2}$$

$$\text{固定资产周转期（周转天数）}=\frac{\text{平均固定资产净值}\times 360}{\text{营业收入}}$$

$$=\frac{360}{\text{固定资产周转率（周转次数）}}$$

式中，固定资产净值 = 固定资产原价 - 累计折旧 - 已计提减值准备。

以海天公司为例，2008 年，海天公司的固定资产周转率为 $\frac{3\ 117}{(885+1\ 029)/2}=3.26$（次），固定资产周转天数为 $360\div 3.26=110.53$（天）；2007 年年初，公司的固定资产净值为 755 万元，2007 年固定资产周转率为 $\frac{2\ 795}{(755+885)/2}=3.41$（次），固定资产周转天数为 $360/3.41=105.62$（天）。

2008 年，固定资产利用效率略有下降，其原因很可能同当年购置固定资产形成生产能力的时间较迟有关，具体原因有待进一步深入分析。

4. 总资产周转率

总资产周转率是平均资产总额与营业收入的比值，计算公式为

$$\text{总资产周转率（周转次数）}=\frac{\text{营业收入}}{\text{平均资产总额}}$$

$$\text{平均资产总额}=\frac{\text{资产总额年初数}+\text{资产总额年末数}}{2}$$

$$\text{总资产周转期（周转天数）}=\frac{\text{平均资产总额}\times 360}{\text{营业收入}}$$

$$=\frac{360}{\text{总资产周转率（周转次数）}}$$

利用表 3.1 和表 3.2 中海天公司资料可计算出：2008 年，海天公司的总资产周转率为 $\frac{3\ 117}{(3\ 612+3\ 998)/2}=0.82$（次）；2007 年年初，公司的资产总额为 3 046 万元，2007 年总资产周转率为 $\frac{2\ 795}{(3\ 046+3\ 612)/2}=0.84$（次）。

要判断这一指标是否合理，需同历史最好水平和行业平均水平进行比较。近两年，公司运用其资产获取的营业收入低于资产数额，与该公司流动资产中存货周转过慢有关。此外，正在建设中的固定资产数额较大，但这些用于扩大生产能力的在建项目完工后，将有助于未来总资产周转速度的提高。可见，评价时还应充分考虑公司自身的具体情况和特点。

（三）获利能力比率

现实中，无论是公司的外部利益团体还是管理层，都越来越重视获利能力。投资者投资

的目的是财产增值，而实现这一目的的程度同其所投资公司的获利能力高低密切相关。长期债权人的权益能否得到保障，除受公司短期偿债能力的影响外，从深层而言取决于债务人的长期获利能力。公司管理层也十分重视这一能力，股东评价其代理责任的履行情况时，获利能力是最主要指标。获利能力指标包括营业利润率、资产报酬率、权益报酬率等。

1. 营业毛利率

营业毛利率是毛利占营业收入的百分比，计算方法如下

$$\text{营业毛利率} = \frac{\text{毛利}}{\text{营业收入}} \times 100\%$$

$$\text{毛利} = \text{营业收入} - \text{营业成本}$$

从表3.2求得：2007年海天公司的毛利率为（2 795 − 2 140）÷ 2 795 = 23.40%；2008年毛利率为（3 117 − 2 426）÷ 3 117 = 22.20%，比2007年下降了1.2个百分点。这说明2008年营业成本有所提高，作具体分析，其原因可能与公司生产效率降低或材料成本提高等因素有关。

2. 营业净利率

营业净利率，亦称为营业收入利润率，是净利润和营业收入之比。一般认为，该比率是反映获利能力的基本指标，它表明了一元营业收入中可用于形成税后利润的比重；在公司主营业务突出的前提下，营业净利率和营业毛利率结合在一起，可从整体上把握其经营状况。

$$\text{营业净利率} = \frac{\text{净利润}}{\text{营业收入}} \times 100\%$$

从表3.2求得：2007年，海天公司的营业净利率为456 ÷ 2 795 = 16.31%，2008年为488 ÷ 3 117 = 15.66%，比2007年低了0.65个百分点。假定行业平均水平为14%，则海天公司的营业获利能力明显较强。从计算结果知，营业毛利率和营业净利率揭示的信息相同，即2008年的获利能力有所下降，其原因在于营业成本的增长速度大于成本费用的下降速度（有关分析见构成分析部分）。造成海天公司营业成本上涨的原因，需结合公司的具体情况进行分析。

3. 总资产报酬率

总资产报酬率是公司的净利润和平均资产总额之比，表明了资产的综合利用效果。

$$\text{总资产报酬率} = \frac{\text{净利润}}{\text{平均资产总额}} \times 100\%$$

从表3.1和表3.2中可求出，2007年总资产报酬率为456 ÷ [（3 046 + 3 612）/2] = 13.70%，2008年为488 ÷ [（3 612 + 3 998）/2] = 12.83%。资产报酬率等于资产周转率乘以营业净利率，它体现的资产利用效果更全面。计算结果表明：由于营业净利率降低，该比率2008年略有下降。

4. 权益报酬率

权益报酬率或净资产收益率，是净利润与平均净资产之比，其中，净资产是总资产扣除负债后的剩余权益。

$$\text{权益报酬率} = \text{净利润} \div \text{股东权益} = \text{净利润} \div (\text{总资产} - \text{负债})$$

$$\text{权益报酬率} = \frac{\text{净利润}}{\text{平均净资产}} \times 100\%$$

$$\text{式中，平均净资产} = \frac{\text{所有者权益年初数} + \text{所有者权益年末数}}{2}$$

从表3.1和表3.2可求出，2007年权益报酬率为456÷[(2 034+2 222)/2]=21.43%，2008年为488÷[(2 222+2 604)/2]=20.22%，该比率2008年下跌明显，原因有待进一步确定（有关分析见杜邦体系部分）。

（四）债务比率

债务比率利用负债与资产、权益之间的关系，反映公司偿付长期债务能力的高低以及公司财务风险的大小。对此，公司管理层和外部各利益团体都十分关心。一般认为，这类比率主要包括：资产负债比率、负债权益比率和利息保障倍数等指标。

1. 资产负债比率

资产负债比率，亦称负债比率，是负债占总资产的百分比，直接体现出公司资产依赖负债融通的比重，反映了公司的财务风险。此外，由于债权人的利益依靠总资产来保障，这一比率也反映出债权人利益的保障程度。

$$\text{资产负债比率} = \frac{\text{负债总额}}{\text{资产总额}} \times 100\%$$

据表3.1可知：2007年，该公司的资产负债比率为1 390÷3 612=38.48%；2008年为1 394÷3 998=34.87%，负债融资比重有所降低。

评价资产负债比率时，以行业平均水平作为判断标准很重要。比重过高，投资者面临的财务风险就会很高，债权人的利益得到偿付的可能性就大大降低，公司的资金成本也会大幅升高，如过去我国国有企业的资产负债比率在70%～80%之间，这是造成国有企业效益不佳、银行不良资产过多的重要原因；比率过低，公司的资金成本不一定就低，投资者难以享有举债经营的利益。国际上，一般认为该比率为50%比较合适。由此看来，海天公司的负债比率较低，经营比较保守。

2. 负债权益比率

负债权益比率，亦称产权比率，是负债总额与所有者权益总额相比较而求得的比值。该比率主要用于衡量所有者权益为债权人提供的保障程度，比值越小，债权人的利益越有保障。

$$\begin{aligned}\text{负债权益比率} &= \frac{\text{负债总额}}{\text{所有者权益总额}} \times 100\% \\ &= \frac{\text{资产负债比率}}{1-\text{资产负债比率}} \times 100\%\end{aligned}$$

从表3.1求得：2007年负债权益比率为1 390÷2 222=62.56%，2008年为1 394÷2 604=53.53%。一般认为，负债权益比率以100%为宜。这一比率同资产负债比率反映的信息相同。

3. 利息保障倍数

利息保障倍数，亦称已获利息倍数，是息税前利润与利息费用的比率，用于反映公司支付债务利息的能力，计算方法为

$$\text{利息保障倍数} = \text{息税前利润} \div \text{利息费用}$$

$$利息保障倍数 = \frac{息税前利润}{利息费用}$$

式中，息税前利润 = 利润总额 + 利息费用 = 净利润 + 所得税 + 利息费用。

经计算可知：2007 年，利息保障倍数为(537 + 50) ÷ 50 = 11.74（倍），2008 年为(574 + 46) ÷ 46 = 13.48（倍）。由于利润总额增大，海天公司支付利息的能力大幅提高。这一比率的最低标准为 1 倍。当然，恰当的付息能力水平，应结合行业平均值和公司的最佳历史水平而定。

（五）市场比率

市场比率是指与公司股票市场价值有关的一系列比率，包括每股收益、市盈率、每股股息和股息支付比等。

市场比率是公司获利能力的综合反映，影响着股票的市场价值，因而为投资者和公司管理层所关注。投资者进行股票投资时，多依靠这一系列比率预测公司未来的获利能力，并通过股票投资现金流出量和现金流入量的比较，评估投资能否实现其财富的最大化增值，从而作出是否投资于该股票的决策。这类比率不同于前四类比率，它仅仅反映了公司经营的最终成果及其分配情况，无法提供改善经营管理的信息。尽管如此，由于财务管理的目的是实现股东财富最大化，作为经营管理责任受托方的公司管理层，也会关注投资者看重的这一系列比率，使投资者获得满意的投资报酬。

1. 每股收益

每股收益（EPS）是反映每股股份获利能力的指标，其计算公式为

$$每股收益 = (净利润 - 优先股股息) \div 普通股流通股数$$

式中，普通股股数指股份公司对外发行且尚未收回的普通股股数，而无论它能否上市流通。海天公司未发行优先股，2007 年年末普通股股数为 1 412 万股，2008 年为 1 694 万股。利用表 3.2 中资料可以求得：2007 年，每股收益为 456 ÷ 1 412 = 0.323（元），2008 年为 488 ÷ 1 694 = 0.288（元）。

2. 市盈率

市盈率是股票价格和每股收益之比，反映出投资者为一元收益支付的价格。

$$市盈率 = \frac{普通股每股市价}{普通股每股收益}$$

以海天公司为例，2007 年年底每股市价为 10.35 元，2008 年年底为 11.45 元；2007 年市盈率为 10.35 ÷ 0.323 = 32.0（倍），2008 年市盈率为 11.45 ÷ 0.288 = 39.8（倍）。一般而言，市盈率越高，说明公司的成长性越好，投资者对公司的经营越认同。

3. 每股股息

每股股息是公司股息政策的重要内容，计算公式为

$$每股股息 = \frac{普通股股息总额}{年末普通股股数}$$

式中，普通股股息总额指发放的现金股息总金额。海天公司 2007 年发放现金股息总额 362 万元，2008 年发放 388 万元。可以看出：2007 年每股股息为 362 ÷ 1 412 = 0.256（元），2008 年为 388 ÷ 1 694 = 0.229（元）。

4. 股息支付比

股息支付比体现了从净利润中发放现金股息的比例。计算公式如下

$$股息支付比 = \frac{每股股息}{每股收益} \times 100\%$$

2007 年，海天公司股息发放比为 0.256 ÷ 0.323 = 79.26%，2008 年为 0.229 ÷ 0.288 = 79.51%。为了提供扩展业务所需资金，并控制公司的财务风险，高成长性公司的股息发放比一般不会太高。

（六）比率分析的基准

为了反映公司的偿债能力和获利能力，公司管理层和外部各利益团体的分析人员需计算许多比率，并按照一定标准对计算结果进行纵向和横向判断，从而取得决策所需信息。在纵向判断过程中，常用的评价判断标准或基准是公司自身的历史最好水平，而横向判断主要运用行业平均水平及行业先进水平这两个基准。

就纵向判断而言，无论公司管理层还是外部各利益团体，都易于取得制定该标准所需要的资料，进而判断特定比率是否改善或恶化，并总结出有助于改善经营管理的经验教训。

比率分析的重要优点在于消除了公司间由于规模不同造成的不可比性，便于进行同行业间的比较分析——横向分析。在横向分析过程中，公司应结合自身的经营业绩选择评价基准。尽管最常用的基准是行业平均值，但绩优公司适宜以行业先进水平为基准。因为行业平均值是高比率和低比率的简单平均，以其为基准不利于绩优公司提高经营管理水平。

目前，我国尚未有专门机构或报刊定期公布分行业的平均财务比率，增加了横向分析的难度。一般而言，在深沪交易所上市的公司是各行业的绩优公司，国内三大证券报——中国证券报、上海证券报和证券时报公布的上市公司分行业财务比率反映了国内各行业先进水平，绩优公司可将其作为评价标准。

（七）比率分析的局限性

比率分析方法简明扼要、通俗易懂，为财务分析人员广泛使用。但是，在实际运用中值得注意的问题是：

1. 会计政策和程序的可比性

按照我国会计准则和会计制度的规定，部分事项的会计处理多种方法并存，如存货的计价方法等，公司可结合自身的实际情况进行选择。尽管要求同一公司的会计处理尽可能保持前后期一致性，但同行业中不同公司可能会选择不同的会计处理方法，造成行业内不同公司的会计报表在一定程度上不可比，使公司间财务比率的对比分析难度增大。

2. 分析的综合性

每一个财务比率分别从一个角度提供着公司的财务信息，但单一的财务比率意义并不大，难以进行客观的评价。例如，资产周转率高，一方面意味着资产利用效率好；另一方面，可能是公司无力购置资产，资产偏低造成的。此外，某一比率的不利方面可能为另一比率的有利方面所抵消。分析中应将各种比率反映的信息进行综合，才能作出正确的判断。

3. 经营方式的影响

不同公司的经营方式各不相同，如有些公司自己购置固定资产，而另一些公司的固定资

产则为租赁取得；即使是同一公司，在不同时期也可能会采用不同的经营方式。会计报表反映的是资金运动过程和结果，必然会体现出这种差异，从而也会给比率分析带来不可比性。

4. 季节性经营的影响

假如公司的经营具有季节性，月份和季度的比率分析就不能说明问题。某些财务比率在淡季可能较低，而在旺季又会较高，难以通过对比分析判断其变化情况。此时，理性的方法是采用全年平均数，将季节性波动的影响降低至最低程度。

5. 多元化的经营战略

目前，越来越多的公司进行跨行业多元化经营，有些公司的经营甚至涉及数十个行业。我国企业的资产重组以及集团化经营等改革措施会强化这一趋势。由于多元化经营公司涉及行业多，除非公司的主营业务突出，如海天公司是一个以纺织、服装为主营业务的集团公司，经营领域涉及纺织、服装、玩具等多个行业，否则，比率分析时无法确定公司所属的行业，难以进行横向比较。当然，在多元化公司内，各部门的经营相对单一，管理层可按各部门所属行业进行分析，外部各利益团体尽管可能可以取得分部门的财务报表，但其资料可能很有限，分析的难度可想而知。

6. 会计数据的历史性

比率分析中运用的会计资料是历史数据，是按照历史成本原则编制的，同时也未考虑通货膨胀的影响，因此，以其为基础计算的财务比率，仅对预测未来有一定的参考价值，不能代表未来；如果公司的经营外部环境发生重大变化，会计信息的历史性会误导分析的方向。

此外，比较分析中还应注意行业基准的选择问题（前面已作分析），绩优公司不宜用行业平均值作为判断的基础。

三、构成分析

构成分析又称百分比财务报表分析，是以一定的报表项目为基础，将绝对数财务报表转化为相对数（构成百分比）财务报表，通过分析各项目在不同时期的百分比变化，揭示公司的资产、资金结构变化状况的一种比较分析方法。其中，百分比资产负债表一般以资产总额为基础（即100%），百分比利润表常以营业收入为基础。

表3.3和表3.4分别为海天公司的百分比资产负债表和百分比利润表。实际工作中，需用多年的报表加以综合分析。为方便起见，在此只用两年的报表来说明。

由于构成分析侧重于揭示财务状况变动的原因，在实际运用时应以比率分析为主、构成分析为辅，两种分析相互补充。此外，构成分析不仅可用于同一公司不同时期财务状况的比较，还可用于分析两个公司之间或与同行业平均数之间的差异及其原因。

表3.3 海天公司百分比资产负债表

%

资　　产	2007年	2008年	负债及所有者权益	2007年	2008年
流动资产：			流动负债：		
货币资金	6.86	7.93	短期借款	17.66	12.45
短期投资	5.72	1.93	应付账款	4.49	5.98
应收票据	0.28	0.45	应付工资	2.08	3.13

续表

资　　产	2007年	2008年	负债及所有者权益	2007年	2008年
应收账款	14.26	13.58	未交税金	0.94	0.85
存货	27.80	29.31	其他流动负债	1.02	1.35
其他流动资产	14.04	10.38	流动负债合计	26.19	23.76
流动资产合计	68.96	63.58	长期负债：		
固定资产：			长期借款	12.07	10.91
固定资产原价	30.70	33.32	其他长期负债	0.22	0.20
累计折旧	6.20	7.58	长期负债合计	12.29	11.11
固定资产净值	24.50	25.74	所有者权益：		
在建工程	5.51	9.75	股本	39.09	42.37
无形资产：			资本公积	12.04	10.88
无形资产	0.95	0.75	盈余公积	10.22	11.68
其他长期资产：			未分配利润	0.17	0.20
递延资产	0.08	0.18	所有者权益合计	61.52	65.13
资产总计	100.00	100.00	负债及所有者权益总计	100.00	100.00

构成分析中，重点应放在比重较大、波动较大的项目以及影响重要财务比率的相关项目上。例如，比率分析中的营业利润率，从表3.4知，营业成本的比重升高了1.26个百分点，这是造成2008年营业利润率降低0.65个百分点的根本原因。

表3.3中，流动资产占总资产的比重过高，达60%以上，这就导致了高流动比率、总资产周转速度过慢；应收账款的比重降低（0.46个百分点），解释了应收账款周转速度加快的原因；短期借款减少5.2个百分点，股本增加3.3个百分点，两者是造成资产负债比率降低3.6个百分点的主要因素等。

从表3.4看，2008年海天公司获利能力的变动原因在于：营业成本上升了1.26个百分点，而同期期间费用降低了0.48个百分点。因此，尽管营业成本的变动不大，但它是影响营业利润率下降的唯一因素，很值得关注及进一步具体分析其升高的原因。

表3.4　海天公司百分比利润表

%

项　　目	2007年	2008年
一、营业收入	100.00	100.00
减：营业成本	76.57	77.83
营业费用	0.47	0.38
管理费用	1.82	1.73
财务费用	1.78	1.48
二、营业利润	19.36	18.58

续表

项　　目	2007年	2008年
加：营业外收入	0.11	0.15
减：营业外支出	0.27	0.31
三、利润总额	19.21	18.42
减：所得税	2.90	2.76
四、净利润	16.31	15.66

第二节　趋势分析与综合分析

财务分析过程中，相关人员十分重视趋势分析和综合分析。因为，趋势分析可揭示比较分析无法反映出的有关公司财务状况变化动态的信息，而综合分析——杜邦体系能清晰地描绘出公司经营的总体状况，并可指明公司改善管理的努力方向。

一、指数分析

指数分析又称定基百分比报表分析，是以基期财务报表中各项目为基础，揭示各报告期财务报表中各项目与基期报表中同一项目之间比例关系的一种纵向财务分析方法。表3.5和表3.6分别表示海天公司的指数资产负债表和指数利润表。

分析时，重点应放在波动幅度较大的项目、波动不大但很重要的项目上。对于异常不大项目，如其绝对数较小时可不视为分析的重点。例如表3.5中，递延资产增长高达133.33%，其绝对数仅增加4万元。

如表3.5所示，从资产方看，存货2008年比2007年升高了16.73%；在建工程升高了99.58%。从负债方看，短期借款的减幅突出，达21.94%；盈余公积的升高也达26.56%。如表3.6所示，营业费用和财务费用分别降低了约8%，从而使期间费用下降，这就进一步解释了为何营业利润率的降幅低于营业成本的升幅。可见，指数分析与构成分析提供了大体相同的信息。

值得注意的是：指数分析和构成分析的侧重点不同，构成分析侧重于反映公司资产、资金结构的短期变化，指数分析侧重于反映公司财务报表中各项目的长期变动趋势，但指数分析对构成分析揭示的信息也有明确的反映。总之，指数分析和构成分析能揭示比率分析无法提供的信息，特别是较长时期内公司资金的筹措和运用信息，三种分析方法结合起来，有助于较全面揭示公司的整体信息。

表3.5　海天公司指数资产负债表

%

资　　产	2007年	2008年	负债及所有者权益	2007年	2008年
货币资金	100.00	127.82	短期借款	100.00	78.06
短期投资	100.00	37.20	应付账款	100.00	147.53

续表

资　　产	2007年	2008年	负债及所有者权益	2007年	2008年
应收票据	100.00	180.00	应付工资	100.00	166.66
应收账款	100.00	105.44	未交税金	100.00	100.00
存货	100.00	116.73	其他流动负债	100.00	145.95
其他流动资产	100.00	81.85	流动负债合计	100.00	100.42
流动资产合计	100.00	102.05	长期负债：		
固定资产：			长期借款	100.00	100.00
固定资产原价	100.00	120.11	其他长期负债	100.00	100.00
累计折旧	100.00	135.27	长期负债合计	100.00	100.00
固定资产净值	100.00	116.27	所有者权益：		
在建工程	100.00	195.98	股本	100.00	119.97
无形资产：			资本公积	100.00	100.00
无形资产	100.00	88.24	盈余公积	100.00	126.56
其他长期资产：			未分配利润	100.00	133.33
递延资产	100.00	233.33	所有者权益合计	100.00	117.19
资产总计	100.00	110.69	负债及所有者权益总计	100.00	110.69

表3.6　海天公司指数利润表

%

项　　目	2007年	2008年
一、营业收入	100.00	111.52
减：营业成本	100.00	113.36
营业费用	100.00	92.30
管理费用	100.00	105.88
财务费用	100.00	92.00
二、营业利润	100.00	107.02
加：营业外收入	100.00	166.67
减：营业外支出	100.00	142.86
三、利润总额	100.00	106.89
减：所得税	100.00	106.17
四、净利润	100.00	107.02

二、比率趋势分析

比率趋势分析，即将公司若干年的财务比率依时间先后顺序予以排列，并作出比较，以加深对公司财务状况的了解。值得注意的是，比率分析不同于比率趋势分析，比率分析只能判定公司目前财务状况是好是坏，而比率趋势分析有助于外界和管理层判断目前的财务状况是暂时的还是持续的。表3.7列出了近五年间海天公司的财务比率。

从表3.7可以看出：

（1）流动性比率方面。2004—2008年，海天公司的两比率都过高，其中，流动比率较稳定，速动比率有降低趋势，公司的短期偿债能力较强。

（2）管理效率比率方面。尽管存货周转速度逐步下降，但由于应收账款周转速度不断加快，固定资产的周转速度有回升趋势，因而，总资产的周转速度波动不大。

（3）获利能力比率方面。营业毛利率明显下滑，营业利润率向下波动，资产报酬率趋向稳定，权益报酬率起伏较大。总体而言，海天公司的获利能力略有降低。

（4）债务比率方面。公司的负债比率有升高倾向，但仍维持在较低水平，公司的长期偿债能力并未受到影响。可见，海天公司的总体财务状况恶化趋势不明显，基本上保持了稳定。

表3.7 海天公司财务比率（2004—2008年）

财务比率	2004年	2005年	2006年	2007年	2008年
流动性比率：					
（1）流动比率	245.34%	298.16%	233.07%	263.32%	267.58%
（2）速动比率	159.48%	141.46%	137.86%	157.19%	144.21%
管理效率比率：					
（1）应收账款周转率	4.56	5.04	5.12	5.52	5.89
（2）存货周转率	2.83	2.37	2.52	2.54	2.23
（3）固定资产周转率	3.41	3.11	3.07	3.41	3.26
（4）总资产周转率	0.91	0.74	0.57	0.84	0.82
获利能力比率：					
（1）营业毛利率	24.10%	23.67%	23.38%	23.40%	22.20%
（2）营业净利率	16.83%	16.67%	16.99%	16.31%	15.66%
（3）总资产报酬率	15.32%	12.33%	9.68 %	13.70%	12.83%
（4）权益报酬率	22.92%	20.50%	14.97%	21.43%	20.22%
债务比率：					
（1）资产负债比率	33.17%	39.86%	35.33%	38.48%	34.87%
（2）负债权益比率	49.63%	66.28%	54.63%	62.56%	53.53%
（3）利息保障倍数	12.57	16.96	13.04	11.74	13.48

三、综合分析——杜邦财务分析体系

公司财务分析中，仅仅观察财务报表无法洞察公司财务状况的全貌，同时仅观察单一的财务比率，也难以了解公司财务状况的全面情况。为此，需要把各种财务比率结合起来，其方法就是杜邦财务分析体系。作为一种综合分析方法，杜邦财务分析体系为各个方面，特别是公司改善内部经营管理提供了分析框架。

杜邦财务分析体系是借助于几个主要财务比率之间存在的既定关系，评判公司偿债能力和获利能力的高低及其原因的一种综合分析方法。由于美国杜邦公司的财务经理最先提出并运用了这一方法，故称为杜邦财务分析法。图3.1称为杜邦体系图，其中，主要财务比率之间的关系为

$$权益报酬率\ 20.22\% = 总资产报酬率\ 12.83\% \times 权益乘数\ 1.535$$

$$总资产报酬率\ 12.83\% = 总资产周转率\ 0.82 \times 营业净利率\ 15.66\%$$

式中，权益乘数 = 资产总额 ÷ 所有者权益

$$= 1 \div (1 - 资产负债比率) = 1 \div (1 - 34.87\%) = 1.535$$

注：由于计算总资产报酬率时使用的是平均资产总额，而计算权益乘数或资产负债比率

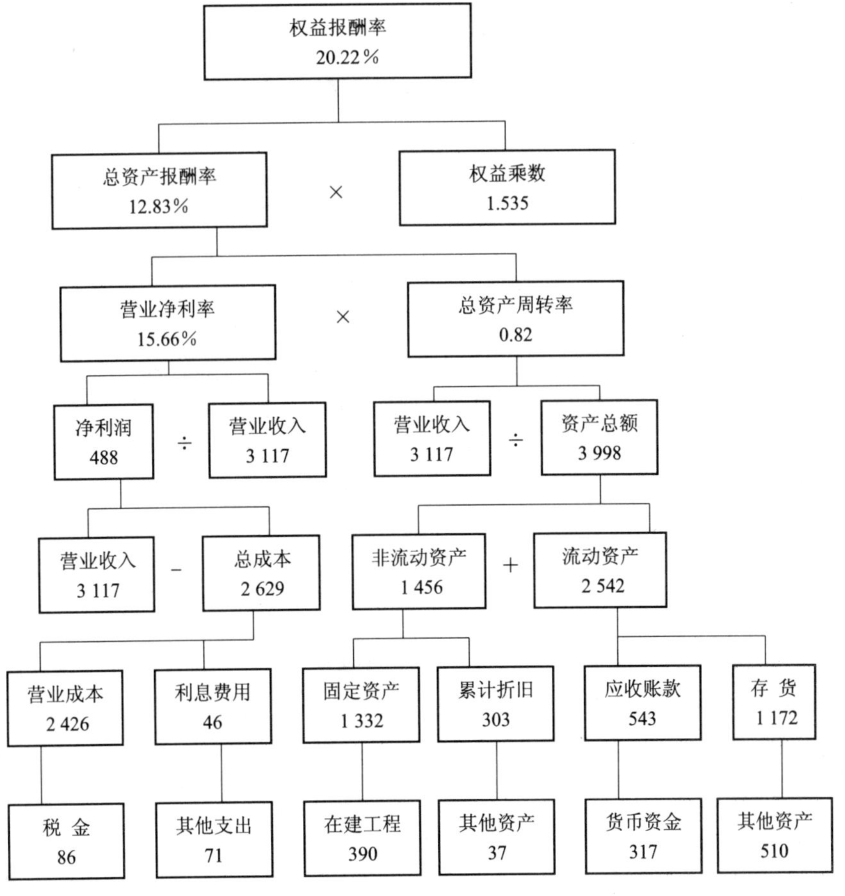

图3.1 杜邦财务分析体系图

时使用的是年末资产总额，可能会导致上述等式不一定成立，但一般而言，对权益报酬率的影响不大，并不会影响对公司财务状况和获利能力的整体判断。

权益报酬率是一个高度综合性的指标，投资者对其极为重视。从杜邦图中可以看出，该比率是资产报酬率、营业净利率和资产负债比率三大比率的综合体。这一关系解释了三大比率如何相互影响，并进而吸纳其他财务比率共同决定权益报酬率的高低；同时，也为公司管理层指明了改善权益报酬率的途径（若在该图中加入同行业平均值，其价值会更大）。例如，经与同行业比较，海天公司管理层借助杜邦图发现：权益报酬率低是总资产周转速度慢造成的，但公司的应收账款周转率高于同行业水平，固定资产周转速度与同行业相当，问题在于公司存货过多，影响了资产的总体周转速度。因此，海天公司可采取的策略主要有：

（1）加强存货管理，减少存货积压，实现资产加速周转。

（2）在存货周转近期难有较大改善的前提下，通过降低营业成本，实现营业利润率的攀升。

（3）举债经营，提高资产负债比率，利用权益乘数的倍增作用，改善权益报酬率等。实际工作中，海天公司应结合自身的具体情况，选择其中一个策略加以运用或综合运用多个策略。

第三节　财务预测与规划

各公司在追求股东财富最大化目标的过程中，都会制定各具特色的发展战略。尽管其内容涉及公司的经营方向、市场定位、研究开发、财务资源的筹措和运用等多方面，但万变不离其宗，最终大多可归纳为扩大销量，提高市场占有率；扩大销量又意味着公司运用的财务资源增加，相应的财务需求也会增加。就公司管理层而言，满足财务需求的方案很多，它们希望了解的是：各种可能的解决方案对公司未来财务状况会产生何种影响，以及何种可行方案有助于财务报表的优化。提供这些信息的过程，就是财务预测和规划过程。可见，财务规划是公司对其未来财务资源的来源和运用的一种总体性统筹安排，具体表现为预测财务需求，并以改善财务状况为标准，对满足财务需求的可行方案进行优选。实际工作中，财务预测和规划常用的方法有营业收入百分比法和回归分析法。

一、营业收入百分比法

营业收入百分比法有狭义和广义之分。狭义营业收入百分比法是一种财务需求预测法，它利用营业收入和资产负债表各项目之间存在的关系，预测营业收入变动引发的财务资源需求量。广义的营业收入百分比法除预测财务需求外，还包括统筹安排，满足财务需求，实现财务报表的优化或财务状况的改善。

（一）财务需求预测

狭义营业收入百分比法对财务需求量（或资金需求量）的预测基于如下假定：

假定1：所有成本费用项目、大部分资产项目（短期投资除外，国内各公司的短期投资十分有限）和部分负债项目的变动，同营业收入的变动成正比。

假定2：基期财务报表为最优报表。

假定3：股息政策保持不变。

现仍以海天公司为例进行分析：假定海天公司2009年营业收入计划增长20%，达3 740.4万元（2008年实际为11.52%）；股息政策仍维持不变，即提取20%的净利润作为公积金，股息支付比仍为2008年的79.51%。

（1）按照资产负债表、利润表各项目同营业收入之间的关系，将资产负债表和利润表转化为百分比报表，如表3.8和表3.9所示。

表3.8 海天公司资产负债表

（2008年12月31日）

资　　产	2008年/万元	百分比*	负债及所有者权益	2008年/万元	百分比*
流动资产：			流动负债：		
货币资金	317	10.17%	短期借款	498	**
短期投资	77	**	应付账款	239	7.67%
应收票据	18	**	应付工资	125	4.01%
应收账款	543	17.42%	未交税金	34	1.09%
存　　货	1 172	37.60%	其他流动负债	54	1.73%
其他流动资产	415	13.31%	流动负债合计	950	14.50%
流动资产合计	2 542	78.50%	长期负债：		
固定资产：			长期借款	436	**
固定资产原价	1 332	42.73%	其他长期负债	8	**
累计折旧	303	9.72%	长期负债合计	444	**
固定资产净值	1 029	33.01%	所有者权益：		
在建工程	390	**	股　　本	1 694	**
无形资产：			资本公积	435	**
无形资产	30	**	盈余公积	467	**
其他长期资产：			未分配利润	8	**
递延资产	7	**	所有者权益合计	2 604	**
资产总计	3 998	111.51%	负债及所有者权益总计	3 998	14.50%

注：*为各项目金额与2008年营业收入3 117之比；

**表示该项目同营业收入的变动无直接关系

表3.9 海天公司利润表

项　　目	2008年/万元	百分比/%
一、营业收入	3 117	100.00
减：营业成本	2 426	77.83
营业费用	12	0.38
管理费用	54	1.73
财务费用	46	1.48
二、营业利润	579	18.58
加：营业外收入	5	*
减：营业外支出	10	*
三、利润总额	574	*
减：所得税	86	*
四、净利润	488	18.58
注：* 表示该项目同营业收入无直接关系		

（2）利用表3.8和表3.9中反映的关系，据预期营业收入推测下一年度的财务报表；并依据“资产 = 负债 + 所有者权益”这一会计恒等式，计算确定财务需求量，见表3.10和表3.11。

表3.10 海天公司预计利润表

万元

项　　目	2008年	2009年
一、营业收入	3 117	3 740.40
减：营业成本	2 426	2 911.15
营业费用	12	14.21
管理费用	54	64.71
财务费用	46	55.36
二、营业利润	579	694.97
加：营业外收入	5	5.00
减：营业外支出	10	10.00
三、利润总额	574	689.97
减：所得税	81	103.57
四、净利润	488	586.40

表 3.11　海天公司预计资产负债表

（2009 年 12 月 31 日）　　万元

资产	2008 年	2009 年	负债及所有者权益	2008 年	2009 年
流动资产：			流动负债：		
货币资金	317	380.40	短期借款	498	498.00
短期投资	77	77.00	应付账款	239	286.89
应收票据	18	18.00	应付工资	125	150.00
应收账款	543	651.58	未交税金	34	40.77
存货	1 172	1 406.39	其他流动负债	54	64.71
其他流动资产	415	497.85	流动负债合计	950	1 040.37
流动资产合计	2 542	3 031.22	长期负债：		
固定资产：			长期借款	436	436.00
固定资产原价	1 332	1 598.27	其他长期负债	8	8.00
累计折旧	303	363.57	长期负债合计	444	444.00
固定资产净值	1 029	1 234.70	所有者权益：		
在建工程	390	390.00	股本	1 694	1 694.00
无形资产：			资本公积	435	435.00
无形资产	30	30.00	盈余公积	467	*584.38
其他长期资产：			未分配利润	8	**10.87
递延资产	7	7.00	所有者权益合计	2 604	2 724.25
			【财务需求量】		&484.30
资产总计	3 998	4 692.92	负债及所有者权益总计	3 998	4 692.92

注：*584.38 = 467 + 586.89 × 20%

**10.87 = 8 + (586.89 − 117.38 − 586.89 × 79.51%)

&484.30 = 4 692.92 − (1 040.37 + 444 + 2 724.25)

上述计算过程也可用简化公式替代

$$财务需求量 = 需增加资产量 - 负债自发增加量 - 留存利润增加量$$
$$= A/S1(S2 - S1) - L/S1(S2 - S1) - MS2[1 - D]$$

式中，$A/S1$ 表示基期营业收入变动时，资产随之变动的百分比；

$L/S1$ 表示基期营业收入变动时，负债随之变动的百分比；

$S1$：基期营业收入；

$S2$：预期营业收入；

M：基期营业利润率；

D：基期股息支付比。

上例中，财务需求量 = 111.51% × 623.4 − 14.50% × 623.4 − 15.66% × 3 740.4 × [1 −

79.51%］=484.74（万元）

从两种计算结果可以看出：运用公式法计算的财务需求量为484.74万元，同表3.11计算的484.30万元略有差别。从理论上说，尽管任何一种计算方法得出的结果都难以同实际完全一致，都仅是一种预测，但相对而言，表3.11考虑了较多因素，得出的结果会更合理一些；在不存在营业外收支的公司，两种方法会得出相同的结论。

（二）财务规划

预测财务需求后，下一步是设计满足财务需求的可供选择方案，并在评价各方案对公司未来财务状况影响的基础上，进行方案的优选、财务报表优化（不是事后对报表的粉饰）。

1. 假定2008年财务比率最佳（即假定2保持不变）

（1）增加流动负债。海天公司通过向银行取得短期借款484.30万元，满足财务需求。在该方案下，公司的流动比率和速动比率将分别为：3 031.22÷（1 040.37+484.30）=1.99，2 379.64÷（1 040.37+484.30）=1.07，明显低于2008年的2.68和1.44。在此情形下，取得银行贷款的难度较大。

（2）增加长期负债。海天公司向银行申请长期借款484.30万元（利率10%）。此方案下，公司的流动比率和速动比率分别为2.91，1.56；尽管公司短期偿债能力有所改善，但资产负债比率（此时银行关心的主要指标之一）将为41.95%，高于2008年的34.87%，由于风险增大，银行很可能拒绝发放贷款。

（3）依靠权益融资。依靠权益融资包括发行股票和改变股息政策。发行股票：权益报酬率将为586.89÷（2 724.25+484.30）=18.29%，低于2008年的18.74%；改变股息政策：不发放股息可融资586.89×79.51%=466.64（万元），少于财务需求量484.30万元，此方案不可行；两方案结合运用，权益报酬率将仍为18.29%。可见，该类方案难以达成股东财富最大化的目的。

（4）负债和权益的结合运用（放宽假定3）。该方案的关键在于负债和权益融资的比例。我们已假定2008年财务报表为最优报表，因此，两者的比例应为2008年报表所反映比例。

负债融资最大限额为

基期资产负债比率×预期资产总额－预期已有负债=34.87%×4 692.92－（1 040.37+444）=152.05（万元）

其中，流动负债最大限额为

预期流动资产÷基期流动比率－预期已有流动负债=3 031.22÷2.68－1 040.37=90.68（万元）

同理，权益融资额为65.13%×4 692.92－2 724.25=332.25（万元）。

从以上分析可以看出：理论上，为保持上一年的财务状况，需发行股票或减少发放股息332.25万元，同时增加负债152.05万元，其中流动负债最多不超过90.68万元。

2. 优化财务比率，调整资本结构（放宽假定2）。

财务比率的优化是一动态过程，即使是最佳的财务比率也会随时间的推移而发生变化。因此，公司应结合行业和自身具体情况的变化，适时调整资本结构。就海天公司而言，其2008年的财务比率并不一定最佳，管理层可能希望2009年的财务比率为：负债比率45%左右，流动比率约2.00，权益报酬率不低于20%。新增负债的成本为10%时，分析如下：

最大负债融资额为

资产负债比率×预期总资产－已有负债＝45%×4 692.92－(1 040.37＋444)＝627.44(万元)

流动负债增加额为

预期流动资产÷流动比率－已有流动负债＝3 031.22÷2.00－1 040.37＝475.23（万元）

在其他比率不变的前提下，权益报酬率将为

预期营业利润率×预期总资产周转率×权益乘数＝14.265%×0.797×1.818＝20.67%

其中，

预期营业利润率＝[(预期利润总额－新增利息)×(1－税率)]÷预期营业收入
＝(690.46－10%×627.44)×85%÷3 740.4＝14.265%。

可见，在新资本结构之下管理层的权益报酬率目标能够实现，问题是此时的权益数额应降低143.14万元（新负债比率下，权益数额应为55%×4 692.92＝2 581.11（万元），已有权益2 724.25万元）。可行策略为调整2009年度的股息政策，将预期的盈余公积由584.38万元降至441.24万元；或者采取其他策略，如增加总资产，投资于营业利润率不低于14.265%的项目。此时，新投资额为

预期已有权益额÷资产负债比率－预期已有总资产＝2 724.25÷55%－4 692.92＝260.26（万元）。

3. 可持续发展分析

可持续发展是指在资产负债比率和股息支付比维持既定水平的前提下，公司依靠自身积累而非发行普通股所能实现的增长。目前，我国证券市场正处于快速发展阶段，尽管发行新股有较大难度，但许多公司把新股看做无息资金，不惜一切代价获取发行额度，希望这仅是一种暂时现象。国际上，许多公司不愿意发行普通股的原因在于：

(1) 股票的发行成本较高，而留存利润无发行成本；

(2) 由于信息不对称，投资者多视新股发行为“利空”消息。

在公司的生产能力得到充分利用的前提下，公司可持续发展的增长率为

$$g = rb(1+L/E) \div [A/S - rb(1+L/E)]$$

式中，r：预期营业利润率；

A/S（资金密集率）：1/预期总资产周转率；

b：预期利润留用率＝1－预期股息支付比；

L/E：预期负债权益比率＝预期资产负债比率÷（1－预期资产负债比率）。

财务规划中，可持续发展分析十分重要。从公式可以看出：它揭示了公司的获利能力（营业利润率）、资产管理效率（资产周转率）、股息政策（股息支付比）和财务政策（资产负债比率）四者之间的关系。在保证一定的可持续发展水平下，依据上述公式揭示的关系，有助于制订资产结构、资本结构、财务政策和股息政策的调整计划。

以海天公司为例，假定各预期的财务比率维持2008年水平：营业利润率15.66%、总资产周转率0.78、资产负债比率34.87%、负债权益比率53.54%、股息支付比79.51%、利润留用率20.49%，则

$$g = 15.66\% \times 20.49\% \times (1+53.54\%) \div [1/0.78 - 15.66\% \times 20.49\% (1+53.54\%)]$$
$$= 4.93\% \div 123.28\% = 4\%$$

营业收入百分比法中，财务需求量的变化取决于营业收入的变化，二者之间的关系为线性关系，具体表现为

$$财务需求量(Y) = a + b \times 营业收入增长率(X)$$

从前面分析已知：$X=20$ 时，$Y=484.3$；$X=4$ 时，$Y=0$。故海天公司财务需求量和营业收入增长率之间的关系为

$$Y = -121.08 + 30.27X$$

二、回归分析

营业收入百分比法的基本假定是：财务报表中，各项目同营业收入之间存在一定的比例关系，这一比例在未来保持不变（即假定1）。显然，这一假定仅可能在短期内成立，因此，营业收入百分比法仅适宜于短期财务规划。

回归分析是长期财务规划中常用的一种方法，其预测和规划无须基于营业收入百分比法的假定。它是在理论分析的基础上，利用过去较长时期内的报表数据和相关数据，揭示财务报表中某一项目（因变量）与营业收入等（自变量）之间数量关系的统计方法。按自变量数目的多少，回归分析可分为一元回归分析、多元回归分析两类；按其数量关系的数学性质，又可分为线性回归分析和非线性回归分析。

回归分析的一般程序为：

（1）利用经济理论，确定财务报表某一项目（因变量）的影响因素（自变量）。

（2）收集相关的历史数据，绘制散布图，进而确定自变量和因变量之间关系的类型。可能的关系类型有：一元线性型、一元非线性型、多元线性型、多元非线性型或无关型。

（3）建立数学模型，并确定模型中各参数的数值。

（4）数学模型的检验和修正，这二步常用计算机中的 Excel 来完成。

（5）运用模型进行预测分析。

在长期规划中，一元线性回归分析最为常用。由于影响财务报表中各项目，如应收账款的最主要因素是营业收入，因而可以一元线性模型为起点进行分析。若实际分析的结果表明二者之间并无线性关系，如存货和营业收入，再采用其他方法进行回归分析（回归分析是一种常用的经济分析方法，但限于篇幅，在此仅作简单探讨，有兴趣的读者可参阅经济计量学方面的著作）。

一般而言，回归分析不需基于营业收入百分比法的假定，其分析较为现实；特别是进行非线性关系、多元关系分析，有助于提高财务报表中一些项目的预测精度。但预测精度越高，预测的成本也越高。财务规划时，应在权衡预测精度和成本费用的基础上，选择回归分析法或营业收入百分比法。

第四节　财 务 预 算

财务管理过程中，通过财务分析、预测和规划，管理层对公司未来的财务状况进行了各

种安排，财务预算就是这些安排的汇总。就本质而言，财务规划确立了公司未来财务管理的方向和策略。因而，作为集中体现财务规划结果的载体——财务预算，指明了财务管理的具体目标，提供了对公司日常资金运动进行控制的依据，并可作为公司经营业绩的考评标准。

一、财务预算

各公司的生产经营活动是在全面预算指导下展开的。全面预算包括营业收入预算、生产成本预算、期间费用预算和财务预算等内容。其中，财务预算是其他预算的综合反映，居于十分重要地位。

（一）财务预算的内容

财务预算的内容，主要包括预计利润表、资本预算、现金预算和预计资产负债表四部分。

1. 预计利润表

预计利润表又称利润计划，是在战略决策、经营决策（包括财务决策）基础上，综合反映公司预算期（通常为一年，下同）内收入、成本费用和净利润的预算。

2. 资本预算

资本预算也称长期投资计划，是公司为实现其长期战略目标，根据内外环境的变化及对营业收入的预测，制定的有关长期资产（固定资产等）购入和改造支出的预算。

3. 现金预算

现金预算亦称现金流量表，是反映预算期内货币资金的流入、流出以及资金调度的预算。该预算是公司进行货币资金日常管理的基本手段。

4. 预计资产负债表

预计资产负债表或称预计财务状况表，是揭示预算期末资产、负债和股东权益水平及其构成的预算。

（二）财务预算的编制

不同的公司，编制预算的方式和程序各不相同。一般而言，为调动广大员工的积极性，在全面预算编制过程中，应尽可能让公司各个部门和所有员工共同参与，并由公司财务部门负责编制全面预算（包括财务预算）。

1. 编制方式

各公司常用的预算编制方式为“二下一上式”。公司管理层首先将财务规划确定的预计利润表分部门下达，作为各部门编制预算的控制目标（一下）；各部门根据控制目标的要求，结合自身实际情况，编制出分季度经营预算草案，并上报公司财务部门（一上）；财务部门对各部门的预算草案进行汇总和综合平衡，编制出正式的全面预算，报公司管理层批准后，正式下达给各部门执行（二下）。

2. 财务预算的编制程序

财务预算是生产经营预算中其他预算的汇总，编制财务预算应以其他预算为基础。具体编制程序为：

（1）根据营业收入预测，编制资本预算及反映销售数量、销售价格和营业收入等内容的营业收入预算；

（2）以营业收入预算为基础，制订生产预算；

（3）依据生产预算，编制生产成本预算，即直接材料、直接人工和制造费用预算；

（4）结合营业收入预算和生产预算，编制营业费用和管理费用预算；

（5）根据营业收入、生产成本费用预算，明确利润预算（预计利润表），进而结合公司的收付款政策和资本预算，编制现金预算；

（6）最后，综合所有各项预算，编制预计资产负债表。

值得注意的是，利润预算与财务规划中的预计利润表并无不同，因为预计利润表是作为公司的控制目标下达给各部门，然后再由各部门按照以上程序编制相应的预算。这一编制过程，一方面使预计利润表得以分解，具备了实现的可能；另一方面，为财务管理提供了所需的新信息，如现金预算等。

二、现金预算

现金预算集中反映了公司预算期内现金或货币资金收支及余缺情况，为公司日常的资金管理、融资和投资决策提供了依据，因而在财务管理中，对这一工具应予以足够的重视。

通常，现金预算由四部分内容组成：

1. 现金收入

现金收入包括营业现金收入和其他现金收入，其中营业现金收入来自产品销售，分为产品现销方式下的营业收入、上期赊销本期收现的收入，以及本期赊销并收现的收入三部分；其他现金收入是指除营业收入之外的收入，包括包装物的租金收入、设备出租收入、结算存款的利息等。

2. 现金支出

现金支出的内容很多，分为营业现金支出和其他现金支出两部分。营业现金支出是预算期内同公司生产经营有关的现金支出，包括材料采购、员工工资、营业费用和管理费用（不含折旧）等成本费用中的付现部分；其他现金支出主要有上交税金、支付股息、购置长期资产等方面的付现支出。

3. 现金余缺

现金余缺是现金收入和现金支出之间的差额。差额为正数，说明现金有多余；差额为负数，表明公司入不敷出，现金短缺。

4. 余缺的运用或筹措

持有现金，收益很低；在保证现金最低余额的前提下，多余现金可用于偿还公司的借款或短期投资；现金短缺部分，需利用各种融资方式，如向银行借款、出售有价证券等加以筹措。

三、财务预算编制实例

财务预算的编制过程十分复杂，现以海天集团股份有限公司的玩具分公司，简称“玩具分公司”为例，具体揭示预算的编制过程。

玩具分公司仅生产销售一种儿童用品——“贝乐”电动车，但作为内部独立核算单位，除资金由总公司财务部筹措外，可从事与“贝乐”电动车生产经营有关的一切活动。2008

年 11 月，海天公司管理层对财务规划进行调查研究后认为：2009 年营业收入增长率可达 20%，并决定采用负债和权益相结合的财务政策。此后，海天公司财务部将预计利润表（表 3. 10）按分公司进行了分解，并下达给包括玩具分公司在内的各分公司。玩具分公司根据下达的控制目标，结合自身实际情况，编制了预算草案，其编制过程为：

1. 营业收入预算

营业收入预算建立在销售预测基础上。玩具分公司经市场调查研究后，对玩具的销售量和销售价格进行了预测，编制了营业收入预算，见表 3. 12。据执行应收账款政策的经验知，本季度销货中，30% 于当季收到货款，其余 70% 于下季度收到。

表 3. 12　玩具分公司营业收入预算

2009 年度　　万元

项　　目	第一季度	第二季度	第三季度	第四季度	全年合计
预计销售量/部	3 000	3 300	3 500	3 200	13 000
销售单价/元	800	800	800	800	800
营业收入	240	264	280	256	1 040
预计现金收入					
应收账款：2008 年年末	144 *				144
第一季度	72	168			240
第二季度		79. 2	184. 8		264
第三季度			84	196	280
第四季度				76. 8	76. 8
现金收入合计	216	247. 2	268. 8	272. 8	1 004. 8

2. 生产预算

生产预算的编制以营业收入预算为基础。生产量和销售量之间的关系为：

预计生产量 = 预计销售量 + 预计期末存货 − 预计期初存货

玩具分公司的存货政策为：期末存货占下季度销售量的 20%，预计 2009 年年底电动车存货为 630 部。

表 3. 13　生产预算

2009 年度　　部

项　　目	第一季度	第二季度	第三季度	第四季度	全年合计
预计销售量（表 3. 13）	3 000	3 300	3 500	3 200	13 000
加：预计期末存货	660	700	640	630	630
减：预计期初存货	600	660	700	640	600
预计生产量	3 060	3 340	3 440	3 190	13 030

3. 直接材料预算

生产成本预算以生产预算为基础，直接材料构成了产品的实体，其预算是生产成本预算

的重要组成部分。直接材料采购量和生产量直接的关系为

预计采购量 = 生产需用量 + 预计期末存货 - 预计期初存货

玩具分公司购入成套零配件，然后组装销售；季末的零配件库存为下季度生产量的10%，预计年底库存320套。其付款政策为：本季度采购额的30%于当季支付，其余的70%于下季度付款。

表3.14 直接材料预算

2009年度

项目	第一季度	第二季度	第三季度	第四季度	全年合计
预计生产量（表3.13）/套	3 060	3 340	3 440	3 190	13 030
生产需用量/套	3 060	3 340	3 440	3 190	13 030
加：预计期末材料存货/套	334	344	319	320	320
减：预计期初材料存货/套	300	334	344	319	300
预计材料采购量/套	3 094	3 350	3 415	3 191	13 050
每套单价/元	500	500	500	500	500
预计采购额/万元	154.7	167.5	170.75	159.55	652.5
预计现金支出					
应付账款：2009年年末/万元	112				112
第一季度采购额/万元	46.41	108.29			154.7
第二季度采购额/万元		50.25	117.25		167.5
第三季度采购额/万元			51.225	119.525	170.75
第四季度采购额/万元				47.865	47.865
现金支出合计/万元	158.41	158.45	168.475	167.39	652.815

4. 直接人工预算

直接人工预算的编制同样以生产预算为基础。直接人工成本取决于装配电动车的数量和计件单价两个因素。玩具分公司装配电动车的计件单价为每部50元，当月工资当月支付，未完工产品当月不计数量。

表3.15 直接人工预算

2009年度

项目	第一季度	第二季度	第三季度	第四季度	全年合计
预计生产量（表3.13）/部	3 060	3 340	3 440	3 190	13 030
计件单价/（元·部$^{-1}$）	50	50	50	50	50
直接人工成本/万元	15.3	16.7	17.2	15.95	65.15

5. 制造费用预算

制造费用是指未包括在直接材料和直接人工中的其他生产费用，费用预算的各项目是在上一年度实际费用基础上，按照业务量增加的百分比增长。制造费用同生产量有关，2009

年度生产量增长 20%，制造费用预算比 2008 年实际费用增长 20%。玩具分公司的制造费用预算见表 3.16。其制造费用分配率 = 260 600 ÷ 13 030 = 20（元/部）。

表 3.16 制造费用预算

2009 年度　　元

项目	金额
间接材料	80 000
间接人工	10 600
管理人员工资	60 000
维修费用	34 000
折旧	56 000
其他费用	20 000
合计	260 600
减：折旧	56 000
全年预计付现费用 *	204 600
注：* 每季预计支付现金为：204 600 ÷ 4 = 51 150（元）	

可见，电动车的单位成本为：直接材料 500 元 + 直接人工 50 元 + 制造费用 20 元 = 570 元，期末产成品的存货成本为：570 元 × 630 部（见表 3.13） = 35.91 万元。

6. 营业费用和管理费用预算

在玩具分公司，营业费用和管理费用预算的编制，与制造费用预算的编制相同。其预算见表 3.17。

表 3.17 营业费用和管理费用预算

2009 年度　　元

项目	金额
营业费用：	
营业人员工资	100 000
广告费用	500 000
其他费用	60 000
管理费用：	
管理人员工资	150 000
办公费用	80 000
其他费用	70 000
费用合计	960 000

每季的现金支付额为：96 万元 ÷ 4 = 24 万元

7. 现金预算

现金预算的编制，如上所述，以营业收入预算和成本费用预算为依据。玩具分公司所需资金由海天公司财务部提供，多余资金上交公司财务部，年利率均为 10%，分季度支付；2008 年度，公司财务部上调多余资金 100 万元，无借款。最低的现金余额为 10 万元；每季度应上交公司利润 10 万元，预计所得税为 30 万元。2009 年度现金预算如表 3.18 所示。

表 3.18 玩具分公司 2009 年度现金预算

万元

项　　目	第一季度	第二季度	第三季度	第四季度	全年合计
期初现金余额	13	11.175	11.11	14.87	13
加：营业现金收入（表 3.12）	216	247.2	268.8	272.8	1 004.8
其他现金收入	2.5	2.5	2.25	3.125	10.375
可供运用现金	231.5	260.875	282.16	290.795	1 028.175
减：现金支出					
直接材料（表 3.14）	158.41	158.45	168.475	167.39	652.815
直接人工（表 3.15）	15.3	16.7	17.2	15.95	65.15
制造费用（表 3.16）	5.115	5.115	5.115	5.115	20.46
营业及管理费用（表 3.17）	24	24	24	24	96
所得税（表 3.19）	7.5	7.5	7.5	7.5	30
设备购置和改造		38		250	288
支付股息	10	10	10	10	40
支出合计	220.325	229.765	232.29	379.955	1 192.425
现金余缺	11.175	1.11	49.87	(189.116)	(164.25)
短期投资（公司上调）			35		35
出售短期投资（资金取回）		10		125	135
向银行公司借款				75	75
偿还借款					
借款利息					
合计		10	35	200	250
期末现金余额	11.175	11.11	14.87	10.884	10.884

8. 预计利润表

依据上述各预算，可编制玩具分公司的预计利润表如表 3.19 所示。

表 3.19 玩具分公司预计利润表

2009 年度　　万元

项目	金额
一、营业收入	1 040
减：营业成本	741
营业、管理费用	96
财务费用	(8.5) *
二、营业利润	211.5
营业外收支净额	
三、利润总额	211.5
所得税	30
四、净利润	181.5

注：* 表示 1 ~4 季度的利息收入 10.375 万元减去第四季度借款的应付利息 1.875 万元（75 × 10% ÷ 4）

由于缺少 2008 年度玩具分公司的资产负债表，在此省略其预计资产负债表的编制。玩具分公司的预计利润表同海天公司下达的控制目标基本一致，公司财务部在综合平衡后，于 2009 年 1 月正式下达交其执行。

第二篇

营运资本管理

营运资本有广义和狭义之分，广义营运资本是指企业流动资产的总额，由企业在一定时期内持有的现金和有价证券、应收和应付账款及各类存货资产、流动负债等所构成的。狭义的营运资本是指企业流动资产总额减去各种短期融资负债后的余额，也称净营运资本。净营运资本是一个抽象概念，它只是企业一定时期流动资产与流动负债之间的差额，并不特指某项资产。净营运资本的多少完全要视企业一定时期内经营和财务状况而定，它是判断和分析企业资金运作状况和财务风险程度的重要依据。

营运资本管理或流动资金管理是流动资产管理和流动负债管理的统称，它是决定公司持久良好发展的一项关键因素。营运资本管理的目的主要是提高公司的营利性和确保公司的流动性，营利性是股东财富最大化这一目标的要求，确保流动性就是确保公司有足够现金支付到期的负债与日常开支，保证公司的持续经营。

本部分将着重探讨企业营运资本管理的理论和方法，主要包括现金、应收账款和存货等流动资产项目的管理决策理论和方法，并探讨自发融资、信用工具融资和短期借款等流动负债项目的管理决策理论和方法。

第四章

流动资产管理

流动资产是企业可以在一年内或者超过一年的一个营业周期内变现或者运用的资产。在许多企业，流动资产占总资产的比重超过一半以上，可以说流动资产不仅流动性强，更是企业资产的重要组成部分。为此，加强流动资产管理，一方面对提高企业的短期偿债能力有重要意义；另一方面，对提高企业资金使用效益，实现企业财务管理目标具有重要意义。本章主要讨论现金、应收账款、存货和短期投资等广义营运资本项目的管理理论和决策方法。

第一节　现金管理

对企业而言，现金是流动性最强的货币性资产，可以立即投入流通的交换媒介，可以随时用来购买所需物资、支付相关费用和偿还债务等。现金管理的目标是在保证企业经营需求和效益的前提下，保持最佳现金余额，将暂时闲置的现金进行合理投资以获得投资收益。通常，企业持有现金包括三个方面动机：交易动机、预防动机和投机动机等。在满足上述持有现金的动机后，再将多余现金投资于短期有价证券。

一、持有现金的原因

1. 交易动机

交易动机是企业为了满足日常开支的需要而持有现金，如购买原材料、添置机器设备、缴纳税款和偿还短期债务等。

2. 预防动机

预防动机是为了防止发生意外支付而持有的适量现金。由于企业有时会出现预料不到的现金支出，因此需要准备一定数量的预防性资金。此外，预防性现金的数额还与企业的借款能力有关。若企业借款能力强，则出于预防性动机而持有的现金就可以少一些；反之，则需要多一些。

3. 投机动机

企业为了等待可能出现的投资机会而持有现金，如廉价原材料或其他资产的购买机会，或者股票看涨时购买股票等。

二、加速收款

为了维护正常运作，企业必须加快应收账款回收的速度，以满足生产、投资和偿还债务等需求。现金收款的效率过低、时间过长，会导致企业资金出现短缺、流动资金补充不足，从而影响企业的正常经营。加速收款，提高现金收款的效率，则意味着要缩短从客户付款到到企业收到支票并转变为可用现金的时间。收账时间包括顾客邮寄付款到企业收到付款的邮寄时间、企业处理票据的时间以及资金到账的时间。

现金的收款管理可以通过这样几种方式加速收款：电汇；电子交易；设立清算账户——针对大客户和老客户，利用银行内部每日的清算，通过在客户的开户银行设立清算账户来加速收款等。

1. 现金集中收款

现金集中收款是一种加速企业收款的方法。一般来说，企业的客户大都分散在不同地理区域。为了便于客户还款，企业通常会依此设立多个现金收款点，并将所收款项存入现金收款点所在的当地银行账户，然后企业总部定期将资金从各地银行账户划转到企业账户。

这种多个收款中心的收款系统与单一的、以企业本部为唯一收款中心的系统相比有很多优点。它缩短了顾客邮寄付款到企业收到付款的邮寄时间，提高了清算支票的效率，简化了收账的步骤，提高了资金的流动性，有利于满足企业内部融资和短期投资的资金需求。

2. 锁箱系统

锁箱系统是西方国家，尤其是美国常用的一种加速支票清算的系统。通常的做法是：客户将支票寄到收款企业指定的信箱中，由当地银行定期收取支票，结算后将资金存入企业账户。

锁箱系统与多中心收款系统有相似之处：它们都缩短了顾客邮寄付款到企业收到款项的邮寄时间，提高了清算支票的效率。但在锁箱系统中，银行除了提供支票清算业务外，还提供了其他有偿服务，从而提高了锁箱系统的成本。

三、现金浮游量与付款管理

现金浮游量是指企业存款账户上存款余额和银行账上企业存款账户余额之间的差额，也就是企业和银行之间的未达账项。一般而言，这是由于账款回收程序中的时间差造成的。

充分利用现金浮游量是国内部分企业采用的一种提高现金利用效率、延缓现金支出总量的有效手段。现金浮游量对企业很有利，因为企业可以在不影响自己信誉的前提下，尽可能地推迟应付款的支付期，充分利用供货方所提供的信用优惠，有时也可以因具体情况放弃供货方的折扣优惠，选择在最后一天支付款项，使应付款的周期加长，为有效地利用现金提供充足时间。企业常用的推迟付款方式有以下几种。

1. 汇票

汇票是出票人签发的、委托付款人在指定日期无条件支付确定金额给收款人或者持票人的票据。与普通支票不同的是，汇票不是见票即付的，而是采用了出票、提示、承兑、付款等程序。汇票方式实际上是通过选择复杂的付款方式来增加银行清算处理时间，以达到延迟把资金存入银行、最大化付款浮游量的目的。

2. 零余额账户

零余额账户是指企业在银行设立一个主账户和一系列从属账户，并将各个从属账户的资金余额全部转入主账户，但任何支付行为都通过从主账户中划拨来完成。每天结束时，各从属账户的资金将自动转入主账户，使得从属账户处于零余额状态。零余额账户减少了企业为了履行支付义务所必须持有的总现金余额，因而可以有更多资金用作其他用途，从而提高资金使用效率。

四、最佳现金持有量

现金管理除了做好现金预算编制和正确处理好现金收支外，还需控制好现金持有量。最佳现金持有量是指既能使企业在现金存量上花费最低，即机会成本最低，又能够确保企业的现金需求。企业的最佳现金持有量一般要求做到现金的机会成本、管理成本和短缺成本等综合成本最小。企业在确定最佳现金持有量时，还要考虑企业资产的盈利性和流动性，在两者之间做出选择。确定最佳现金持有量的方法主要有以下三种。

1. 成本分析模型

成本分析模型是通过分析持有现金的成本，寻找持有成本最低的现金持有量。企业持有现金有三方面成本：管理成本、短缺成本和机会成本。

（1）机会成本。现金作为企业的一项资金占用是有代价的，这种代价就是它的机会成本。现金持有量越大，机会成本越高。

（2）管理成本。企业持有现金会发生管理费用，如管理人员工资、安全措施费等，这些费用是现金管理成本。但现金的管理成本是一种固定成本，与现金持有量之间无明显比例关系。

（3）短缺成本。短缺成本是由于企业出现资金短缺而不能满足日常经营开支导致企业遭受的损失。现金短缺成本随着现金持有量的增加而下降，随着现金持有量的减少而上升。

确定最佳现金持有量时，可以分别计算各种方案的机会成本、管理成本、短缺成本之和，再从中选出总成本最低的现金持有量即为最佳现金持有量。

例 4.1 某企业有如下四种现金持有方案，各方案的机会成本、管理成本、短缺成本和持有现金总成本见表 4.1。

表 4.1 现金持有方案

元

项目＼方案	甲	乙	丙	丁
现金持有量	30 000	60 000	90 000	120 000
机会成本	3 000	6 000	9 000	12 000
管理成本	15 000	15 000	15 000	15 000
短缺成本	12 000	10 000	8 000	0
持有现金总成本	30 000	31 000	32 000	27 000

将以上各方案的总成本加以比较可知：丁方案的总成本最低。也就是说，当企业持有现

金 120 000 元时，总成本最低。为此，120 000 元是该企业的最佳现金持有量。

2. 随机模型

随机模型是在难以预测现金需求量情况下控制现金持有量的方法。企业可以根据历史经验和现实需要测算出一个现金持有量的控制范围，即制定出现金持有量的上限和下限，将现金持有量控制在上下限之内。当现金持有量达到控制上限时，就以现金购入有价证券，使现金持有量下降；当现金持有量达到控制下限时，则抛售手中的有价证券，换回现金以增加现金持有量。若现金量在控制量上下限之内，则不进行现金与有价证券的转换，保持现有现金量。

上限 H、现金返回线 R 可以按下列公式计算

$$R=\sqrt[3]{\frac{3b\delta^2}{4i}}+L$$

$$H=3R-2L$$

式中，H 为现金控制量的上限；

L 为现金控制量的下限；

R 为最优现金返回线；

b 为每次转换有价证券的固定成本；

i 为有价证券的日利息率；

δ 为预期每日现金余额变化的标准差（可根据历史资料测算）。

例 4.2　甲公司有价证券的年平均日利率为 0.021%，销售或购买有价证券的成本为每次 200 元，甲公司规定公司最低现金持有量为 70 000 元。根据以往经验测算：现金余额波动的标准差为 40 000 元。则最优现金返回线 R、现金的控制上限 H 为

$$R=\sqrt[3]{\frac{3\times200\times40\ 000^2}{4\times0.021\%}}+70\ 000=174\ 552\text{（元）}$$

$$H=3\times174\ 552-2\times70\ 000=383\ 656\text{（元）}$$

为此，当甲公司现金持有量到达控制量下限时，公司需出售 174 552 − 70 000 = 104 552（元）的证券；当甲公司的现金持有量达到控制量上限时，甲公司需将现金 383 656 − 174 552 = 209 104（元）投资于有价证券。

由于企业未来资金的需求量难以预测，因此，在实际应用中并不一定严格按上述方法进行操作，而是结合对未来一定时间内企业现金变化趋势的预测进行操作。

3. 存货模型

存货模型与成本分析模型有相似之处，即成本最小化。存货模型是指把企业持有的现金看作存货，将存货经济进货批量模型原理应用于确定最佳现金持有量。存货模型的总成本最小化是指持有现金的机会成本及出售或购买有价证券的交易成本最小化。利用存货模型确定最佳现金持有量为

$$\text{最佳现金持有量 } Q=\sqrt{\frac{2TF}{K}}$$

$$\text{现金管理总成本 } TC=\sqrt{2TFK}$$

式中，T 为一个周期内现金的总需求量；

F 为每次转换有价证券的固定成本；

Q 为最佳现金持有量（每次有价证券变现的数量）；

K 为有价证券的报酬率（机会成本）；

TC 为现金管理相关的总成本。

例4.3 某公司平均每月需要现金300万元，所持有价证券的年平均报酬率为12%，有价证券的每次交易成本为200元，则该公司的最佳现金持有量为

$$Q=\sqrt{\frac{2TF}{K}}=\sqrt{2\times200\times3\ 000\ 000\div(12\%\ \div12)}=346\ 410\ (\text{元})$$

$$\text{每月交易次数}=\frac{300}{34.64}=8.66\ (\text{次})$$

依此，为了保持最佳现金余额346 410元，该公司每月要出售有价证券8.66次。

五、短期有价证券投资

正常生产经营活动中，企业有时会出现一些暂时多余的资金。由上面提到的成本分析模型可知，持有这些多余资金会产生相关的机会成本和管理成本。为了降低这些成本以及提高资金利用率，企业往往会将这部分资金投资于流动性很强的有价证券。这些有价证券主要有：

1. 短期有价证券的类型

（1）短期国库券。国库券是国家财政当局为弥补国库收支不平衡而发行的一种政府债券。它分为短期国库券、中期国库券和长期国库券。由于国库券的债务人是国家，还款保证是国家财政收入，因此几乎不存在信用违约风险，常常被看做是无风险证券。正是由于政府国库券的风险很低，因此国库券的收益率比其他有价证券的收益率要低。

（2）回购协议。回购协议是由证券商向投资者出售短期证券，并保证在未来某一个时间以较高价格把证券再买回来的协议。此时，证券相当于证券商向投资者借钱的抵押物。回购协议是证券商融资的一种手段，回购协议的利率与同一时期短期国库券利率、银行贷款利率等有关，其风险取决于证券商的财务状况和信用。

（3）可转让存单。可转让存单是指银行发行的、具有可转让性质的定期存款凭证。凭证上有发行金额、利率、偿还日期和方法。与存款不同的是存单是不记名的，可以在金融市场上转让，但是只能到期支取，且期限都是短期的。

可转让存单的利率高于同期国库券的利率，存单的转让在二级市场上进行。一般来说，资信高的银行发行的存单利率低，资信差的银行发行的存单利率高。

（4）银行承兑汇票。银行承兑汇票是由在承兑银行开立存款账户的存款人出票，向开户银行申请并经银行审查同意承兑的，保证在指定日期无条件支付确定金额给收款人或持票人的票据。银行承兑汇票的期限通常在6个月以内，在到期之前可以在贴现市场上出售。银行承兑汇票的利率要比同期限国库券的利率稍高。

（5）商业票据。商业汇票是由金融企业或某些信用较高企业开出的无担保短期票据。商业票据的可靠程度依赖于发行企业的信用程度，可以背书转让，但一般不能向银行贴现。商业票据的期限在9个月以下，由于其风险较大，故利率高于同期银行存款利率。

2. 影响短期有价证券类型选择的因素

有价证券的类型有很多，不同有价证券有不同特点，企业在选择有价证券进行投资时需考虑很多因素。

（1）违约风险。违约风险是指有价证券的发行方不能按合同规定履行支付利息、偿还本金的风险。如果证券发行方违约的可能性越大，则投资者所要求的报酬率会越高。现实生活中，企业通常不会选择违约风险高的证券。

（2）期限。期限是指债务人约定支付本金和利息的时间长短。短期有价证券的期限不超过一年，大多数在三个月以内。通常，与短期证券相比，股票、可转换公司债券等证券的期限长，其价值波动较大，因此，风险也相对较高。为了保证资金的流动性、营利性以及尽可能避免风险造成的损失，企业往往会选择期限在三月以内的短期证券。

（3）变现性。变现性是指证券投资者在短时间内将所持有价证券转换为现金的能力。变现性的强弱由证券出售时的价格和所需时间决定。若有价证券能在极短时间内按市场价格出售，那么其变现能力就强。反之，其变现能力就弱，并且风险相对较高。

（4）收益性。收益性是指投资者购买有价证券能取得报酬的高低。有价证券的风险越高，其收益相对越大。有价证券中，国库券的风险最小，其收益性也最低。投资者在选择短期有价证券时，通常并不会选择收益性最高的有价证券，而会考虑证券的安全性和变现性。一般而言，企业会放弃报酬率较高的有价证券，而选择变现能力强、风险小的短期有价证券。

第二节　应收账款管理

随着市场竞争的加剧，企业不得不用各种手段扩大销售。除了依靠产品质量、价格、售后服务、广告等外，赊销也是扩大销售的手段，并且赊销已经成为市场经济条件下企业采用的主要销售方式。赊销是企业为了增加销售收入而向客户提供商业信用的行为，是发生应收账款的主要原因，企业在采取赊销方式促进销售的同时，也会因持有应收账款而付出一定代价。

企业之所以发生应收账款是为了扩大产品销售，增加竞争力和利润，但是企业在向客户提供这种信用业务的同时，不可避免地形成大量应收账款，其成本相应地也将增加。为此，企业需要在信用政策所增加的盈利与政策成本之间做出权衡：只有当增加销售收入带来的收益高于增加信用带来的各种成本时才应进行赊销。

如果企业准备向客户提供信用，那么就需要制定合理的信用政策，对信用风险进行有效评估、加强应收账款的日常管理和内部控制、建立应收账款坏账准备制度。

一、信用政策

信用政策是企业对应收账款管理所采取的原则性规定。制定合理的信用政策是企业应收账款管理的重点。一般地，信用政策由信用标准、信用条件、信用风险和收账政策等组成。

（一）信用标准

信用标准是由企业制定的评价客户信用质量的准则。如果企业允许的坏账损失越小，则其信用标准越严。此时，只有那些信誉优良的顾客才有可能获得赊销，由此会导致销售量下降，库存增多，企业竞争力被削弱。反之，如果企业放宽信用标准，愿意向信誉较差的客户提供赊销，这就会增加产品销售量，产品市场占有率也会提高，但同时企业应收账款占用资金和遭受坏账损失的可能性都会相应地增加。最优信用标准是边际成本（增加某一个单位量所增加的成本）等于边际收益（增加某一单位量所增加的收益）时的信用标准。

（二）信用条件

信用条件是指客户支付赊销款的条件，包括信用期间和现金折扣两方面。如信用条件“2/20，净35”表示：客户获得信用后，必须在35天内将所有款项付清；如在20天内付清相关款项，则企业可以给予2%的折扣。其中，2%为现金折扣，35天为信用期间。例如，客户决定购买商品10 000元，企业提供的信用条件为“2/20，净35”。若该客户在20天内付清欠款，则可获得200元现金折扣；若客户放弃现金折扣，则需要在35天内付清10 000元。

1. 信用期间

信用期间是企业售出商品或提供服务后给予客户付清全部款项的时间，一般为1～4个月。企业可以通过延长信用期间来增加销售收入，但是不适当地延长信用期间，会引起应收账款成本的增加，还会造成坏账损失的概率增大。延长信用期间是否合理，关键是要考虑延长后边际收益的增加量与边际成本的上升量之间的关系。仅当前者大于后者时，延长信用期间才是合理的。

例4.4 某公司目前的信用条件为“净30”。年销售收入为为5 000万元，平均收账期为45天。为增加销售收入，公司放松信用期间，拟给出的信用条件为“净60”。如果采用这一信用条件，预计平均收账期将为75天，销售收入会增加20%，每增加一元销售收入其相应的变动成本率为0.8元，短期资金的成本为20%。该公司是否应该延长信用期（假定一年为360天）？

分析：新增加的销售收入为6 000－5 000＝1 000（万元）

销售收入增加带来的成本为1 000×0.8＝800（万元）

销售利润为1 000－800＝200（万元）

应付账款新增的投资为$6\ 000\times\frac{75}{360}-5\ 000\times\frac{45}{360}=624$（万元）

应付账款新增投资的机会成本为624×0.2＝124.8（万元）

由此可知，新增销售收入所产生的收益200万大于增加应收账款投资的机会成本124.8万，因此，该公司可以按“净/60”这一信用条件延长信用期间。

2. 现金折扣

现金折扣是企业为了促使客户及时付款所采取的鼓励方式，也就是企业在产品销售价格上给予客户的优惠，其目的在于缩短企业的平均收账期，增加销售收入。

例4.5 某公司向客户提供的信用条件为“2/20，净30″”。这意味着如果客户在10天内付款，则可以得到2%的现金折扣。假设该客户获得的信用量为10 000元，则此时该客户可以获得200元现金折扣，实际付款量为9 800元。如果客户选择后20天内付款，则不会享受到任何的现金折扣，实际付款量仍为10 000元。从另一角度来说，相当于该客户从这家公司获得了本金为9 800元，期限为20天，利息为200元的借款。通过计算可得，借款利率为2.040 8%，年利率为44.6%。对于该客户来说，这是一项成本很高的融资。因此，客户一般都会尽可能在折扣期内付款。

如果一家企业计划改变现行信用政策，则必须在现金折扣改变后企业新增收益与提高折扣所产生的相关成本之间进行权衡，只有在前者大于后者的情况下才应对现行现金折扣政策做出适当调整。

（三）信用风险分析

信用分析是指在赊销前企业对客户进行的资信调查。通常，信用分析主要包括如下几个问题：能否和该客户进行交易？提供给该客户的信用额应该控制在多少？采用什么样的信用条件？实行什么样的收账措施？企业对客户的信用进行分析，一方面是为了避免由于客户违约而造成应收账款成本和坏账损失的增加，另一方面是为了将客户进行合理归类，维护高信誉客户的利益。信用分析主要有两个步骤：一个是信用资料的收集，另一个是在此基础上对客户信用作出评估。

1. 信用资料

信用资料可以通过以下几种途径获得：财务报表、信用报告和商业交往信息。

（1）财务报表。财务报表是反映企业财务状况与经营状况的会计报表，是信用分析最理想的信息来源之一，但需要注意报表的真实性，最好是取得经过审计的近期财务报表。通过计算财务比率，特别是对资产流动性和准时付款能力比率进行分析，对企业的能力、资本、条件作出评估，便于企业对是否进行应收账款投资作出选择。

（2）信用报告。信用报告是某些专业机构出售的有关企业资金情况、生产经营情况、盈利能力、信用历史等信息的报告。企业也可以通过相关报刊资料、向客户所在地的工商部门、税务部门、开户银行等进行收集。

（3）商业交往信息。企业的每一个客户会同时拥有多个供货单位，企业可以通过与该客户有关的供货企业交换信用资料，获得客户的相关信用记录。

2. 分析方法

目前，企业常用的信用分析方法包括5C评价法、信用评分法和专家系统等。

（1）5C评价法。5C评价法是指企业通过分析与客户信用相关的五个要素，对客户信用作出评估。5C主要包括品行、能力、资本、抵押品和环境。

品行是客户履行付款承诺的可能性，可以根据过去的付款情况来评价。

能力指客户的付款能力，可以通过了解客户财务状况和经营实力来判断。

资本指客户的经济实力和财务状况，可以通过财务会计信息计算获得。

抵押品是客户为获得信用而提供给企业的抵押品，可以是有价证券、房屋、设备、土地使用权等。

环境指外部的宏观经济状况。外部环境存在很多不确定因素，有时会对企业的信用产生重要影响，如国家内乱、战争、金融危机等。

通过以上五方面的分析评估，企业可以对客户给予合理的信用额。信誉高的客户获得的信用额很高，信誉差的客户获得的信用额会很低，甚至为零。

（2）信用评分法。信用评分法是企业对客户的有关信用信息按一定标准给予评分。只有客户获得的评分高于企业可接受的最低分数时，企业才会向该客户提供信用。

信用分数通过加权平均法来计算，其基本公式为$S=aX+bY+\cdots+cZ$。其中，X，Y，$\cdots$，Z

表示企业评分的对象，如客户的财务状况、信用记录、付款历史、盈利水平、流动比率等，评分对象的选择由企业决定；加权系数之和为1，即 $a+b+\cdots+c=1$。

例4.6 某公司采用信用评分法得到某位客户的信用分数为83分，其相关数据见表4.2。

表4.2 客户信用评价资料

参与评分的客户信息	得分（≤100）	加权系数	加权分数
付款历史	85	0.2	17.00
财务状况	90	0.3	27.00
信用记录	80	0.2	16.00
盈利水平	75	0.2	15.00
流动比率	80	0.1	8.00
合计		1.00	83.00

该公司规定：综合评分在80～90的客户，可认为信用良好，可以向其提供信用。因此，该客户可以获得该公司提供的信用。

（3）专家系统。专家系统是企业应用计算机软件模拟专家对客户信用资料进行分析并作出决策的系统。专家系统能够提高企业对客户信用分析的准确性，但其通常是一种稀缺资源。

（四）收账政策

收账政策是当客户违反信用条件、拖欠甚至拒付账款时所采取的收账策略与措施，其最终目的是为了最大限度地收回被拖欠的账款。企业在向客户提供信用之前必须要考虑到：如果客户违约、拖欠甚至拒付时，应采取怎样的收账政策，将企业的损失降低到最小？

目前，企业对违约客户采取这样几种方式收账：自主收账；委托代理收账；付诸法律行动。

自主收账包括企业给客户打电话、发催款单、面见客户等方式；委托代理是指企业委托收账代理机构来完成收账，但是企业须付一定代理费用；付诸法律行动是企业的最后选择，但将产生律师费、诉讼费等相关费用。

现实中，企业收账政策的选择必须考虑客户的实际情况和收账的费用。

（1）客户的实际情况。客户不同，拖欠或拒付账款的原因也不相同。如果对客户采取的收账政策不合理，收账效果不会理想，有时还会招致客户的不满，影响企业形象，从而间接地影响企业的销售。

（2）收账费用。企业选择委托代理或者法律手段可以有效地完成收账，减少坏账损失，缩短平均收账期，但是所需的收账费用通常很高。因此，企业在作出选择时要充分权衡坏账损失减少与收账费用增加之间的关系。

例4.7 目前，某公司销售收入为4 800 000元，该公司对现行收账政策不满意，决定对其进行调整，有两种方案供该公司选择，具体资料见表4.3。

表 4.3　收账政策的备选方案

元

	现行方案	A 方案	B 方案
年销售收入	4 800 000	4 800 000	4 800 000
应收账款周转次数	6	8	12
平均应收账款	800 000	600 000	400 000
方案 B、方案 A 减少应收账款的数额		200 000	400 000
应收账款减少额的收益（20%）		40 000	80 000
坏账损失	90 000	60 000	48 000
B 方案、A 方案减少的坏账损失		30 000	42 000
应收账款减少获得的报酬与减少的坏账损失之和		70 000	122 000
收账费用比现行方案的增加额		52 000	130 000
收账政策的净收益		+18 000	−18 000

表 4.3 显示：B 方案下，减少应收账款获得的收益与减少坏账损失之和小于收账费用的增加额；A 方案下，减少应收账款获得的收益与减少坏账损失之和大于收账费用的增加额。故此，该公司应该选择 A 方案。

二、最优信用政策

企业持有应收账款要付出一定代价，包括将应收账款占用资金投资于短期有价证券获得收益——机会成本、管理应收账款所需费用——管理成本、应收账款无法收回而导致的坏账损失——坏账成本。企业制定信用政策必须在新增加应收账款的收益与新增加应收账款增加的成本之间进行充分权衡。如果企业采取较严的信用政策，虽可以降低成本，但企业损失了信用销售可获得的潜在利润；若企业采取宽松的信用政策，可以增加销售收入，但是应收账款投资的成本也将增加。最优信用政策就是指使得应收账款成本最小时的应收账款水平，见图 4.1。

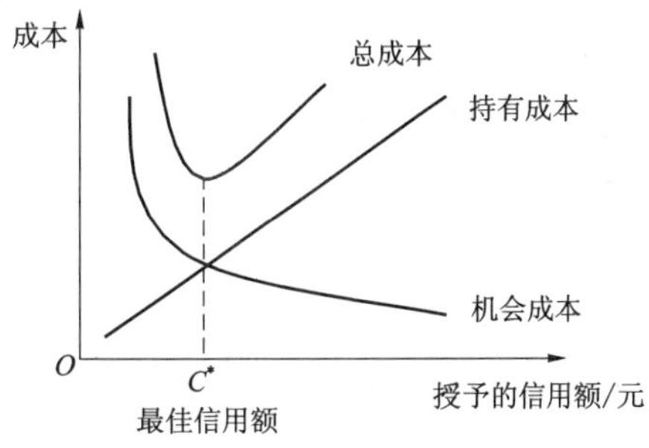

图 4.1　最优信用政策

由图 4.1 可知：信用额最佳时总成本最小，且此时持有成本等于机会成本。

第三节　存货管理

存货是企业日常活动中持有的以备出售的产品或商品、处在生产过程中的在产品、在生产过程或提供劳务过程中耗用的材料和物料等。对于正常运营的企业来说，持有一定数量的存货是十分必要的。存货属于企业的流动资产，是企业资产的重要组成部分，是生产经营过程中不可或缺的资产，也是保证生产经营活动顺利进行的必要条件。为了保证生产经营过程的持续性，企业必须有计划地购入、领用和销售存货。因此，加强存货管理，降低存货的管理成本和资金占用量，加快企业资金的周转，提高企业资金利用效率，对于保证企业稳定生产，提高盈利能力和市场竞争力有重要意义。

一、存货成本

在企业生产经营过程中，与存货相关的成本主要包括订货成本、持有成本和短缺成本。

（1）订货成本。订货成本是指从企业发出订单到收到存货整个过程中所付出的成本，如办公费用、运输费、保险费以及装卸费用等。订货成本中，部分费用与订货的次数有关，部分费用与订货的次数无关。每一期间内，订货总成本等于该期间内订货次数乘以每次订货的成本。若总订货量记为 T，每次的订货数量与成本分别记为 Q 和 F，则

$$\text{订货总成本} = F \times \frac{T}{Q}$$

（2）持有成本。持有成本是存货占用资金的资金成本、储存和保管费用等。存货的持有成本与存货水平成正比，存货水平提高，其持有成本也将相应地增加。若每年单位存货的持有成本为 C，平均存货为 $Q/2$，则持有总成本可以表示为

$$\text{持有总成本} = \text{平均存货} \times \text{单位存货的持有成本} = (Q/2) \times C$$

（3）短缺成本。短缺成本是由于企业存货不能满足生产和销售需要时发生的费用和损失，包括材料供应中断造成的停工损失、产品库存短缺造成的销售利润损失、企业信誉的损害及其他费用等。

二、存货管理方法

存货管理的主要目标是为了在存货的各种成本与效益之间作出权衡，达到两者的最佳结合，即最佳存货水平。目前，企业存货管理的方法主要有：ABC 法和经济订货量模型法。

1. ABC 法

ABC 法是按照一定标准，将存货划分为 A、B、C 三类。A 类存货的特点是金额巨大，占全部库存存货总金额的 50% ～70%，但品种数量较少，占全部库存存货品种数量的 5% ～10%；B 类存货金额一般占全部库存存货总金额的 15% ～20%，而品种数量相对较多，占全部库存存货品种数量的 25% ～30%；C 类存货金额较小，占全部库存存货总金额的 5% ～10%，而品种数量繁多，占全部库存存货品种数量的 60% ～70%。具体地，A 类存货品种少但占用资金多，应作为库存管理重点，科学地确定该类存货的经济批量和定额，并经常检查这类存货的库存情况；B 类存货则应在订货数量和订货时间上加以控制，不必像 A 类存货那样经常地进行分析对比；C 类存货数量大，但所占用资金不多，可以集中采购且可以适当地加大存货数量，以节约订货费用。

通过 ABC 分类后，企业制定出较为合理的存货采购计划，抓住重点存货——A 类存货，控制一般存货——B 类存货，从而有效地控制存货库存量，减少储备资金的占用，加速资金周转。

2. 经济订货量模型

经济订货量模型是确定最佳存货水平的一种方法。最佳存货水平是使得存货总成本达到最低时的存货水平。经济订货模型假定企业在整个分析期间，存货消耗是均衡的和稳定的。

例 4.8 某企业在 8 个月内存货的消耗为 24 000 件，则每个月消耗为 3 000 件，其经济

订货量是多少?

经济订货量是权衡存货持有成本与订货成本后，存货管理总成本最低时的订货量。

$$总成本=持有总成本+订货总成本=(Q/2)\times C+F\times\frac{T}{Q}$$

由于持有总成本随着订货量的增加而增加，而订货总成本则随着订货次数的减少而减少，因此，能够找到某一订货量 Q^*，使得总成本最小（见图4.2）。

由图4.2可知，当订货量为 Q^* 时，持有存货的总成本最小。将存货管理总成本关于 Q 求导并令导数为0，可得：$\frac{C}{2}-\frac{FT}{Q^2}=0$，则 $Q=\sqrt{\frac{2FT}{C}}$。

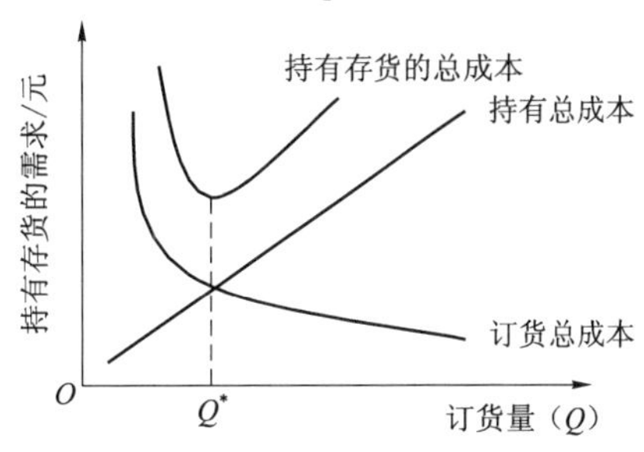

图4.2　经济订货量

例4.9　某公司4个月内消耗某种原料4 000件，每次订货成本为1 000元，4个月的持有成本为200元，则

最佳订货量为　$Q^*=\sqrt{\frac{2\times4\ 000\times1\ 000}{200}}=200$（件）

订货次数为　$\frac{T}{Q^*}=\frac{4000}{200}=20$（次）

因此，该公司每隔六天就要进一次200件存货。

2. 订货点、提前订货期以及安全存货

当企业存货水平低于最佳存货水平时，企业开始安排订货。实际上，从企业订货到收到货物入库需要一定时间，这一时间段称作提前订货期，即需要提前订货的期限。如果消耗量和提前订货期都是已知的，当存货量达到提前订货期的存货量水平时就需要订货，如图4.3所示。

若消耗量与提前订货期是不确定的，为了尽量避免出现存货短缺的情况，则企业会保持一定的安全存货水平。当存货量低于这一水平时就需进行订货，使得存货量不至于消耗至零，如图4.4所示。

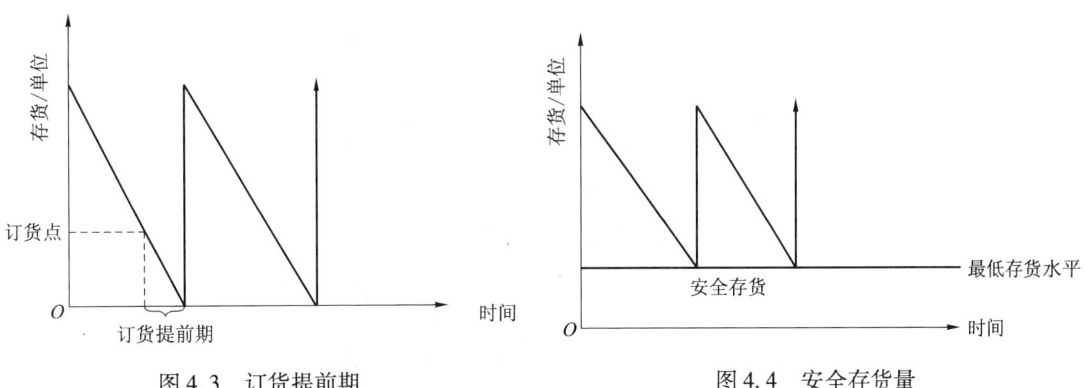

图4.3　订货提前期　　图4.4　安全存货量

3. 适时存货控制制度

适时存货控制制度（JIT）是将存货控制在恰好需要时取得并投入生产，其主要目的是减少或消除存货交付到投入生产所耗费的时间。这种制度要求企业与供货商之间保持高度协

调，企业的采购部门要及时准确地向供货商提出订货要求，供货商要保证货物的质量与交货时间的可靠性。

企业与供货商都能够从适时存货控制制度中受益。对于企业来说，其存货持有成本、订货成本和管理成本都将减少；采用适时存货控制制度，企业就会对供货商形成一种依赖，从而会与供货商保持长期的合作关系，供货商则能够从长期合作协议中获益。但值得注意的是，虽然适时存货控制制度能够减少企业的存货水平，但是存货水平不可能降为零。

第五章

流动负债管理

流动负债是企业在一年内或者超过一年的一个营业周期内需要偿还的债务，主要是由借贷、结算过程、经营过程和利润分配等形成的。由于企业流动负债偿还期短，易于导致无法清偿到期债务而发生技术性破产。为此，加强流动负债管理具有重要意义。本章将流动负债分为自发性融资、信用工具融资和短期借款等类型，并分别探讨其管理理论和策略。

第一节　自发性融资管理

在企业生产经营过程中，有些投资项目的发生时间与支付时间不一致。其中，发生在前而实际支付在后的资本来源，如应付账款、应付工资、应付税金等形成的短期负债都属于自发性短期融资。这些负债是在企业经营过程中自发形成的，无须支付利息费用，因此，企业应充分利用自发性融资。

一、商业信用融资

供货商为了增加销售收入，通常会向购货企业赊销产品或服务。赊销是供货商向客户提供的商业信用，会形成应收账款，但对购货企业来说，则是应付账款，即企业在商业信用期间内应付给供货商的款项，相当于商业信用融资所得。

信用条件包括信用期间与现金折扣。若供货商提供的信用条件没有现金折扣，如“净/35”，一企业获得的信用额为 10 万，则该企业需要在 35 天内付清应付账款。换句话说，企业从供货商那里获得了总额为 10 万元、期限为 35 天的短期资金。若供货商提供的信用条件为“2/15，净/35”，信用额为 10 万，企业在 15 天内付清应付账款，则将获得 0.2 万元的现金折扣；若企业 15 天内无法还款，则只能放弃现金折扣，但是所有的应付账款必须在 35 天内还清，相当于企业获得了期限为 20 天，总额为 9.8 万元的短期资金。

值得注意的是，商业信用融资有其成本。商业信用融资的成本取决于供货商提供的信用条件，如果供货商不提供现金折扣，则在信用期内利用商业信用进行短期融资没有资金成本；如果信用条件包含现金折扣，那么在折扣期内利用商业信用也没有成本，但如果放弃折扣，就会产生成本。

例 5.1　某公司从供货商处获得了信用条件为“2/15，净/45”，额度为 100 000 元的商

业信用。若该公司决定放弃现金折扣，则可以获得期限为30天，总额为98 000元的资金。该资金的年利息成本为

$$\frac{2\ 000}{98\ 000}\times\frac{360}{30}=24.49\%$$

由此可知，商业信用是一种成本很高的短期融资方式，公司在放弃折扣之前应对放弃折扣的成本与其他短期融资的成本进行权衡。相对于其他短期融资方式，商业信用融资具有很好的灵活性，如无须签署票据，无须提供担保，获得资金融资的时间间隔也较短。

此外，如果企业无法按期清偿应付账款，可与供货商进行协商延期还款。一般来说，供货商可能会同意适度地延长期限。企业若恶意违约，则会影响其信用评级。

二、应计项目融资

应计项目融资是另一种自发性融资方式。应计项目融资是在企业支付期限内的应付资金，主要包括应付工资和应付税款。例如，员工在为企业创造价值的同时应获得报酬，而报酬的支付往往都是滞后的，如按月支付。企业在获得利润的同时需要缴纳相关税费，而税款的缴纳也是滞后的，如企业所得税在我国通常按月份或季度缴纳，相当于给企业提供了一笔短期资金。尽管缴税期限由国家制定，但是企业可以通过支付罚金的方式推迟缴税。工资的支付期由企业制定，因此，企业可以通过延长支付期增加融资额，但并不能盲目延长，以免影响企业正常生产经营。

例5.2 目前，某企业每星期发给员工的工资额为300万元，则平均应计工资为150万。若该企业将支付期延长到两个星期，应付工资总额增加为600万元，平均应计工资变为300万元。因此，若企业选择在每周末发工资，则可以获得期限为一周、总额为150万的短期资金；若企业选择两周发一次工资，则企业可以获得期限为两周、总额为300万的短期资金。

第二节　信用工具融资管理

货币市场信用融资是指企业利用货币市场信用工具进行短期融资，包括商业票据和银行承兑汇票。

一、商业票据

企业与商品或劳务卖方达成交易后并不一定需立即付款，可以由企业签发承诺在一定期限内付给卖方一定金额的商业票据。商业票据的期限为1~9个月，常见的为1个月。商品或劳务的卖方可以在商业票据到期后向企业收款，也可以在商业票据未到期之前向金融机构贴现以兑换现金。商业票据是由信誉较高的企业凭信用发行的、在货币市场出售的无担保、可转让短期票据，是企业在金融市场上筹措资金的借款凭证。目前，商业票据主要有商业期票与商业汇票。

随着金融市场的发展，商业票据已发展成一种脱离了商品与劳务交易而独立存在于金融市场的融资性票据，信誉高的企业可以直接在货币市场发行短期商业票据。

1. 商业票据的特点

（1）无担保。商业票据是一种无担保票据，商业汇票的发行无须担保，但是只有信誉高、效益好、规模大的企业才可以发行。

（2）低利率。企业发行商业票据的利率通常低于银行的贷款利率，其利率的高低与企业信用评级成反比。信用等级越高，利率越低。

（3）短期性。商业票据的期限为1～9个月，通常为1个月，但也有期限短至若干天的商业票据。

2. 商业票据融资的利与弊

对于商业票据的发行企业来说，由于商业票据的投资者多为其他企业而非金融机构，若发行企业到期时暂时无力偿付，难以通过与投资者协商推迟还款。对于投资者来说，商业票据的主要优点是其流动性。商业票据除了可通过出售流通外，还可以作为短期借款的抵押品，投资者在需要时不必立即售出商业票据，可以将其作为担保品以更经济的方式为自己进行再融资。

商业票据的另一个不利之处是票据交易市场的限制。虽然商业票据对企业短期筹集资金是有利的，但只有很少的大企业能够进入票据市场，而信誉高的企业有很多可供选择的融资方式，它们对商业票据这种融资方式热情并不高，而很多迫切想用这种融资方式的企业则被排斥在商业信用市场之外。

二、银行承兑汇票

银行承兑汇票是由在承兑银行开立存款账户的存款人出票，向开户银行申请并经银行审查同意承兑的、保证在指定日期无条件支付确定金额给收款人或持票人的票据，是一种很好的短期信用工具。

银行承兑汇票是随着国际贸易的发展而产生和发展起来的。由于银行作出对票据金额保证兑现的承诺，故银行承兑汇票的风险低、流通性高，能够促进国际贸易的发展。

例5.3　一家中国公司向美国某公司进口一批价值500万美元的电子产品，双方经协商决定采用90天的远期汇票。中国公司向其开户银行——中国银行申请出具信用凭证，该银行同意支付由美国公司开户的美国银行代收汇票。货物发出后，美国公司会签发一张汇票，并通知中国公司在90天后付款，汇票经美国银行寄往中国银行，由中国银行支付。

汇票承兑后，该美国公司不用持票至到期日，就可以在市场上以低于面额的价格出售，差额部分相当于给予投资者的利息，投资者可以在90天期满时将承兑汇票提交银行，从而获得500万美元。通过上述方式，中国公司即可获得价值为500万美元，期限为90天的短期资金。

一般来说，参与承兑汇票的银行大都实力雄厚、资信可靠、风险低、安全性较强、票据的信用度高。因此，银行承兑汇票就成为了当今市场上一种优良的短期信用结算工具。此外，银行承兑汇票弥补了商业票据的不足，当银行资金不足时，可以通过再贴现获得中央银行信用的支持。

第三节　短期借款管理

短期借款是期限为一年或一年内的借款，提供借款的机构包括财务公司、银行等金融机构。短期借款可以分成短期无抵押借款和短期抵押借款。短期银行借款是企业筹集短期资金的主要方式。

一、无抵押借款

无抵押借款是一种无须任何抵押品而仅凭自身信用即可获得的银行短期借款。通常只有信誉高、效益好、规模大的企业才能获得无抵押银行短期借款。

1. 信贷限额

企业获得短期借款的额度是有限制的，银行允许企业在需要时可获得无抵押借款的最大限额称为信贷限额。信用额的大小，由银行对企业的信用评级结果决定，且不是固定不变的。信用额度的期限一般为一年，且每年都会调整。银行通常会依据企业的经营状况及需求情况调整其信贷限额。

2. 循环借款协定

循环借款协定是借款企业与银行签署的、受法律保护的正式协定。该协定规定：当银行提供的最大信用额度与期限确定后，企业可以在最高限额范围内随时从银行借款，银行必须提供信用，但借款企业要对尚未使用的信用额度支付费用。

例5.4　银行提供给某公司的借款信用额度为1 000万元，该公司已借出600万元，则公司可以在需要时借出剩余的400万元。若公司年平均借款为700万元，则该公司需要对未使用的300万元资金支付一定的承诺费，假定费率为0.6%，则该公司需要支付1.8万元的承诺费。

二、短期抵押借款

短期抵押借款是指企业通过提供抵押物而获得的银行和其他金融机构的短期借款。抵押借款的企业大多信誉不高、经营状况较差。短期借款的抵押物包括应收账款、存货、机器设备、建筑物等，但通常以应收账款和存货为主。

（一）短期抵押借款的种类

1. 应收账款抵押借款

应收账款抵押借款是借款企业将其应收账款抵押给银行以获得短期资金，但考虑到存在坏账风险，银行提供给企业的信用额度会低于应收账款总额。银行通过分析借款企业的客户收款记录，评估其应收账款的坏账风险，有选择地接受企业抵押的应收账款。在这种情况下，企业获得的借款占应收账款比例较高，但银行要承担一定评估费用。如果银行将企业全部应收账款都作为抵押物，但由于银行没有分析每笔应收账款的风险，银行发放给企业的借款金额将不会太高，一般为应收账款总额的50%。

2. 存货抵押借款

存货抵押借款是企业将自身持有的存货作为抵押物而获得银行的短期借款。根据存货的具体情况，银行将按存货市价的某一百分比来确定借款的资金额度。存货抵押借款按抵押方式的不同又可分为：一般性存货控制权借款、信托收据借款和外围仓库收据借款。

1）一般性存货控制权借款

一般性存货控制权借款是企业将其持有的一定数量或价值的一般性存货作为抵押物，以此获得银行的借款。由于企业仍拥有存货的控制权，银行对此类存货的限制较少。因此，为了降低风险，银行只提供此类存货价值 50% 左右的短期借款。

2）信托收据借款

信托收据借款是在信托协议的约定下，借款企业将自己持有的、特定存货的所有权抵押给银行而获得的借款。在这一情形下，银行拥有作为抵押物的特定存货的所有权，但是该存货的出售权仍归企业所有。例如，汽车经销商进行短期融资时，将其汽车作为抵押物由银行拥有所有权，但经销商仍拥有汽车的销售权。

3）外围仓库收据借款

外围仓库收据借款是企业将其存货存入仓储企业的仓库中，以仓储企业开具的存货收据作为抵押物向银行借贷短期资金。实际上，这一方式是将存货的所有权及控制权暂时归银行所有，企业不能动用和出售这些存货。

短期抵押借款除应收账款抵押与存货抵押借款外，企业还可以将其经营过程中的商业票据、股票、债券等资产作为抵押品，获得银行的短期资金。

（二）利息率

利息率是一定时期内利息与本金的比率。与短期有价证券利率不同的是，商业借款的利息率是由借贷双方协商决定的。银行提供给借款企业的利率因企业而异。一般而言，银行通过对借款企业信用水平的评估来确定其借款利率，借款企业的信用等级越高，利率越低。

1. 优惠利率

优惠利率是银行提供给信誉高、效益好、规模大的企业的借款利率。随着银行间竞争的加剧以及货币市场的冲击，很多银行常以低于优惠利率的利率借款给实力雄厚的企业。

2. 固定利率

固定利率是一旦确定后将在借款期限内保持不变的利率。固定利率一般高于优惠利率，且不会受到外部信贷环境的影响。若某公司从银行借款的固定利率为 10%，即使在借款期限内优惠利率由 7% 升到了 11%，企业的借款利率仍保持为 10%。

3. 浮动利率

浮动利率是在借款期限内，借款企业获得的银行借款利率将随着优惠利率的变化而变化。例如，银行规定对某公司的借款利率高于优惠利率 2%。若优惠利率由 7% 上升到 9%，该公司借款的利率也将浮动到 11%。

（三）利息的计算

借款利息的支付分为一次性支付、贴现法、分期偿还法等三种方式。一次性支付是指利息在借款到期日连本带利一起支付；贴现法是指利息在获得借款的同一时刻从借款中予以扣除；而分期偿还法则是指企业在借款期限内分期等额偿还借款的本金和利息。

例5.5 某公司以年利率9%从某银行借款100万元，期限为一年。

（1）若规定使用一次支付法，则该公司借款的实际利率为

$$\frac{\text{年支付的利息额}}{\text{可利用的借款总额}}=\frac{9}{100}\times 100\% =9\%$$

（2）若采用贴现法，此时，公司借款的实际利率为

$$\frac{9}{91}\times 100\% =9.89\%$$

（3）若采用分期偿还法，假定按月等额付款，期限为11个月，一年名义上有12个月，但公司实际还款次数为11次，每月末还款9.6万元，则

$$\text{借款的利息费用}=9.6\times 11-100=5.6\ (\text{万元})$$

在这一情形下，公司的实际借款利率为

$$\frac{2\times \text{名义偿还次数}\times \text{利息总费用}}{\text{借款总额}\times (\text{实际偿还次数}+1)}\times 100\% =\frac{2\times 12\times 5.6}{1\ 200}=11.2\%$$

一般来说，一次性支付法的实际利率最低，而分期偿还法的实际利率最高。

附录1 营运资金管理案例分析

——天龙贸易有限公司

天龙贸易有限公司专门经销特种钢材，是国内少数几家大型经销商之一。近10年来，尽管特种钢市场稳步发展，但由于市场竞争激烈（注：除大型经销商外，特种钢的生产企业都设有专门的贸易公司，市场上还有一些小型的特种钢经销商），公司的获利能力逐步降低，特别是由于不良商业习惯的存在和国家实行银根紧缩政策，严重地影响了公司经营。

2007年，公司营业收入稳步增长，但严重缺乏资金；经多次与银行协商，仍难以取得新的贷款。2008年，由于特种钢市场不太景气，为了降低储备过多的存货，公司采取了削价销售策略；尽管预期它会使本年度发生亏损，但有助于减少对银行贷款资金的需求，缓解资金紧张局面。2006—2008年财务报表见附表1.1和附表1.2。

附表1.1 天龙公司的简化利润表

千元

项　目	2006年	2007年	2008年*
营业收入	96 793	129 524	115 757
营业成本	75 931	103 826	95 752
经营管理费用	14 519	16 821	15 919
折旧	203	300	340
财务费用	3 048	6 206	6 800
税前利润	3 092	2 371	－3 054
所得税#	1 020	782	0
净利润	2 072	1 589	－3 054
营业增长率	0.15	0.34	－0.11
营业成本率	0.78	0.80	0.83
经营管理费用率	0.15	0.13	0.14
营业利润率	0.03	0.02	－0.03
注：*为预计数字　#表示所得税税率为33%			

经公司市场部和财务部研究后认为：从长期来看，特种钢市场会有较大发展，但难以预测何时增长。2009年，特种钢市场很可能仍维持不景气状况，但由于2008年公司的市场营销活动较为成功，预期公司的营业收入将增长2%；此外，也不排除增长10%的可能。由于2009年特种钢市场仍将维持剧烈的竞争，天龙公司的营业利润率将会较低，但会比2008年有所改善，因为公司无须再为降低存货而削价销售。估计营业成本将占营业收入的80%。此外，公司还认为：2009年无须资本支出，财务费用将维持2008年的水平不变，公司经营

管理费用将占营业收入的14%，存货的周转次数为4次，收现期为183天或6个月，付现期为122天或4个月（注：2009年，付现期将大幅降低，其目的是为了改善与生产商的关系）。

在过去10年间，公司多次面临过资金紧缺局面。2008年，削价策略的实施缓解了公司资金紧缺状况，为此，公司财务部建议调整应收账款政策，向顾客提供现金折扣，以加速货款的回收。经验表明，将平均收现期降至122或4个月，仅需提供4%的现金折扣。

附表1.2　天龙公司的简化资产负债表

千元

项　　目	2006年12月31日	2007年12月31日	2008年12月31日*
货币资金	3 185	1 089	256
应收账款	41 972	63 953	58 893
存货	20 239	27 068	16 709
其他流动资产	1 994	5 991	4 834
固定资产净额	2 464	4 482	6 478
资产合计	69 864	102 583	87 170
短期借款	19 417	37 583	27 172
应付账款	30 632	33 234	39 944
其他流动负债	5 088	12 461	3 057
1年内到期的长期负债	11	3 076	2 245
长期负债	5 000	4 924	4 699
所有者权益	9 716	11 305	10 053
负债权益合计	69 864	102 583	87 170
收现期（天）	158	180	186
存货周转次数	3.75	3.84	5.73
付现期（天）	136	110	171
流动比率	1.22	1.14	1.11
速动比率	0.86	0.82	0.88
资产负债比率	0.86	0.89	0.88
注：*为预计数字			

实际决策分析过程

天龙公司面临的问题：是否调整公司的应收账款政策，即是否提供现金折扣？这取决于公司2009年的财务或现金状况，如公司的现金状况良好，则不需提供；反之，可借现金折扣改善财务状况。但值得注意的是，营业增长率的高低也会对公司的财务状况产生重要影响。为此，天龙公司借助计算机软件Excel，对2009年的利润水平和现金流量作了如下预测分析：

（1）营业收入增长2%、不提供现金折扣时的利润和现金流量，Excel模型及运算结果如附表1.3所示。

附表 1.3　Excel 模型及其运算结果

千元

A	B	C
1　营业收入增长率	0.02	0.02
2　营业收入	=115 757 * (1 + B1)	118 072.14
3　营业成本率	0.8	0.80
4　营业成本	= B3 * B2	94 457.71
5　经营管理费用率	0.14	0.14
6　经营管理费用	= B2 * B5	16 530.10
7　折旧	400	400.00
8　财务费用	6 800	6 800.00
9　税前利润	= B2 - B4 - B6 - B7 - B8	-115.67
10　累计税前利润	= -3 054 + B9	-3 169.67
11　所得税	= IF（B10 <0，0，B10 * 0.33）	0.00
12　净利润	= B9 - B11	-115.67
13　营业现金流量	= B12 + B7	284.33
14　期初应收账款	58 893	58 893.00
15　收现期	=365/12 * 6	182.50
16　期末应收账款	= B2/365 * B15	59 036.07
17　期初存货	16 709	16 709.00
18　存货周转次数	4	4.00
19　期末存货	= B4/B18	23 614.43
20　期初应付账款	39 944	39 944.00
21　付现期	=365/12 * 4	121.67
22　期末应付账款	= (B4 + B19 - B17)/365 * B21	33 787.71
23　负债偿还	2 245	2 245.00
24　资本支出	0.00	0.00
25　现金净流量	= B13 + B14 - B16 + B17 - B19 - B20 + B22 - B23 - B24	-15 165.46
注：B 栏为 Excel 模型，C 栏为模型的运算结果		

上述模型是天龙公司进行决策分析的基本模型。以该模型为基础，天龙公司进行了四种组合分析。情形 1：增长率 2%，不提供现金折扣；情形 2：增长率 10%，不提供现金折扣；情形 3：增长率 2%，提供现金折扣；情形 4：增长率 10%，提供现金折扣。

（2）四种情形下的利润和现金流量分析，如附表1.4所示。

附表1.4 扩充Excel模型的运算结果

千元

A	B（情形1）	C（情形2）	D（情形3）	E（情形4）
1 营业收入增长率	0.02	0.10	-0.02	0.06
2 营业收入	118 072.14	127 332.70	113 441.86	122 239.39
3 营业成本率	0.80	0.80	0.83	0.83
4 营业成本	94 457.71	101 866.16	94 156.74	101 458.70
5 经营管理费用率	0.14	0.14	0.146	0.146
6 经营管理费用	16 530.10	17 826.58	16 562.51	17 846.95
7 折旧	400.00	400.00	400.00	400.00
8 财务费用	6 800.00	6 800.00	6 800.00	6 800.00
9 税前利润	-115.67	439.96	-4 477.40	-4 266.25
10 累计税前利润	-3 169.67	-2 614.04	-7 531.40	-7 320.25
11 所得税	0.00	0.00	0.00	0.00
12 净利润	-115.67	439.96	-4 477.40	-4 266.25
13 营业现金流量	284.33	839.96	-4 077.40	-3 866.25
14 期初应收账款	58 893.00	58 893.00	58 893.00	58 893.00
15 收现期	182.50	182.50	121.67	121.67
16 期末应收账款	59 036.07	63 666.35	37 813.95	40 746.46
17 期初存货	16 709.00	16 709.00	16 709.00	16 709.00
18 存货周转次数	4.00	4.00	4.00	4.00
19 期末存货	23 614.43	25 466.54	23 539.19	25 364.67
20 期初应付账款	39 944.00	39 944.00	39 944.00	39 944.00
21 付现期	121.67	121.67	121.67	121.67
22 期末应付账款	33 787.71	36 874.57	33 662.31	36 704.79
23 负债偿还	2 245.00	2 245.00	2 245.00	2 245.00
24 资本支出	0.00	0.00	0.00	0.00
25 现金净流量	-15 165.46	-18 005.36	1 644.78	140.40

关于附表1.4的一些注释：

（1）以情形1为基本模型，运用快捷按钮拷贝至C~E栏（情形2~4）；将C11单元格改为“=IF(C10<0,0,IF(B10<0,C10*0.33,C9*0.33))”，并复制至D11和E11单元格。

（2）情形2（C栏）中，营业增长率为10%，仅需在C1单元格输入0.10即可。

（3）情形3（D栏）中，营业增长率为2%，提供4%的现金折扣。

提供4%的现金折扣时，营业收入的实际增长率（D1单元格）为

$$1.02 \times (1 - 4\%) - 1 = -0.02$$

提供现金折扣并不能降低营业成本，因而营业成本率（D3单元格）为

$$0.80 \div (1 - 4\%) = 0.83$$

同理，经营管理费用率（D5单元格）为

$$0.14 \div (1 - 4\%) = 0.146$$

提供现金折扣时，收现期（D15单元格）为4个月，即

$$365 \div 12 \times 4 = 121.67$$

（4）情形4（E栏）中，营业收入增长率为10%，提供4%的现金折扣。

提供4%现金折扣时，营业收入的实际增长率（E1单元格）为

$$1.10 \times (1 - 4\%) - 1 = 0.06$$

提供现金折扣并不能降低营业成本，因而营业成本率（E3单元格）为

$$0.80 \div (1 - 4\%) = 0.83$$

同理，经营管理费用率（E5单元格）为

$$0.14 \div (1 - 4\%) = 0.146$$

提供现金折扣时，收现期（E15单元格）为4个月，即

$$365 \div 12 \times 4 = 121.67$$

（3）计算结果汇总如附表1.5所示。

附表1.5 计算结果汇总表

千元

情　　形	利　　润	现金净流量
增长率2%，无现金折扣	-155.67	-15 165.46
增长率10%，无现金折扣	439.96	-18 005.36
增长率2%，有现金折扣	-4 477.40	1 644.78
增长率10%，有现金折扣	-4 266.25	140.40

从附表1.5可以看出：提供现金折扣时公司现金状况明显优于不提供现金折扣，但同时值得注意的是，利润状况正好呈相反趋势。可见，提供现金折扣时，公司现金状况的改善以牺牲公司利润为代价。天龙公司管理层鉴于特种钢市场的长期发展潜力，决定调整应收账款政策，提供现金折扣，加速货款收回，以渡过暂时难关。

第三篇

长期资产与资金管理

长期资产是企业拥有的、变现期在一年以上或者一个营业周期以上的资产，主要包括长期投资、固定资产和无形资产等。尽管长期资产的变现能力较差，但企业的未来盈利能力在很大程度上取决于长期资产。为此，企业必然十分重视长期资产管理，即通过正确的长期投资项目决策，合理地控制投资项目的风险，不断优化企业的长期资产组合，增强企业长期获取收益的能力，实现企业财务管理的目标。一般而言，企业的长期投资必须有长期资金来源做后盾，以短期资金支撑企业的长期资产，将会使企业面临极大的财务风险。现实中，企业筹措长期资金的方式很多，既可以是长期借款和公司债券等长期负债，还可以是股票和优先股等权益资金。长期资金的不同筹资方式各有利弊，选择适宜的长期筹资方式备受企业关注。

本部分将着重探讨企业长期投资管理理论，具体包括长期投资项目的评价理论、投资项目风险的评估理论和企业投资项目组合的优化理论，并进而分析企业长期资金的成本和结构，即资本成本和资本结构的管理决策理论和方法。

第六章

长期投资管理

长期投资是企业在实现其经营目标过程中最重要的支出，主要表现为：一方面，相对于短期投资而言，长期投资涉及资金数额巨大。投资不当，将严重影响企业偿债能力和获利能力，甚至导致企业走向破产。另一方面，长期投资的影响时间长。一旦投资付诸实施，在较长时间内难以作出重大调整或改变的代价极大，因而，应对长期投资予以高度重视。本章重点介绍长期投资项目评价的基本理论和方法，并对固定资产更新改造等特殊问题进行探讨。

第一节　长期投资的管理程序

长期投资是公司最重要的经营活动，公司进行投资时宜谨慎从事。为此，需要了解长期投资的内容及其管理过程。

一、长期投资分类

长期投资，又称资本支出，是公司为实现股东财富最大化这一目标，经科学分析论证后，在固定资产等长期资产上的资金支出安排。长期投资涉及内容繁多，而分类法是了解复杂事物的基本方法，故有必要按一定标志进行分类。

（1）按投资对象的不同，可分为固定资产投资、无形资产投资和其他长期资产投资。

在我国，固定资产投资是指投资于单位价值在规定标准以上，使用期限在一年以上，并且在使用过程中维持其实物形态不变的资产，如机器设备、厂房等。无形资产则是不存在物质形态但可在较长时期内使用的资产，如专利、专有技术和商誉等，在这类资产上的资本支出，称为无形资产投资。其他长期资产投资主要是指对递延资产（需要在一年以上的期限内，分期计入损益的费用支出）的投资等，但值得注意的是：财务管理中，其他长期资产投资还包括对长期占用资金的流动资产的投资，如存货的安全储备部分，这一标准同会计标准不完全一致。固定资产投资是长期资产投资的最基本形式，无形资产投资，特别是其他长期资产投资难以单独进行，大多数情况下需同固定资产投资密切结合在一起进行。

（2）按照投资对公司未来经营的影响深度和广度分为战略性投资和战术性投资。

战略性投资是指影响公司未来经营全局和方向的投资，如进入新行业、投产新产品等；而战术性投资则是对公司的影响面较窄、影响期限相对较短的投资，如机器设备的更新等。

（3）从决策角度看可分为互斥型投资和独立型投资。

理论上，各投资项目之间存在着三种关系形态：互补关系、互斥关系和独立关系，但在实际工作中，具有互补关系的投资项目可视为同一项目。因而，投资项目之间关系仅有独立和互斥两种。互斥型投资意味着两个或两个以上的投资项目相互排斥、无法同时并存，其原因在于公司在一定时期内的资金限制，或不同项目本为同一项目的不同方案。独立型投资指一个投资项目的选择不受其他投资项目选择与否的影响。

（4）按投资项目的性质分为收入增加型投资和支出降低型投资。

收入增加型投资项目是侧重于依靠增加收入，以提高经济效益的资金支出。例如，公司在开辟新业务领域、增加现有产品的生产能力等方面进行的投资。支出降低型投资则是为实现经济效益的提高，从降低成本入手而进行的投资，比如固定资产的更新改造投资项目等。

此外，还可以采用其他标志进行分类，如按投资项目涉及未来货币资金（现金）流量的形态分为常规项目和非常规项目（有关分析见第二节）。从多个角度进行的分类，有助于加深对长期投资的认识，便于采取不同的管理方式。

二、长期投资管理过程

长期投资管理过程，又称资本预算过程，是一个复杂的动态过程。管理的重心在于决策，因而，在此重点分析其决策过程。尽管各公司的具体决策过程千差万别，但从一般意义而言，该过程仍有规律可循。认识这一规律，有助于提高长期投资管理水平。

1. 确定公司的长期经营目标

系统的长期投资管理活动首先要求公司确定其长期经营目标。如前所述，公司的经营目标是实现股东财富最大化，但这一目标是公司经营的最终目标。进行长期投资管理时，需要将这一目标予以阶段化和具体化，将其具体地界定为：在长期投资项目上，公司管理层力争达到的一定风险水平下的最高净报酬。通过设置目标，可为投资管理决策提供评价的依据。

2. 发现和提出投资建议

实现长期投资的管理目标，离不开良好的投资建议。尽管这一点显而易见，但也常为人们所忽视。好的投资建议不会自发地产生，而是在以创造性眼光寻找投资机会的基础上发现和提出的。在我国，发现并提出投资建议的最佳方法常随行业的不同而不同，甚至会因公司的不同而有所差别。例如，电子或化学行业的大公司可能会赋予其研究开发部门寻找潜在投资项目的职责，而食品行业的一些公司则可能采用“职工建议箱”等形式去寻找潜在市场机会。其中，较为成功的方法是公司管理层和员工一起，共同寻找新的投资项目。

3. 投资项目的评价

发现的投资项目经分类后，要进行以下工作。

（1）预测投资项目的现金流量及其风险。对于战略性投资项目，多由公司管理层组织各有关部门制定相应的投资方案，并由他们分别预测投资项目涉及的现金流量及其风险，以此作为项目评价的基础。

（2）确定资金成本。资金成本是公司为使用资金而支付的代价。不同公司的资金成本各不相同。资金成本的确定，是进行投资项目评价的基础。

（3）具体评价投资项目。以公司的长期目标为依据，选择适宜的评价指标体系，对投资项目的经济性进行评估。

（4）公司长期投资的整体评价。同证券组合类似，公司是一个投资项目组合，新增的投资项目，可能会改变公司整体的获利水平和风险水平。就公司整体而言，新的投资项目必须具备如下两个条件之一：在组合的总风险水平不变或提高不多的前提下，获利能力大幅升高；在组合的获利水平不变或下降不多的前提下，总体风险水平大幅降低。

4. 投资项目的决策与实施

投资项目经综合评价后，要进行以下工作。

（1）由公司管理层作出最终的决策。在公司的管理权限层次内，不同层次的经理通常有不同的决策权限。战略性投资项目多由最高管理机构决定，而战术性项目多由部门经理进行决策；

（2）编制资本预算。资本预算作为一种过程，是长期投资管理的同义语；但作为投资决策的结果，则是指各长期投资项目的现金流入量和流出量计划。编制资本预算，既便于投资项目的贯彻实施，也有利于进行事后评价。

（3）投资项目的贯彻实施。以资本预算为依据，由各部门履行各自的职责，如财务部门组织资金，工程技术部门组织项目建设等，保证投资项目如期正式运作。

5. 投资项目的事后评价

事后评价涉及：对投资项目的实际现金流量同预测的现金流量进行比较，发现差异，并解释差异的形成原因。例如，许多公司要求投资项目的经营部门于项目投产后六个月内，按月提交报告；六个月后按季度提交报告。其目的在于：

（1）提高预测水平。事后评价有助于发现原预测过程中有意或无意的偏失，并有助于减少以后进行预测时的偏失。

（2）改善经营管理。公司是由其管理层经营的，经济效益的高低一定程度上受到管理层主观努力的影响。事后评价可促使管理层努力达成原预测的现金流量。例如，实际成本高于预测水平时，他们会通过努力降低成本或通过提高销量等来实现预测水平。

可见，长期投资管理过程较为复杂，涉及内容繁多。在此，由于篇幅所限，仅对投资项目的评价这一核心进行分析。

第二节　现金流量和资金成本分析

在长期投资管理过程中，最重要同时又是难度最大的一步是估计投资项目的现金流量：投资的现金流出量，以及项目投产后每年的现金净流量。在我国，许多盲目投资和重复建设项目的进行，与现金流量的估计不当直接相关。

一、现金流量

现金流量是指由一个投资项目引发的、公司在各特定时期内现金流入和现金流出的增加量。在此，现金指的是货币资金，而非仅指会计上的库存现金。“各特定时期”可以为一年、一个月、甚至一天；但在长期投资管理中，除特别指明外，一般均为一年。现金流量是一增量概念，意味着投资项目进行前后整个公司现金流入和流出的数量变化额。

现金流量包括现金流入量和现金流出量两个方面，二者之间的差额称为现金净流量。

1. 现金流出量

现金流出量是指一投资项目给公司在一年内造成的现金流出增量，它一般由两部分组成：

（1）项目正式运作前的各年中，公司在固定资产、无形资产等长期资产上的现金流出量。

（2）项目营运过程的各年中，流动资产增量部分和付现成本费用（不包括利息）引发的经营性现金流出量（注：也可以将其分为三部分——固定资产、无形资产和递延资产上的投资，流动资产的增量投资以及经营中除折旧和利息外的付现成本）。

2. 现金流入量

现金流入量指一个投资项目给公司在一年内带来的现金流入增量，它具体包括：

（1）项目营运后的各年中，来自销售的现金流入增量；

（2）项目营运过程的各年中，流动负债增量部分带来的现金流入量；

（3）项目终止年份，固定资产的变现收入以及收回的营运资金（流动资产的增量部分扣除流动负债的增量部分）。

3. 现金净流量

现金净流量是指各年内现金流入增量扣除现金流出增量后的差额。流入量大于流出量时，净流量为正值，称为现金净流入量；相反，净流量则为负值，称为现金净流出量。一般而言，投资项目各年现金净流量的时间序列表现为：正式营运前（建设期），各年的净流量为负值；投产后（营运期），各年的净流量均为正值，这类投资项目称为常规项目。与之相对应，若投资项目的现金净流量为其他时间序列形态，则称之为非常规项目。

二、现金流量的预测

投资项目现金流量的预测过程比较复杂，一方面它会涉及许多变量，如市场容量、材料价格等；另一方面它又会涉及公司内很多部门的参与，如市场营销部门负责估计销售量、广告的效果、需求价格弹性和潜在竞争的影响等，工程技术部门负责预测固定资产的投资额和部分产品成本项目的金额等，财务部门重点进行资本成本的确定等。为此，需建立相应的机制，确保各部门预测工作的协调，并基于一致的基本假定，以及预测中不存在有意或无意的偏见。

现金流量预测的立足点在于，项目投资与否对公司现金流量的影响。只有投资项目引发的公司现金流量的增量部分，才可视为投资项目的现金流量。为此，预测时需特别注意以下因素：

1. 沉没成本

沉没成本是指过去已经发生、目前的投资决策无法改变的成本。显而易见，它不是增量成本，同目前的投资决策无关，不应计入现金流出量。例如，2008 年，某公司的研究开发部门发现已开发的一种产品可能很有前途，其研究开发费用支出为 50 万元；尽管该产品同年被作为潜在投资项目进行评价，但现金流量分析时不能将其纳入投资项目的现金流出量，因为这笔 50 万元的研究开发费用属于沉没成本。

2. 机会成本

机会成本是指在公司某项资产（现金除外）面临两种以上的投资机会的前提下，项目投资决策时，如果选择的投资项目使用了该资产，则必须放弃该资产用于其他用途的投资机会，其他投资机会可能取得的收益，就是投资项目使用该资产的代价，这一代价称为该投资项目的机会成本。例如，上述公司拥有一块土地，其历史成本为100万元，转让该土地可取得收入300万元。目前，公司一投资项目计划使用该块土地兴建厂房。进行该项目评价时，该块土地的潜在转让收入300万元，应视为该投资项目的现金流出量。

3. 对公司现有业务的影响

一投资项目的选择，可能会对公司现有业务产生有利或不利的影响。例如，上述公司的新产品上市后，可能会促进公司现有产品销量的增加。此时，投资项目的现金流入量，不仅包括来自新产品销售的现金收入，而且包括现有产品销售增加部分带来的现金收入。相反，若新产品上市将导致公司现有产品的销量下降、现金流入减少，预测投资项目的现金流入量时，应将现金流入的这一减少部分从新产品带来的现金流入量中扣除。一般而言，尽管难以准确地计量投资项目将对公司现有业务产生的影响，但至少应意识到其存在的可能性。

4. 其他因素

（1）税金。税收是公司长期投资无法回避的现实，它对投资项目的现金净流量有着重要影响。现金流量分析中，须视税金为一项现金流出，将现金流量的确定建立在税后流量基础之上。

（2）利息。利息是公司为使用负债资金而支付的代价，尽管它也属于付现成本范畴，但不计入现金流出量。因为，它是公司资金成本的构成要素之一，评价时会将其计入资金成本（贴现率）。

（3）净营运资金投资。投资项目不仅会导致每年流动资产中应收账款和存货的增加，也会相应地引发流动负债中应付账款的增加；二者的差额反映了投资项目对各年净营运资金的影响，分析现金净流量时也应将其纳入考虑之中。

三、现金净流量与净利润

投资项目评估中，以现金净流量而非净利润作为评价基础的原因在于：相对于利润而言，现金流量较为客观、随意性较低。净利润与现金净流量的差异主要表现为：

（1）确定净利润时，存货计价和折旧计提等都有不同的方法可供选择，在不同方法下净利润会有所差别。现金净流量是现金流入量扣除流出量后的差额，较为客观。

（2）净利润的确定以权责发生制为基础，反映的是应计的现金净流量，而非实际的现金净流量。现金净流量的确定，实质上是以收付实现制为依据，反映的是实际的净流量。

现金净流量同净利润也存在相关联之处：① 在我国，税金支出以净利润为基础来确定；② 就一个投资项目的整个有效期而言，净利润总量和现金净流量总量相等。

尽管二者有较多差别，但利用二者之间的这些关系可提供一种确定现金净流量的新方法。该方法为：

（1）投资项目建设期各年的现金净流量 = -（固定资产投资 + 无形资产投资 + 递延资产投资）。

（2）项目营运期各年的现金净流量 = 该年净利润 + 折旧 + 利息 - 净营运资金投资。

（3）项目终止年份（营运期）的现金净流量 = 该年净利润 + 折旧 + 利息 - 净营运资金投资 + 固定资产变现收入。

式中，净营运资金上的投资 = 期末应收账款 - 期初应收账款 + 期末存货 - 期初存货 + 期初应付账款 - 期末应付账款。通过应收账款、存货和应付账款的期初、期末变化额，可以体现出公司对投资项目净营运资金的投资，而各期初或期末数仅指与投资项目有关的增量部分。

四、资金成本的确定

投资项目评价中，常常需运用一适当的折现率，将一投资项目不同年份的现金净流量，变为同一时点可比的净流量，这一折现率就是资金成本。有关资金成本的详细分析见第九章。在此仅作简要探讨。

公司的资金有两类来源：负债和股东权益。负债的成本为利息，股东权益的成本是股息。不同来源的资金，其成本大不相同，成本的高低取决于风险的大小。就财务管理而言，负债成本与权益成本的差别还在于利息是税前成本，而股息为税后成本。确定公司的资金成本时，考虑到现金净流量为税后流量，通常以税后成本作为确定资金成本的基础。

加权平均法是确定资金成本的最常用方法，它是以不同类型的资金占总资金的比重为权数，对不同资金的税后成本进行加权平均的一种方法。该法下确定的资金成本，称为加权平均资金成本。计算公式为

$$加权平均资金成本 = 负债比率 \times K_1 + (1 - 负债比率) \times K_2$$

式中，K_1为负债的税后成本；

K_2为股东权益的成本。

例 6.1 目前，一公司的负债比率为 40%，负债的税后成本为 10%，股东权益的成本为 15%，则该公司的加权平均资金成本是多少？

$$加权平均资金成本 = 40\% \times 10\% + (1 - 40\%) \times 15\% = 13\%$$

一般而言，加权平均资金成本以假定公司将维持过去的负债比率为基础，反映了公司的一般风险。本章中，假定所有新项目的风险与公司的一般风险相同，因而投资项目的实际评估中，以加权平均资金成本作为折现率。

五、现金流量分析示例

天马公司是一家生产电子产品的企业。2008 年年初，公司经市场调查发现，电子保安系统很有发展前途，且不会对公司现有产品的市场产生任何影响。为此，要求各部门对项目涉及其业务范围的部分进行预测分析。各部门分析后认为：电子保安系统的设备和厂房投资 3 100 万元，建设期 1 年，使用寿命 5 年，期满残值 100 万元；五年中，各年的营业收入分别为 6 000 万元、7 000 万元、9 000 万元、5 000 万元和 3 000 万元；每年的付现成本为营业收入的 60%；为简便起见，净营运资金的投资约为次年营业收入的 20%。

目前，公司资金短缺，仅可提供 2 400 万元资金，进行任何项目投资时，不足部分均需向银行借款，年利息率为 15%；公司适用的所得税税率为 33%；为简便起见，假定税务局同意该公司在设备寿命期内采用直线法计提折旧；如果进行投资，公司将在 2008 年初即进行投资。公司财务部门进行了现金流量分析，见表 6.1。

表6.1 电子保安系统的现金流量分析

万元

项 目	2008年	2009年	2010年	2011年	2012年	2013年
建设期现金净流量：						
投资额	-3 100					
营运期现金净流量：						
营业收入		6 000	7 000	9 000	5 000	3 000
付现成本		3 600	4 200	5 400	3 000	1 800
折旧*		600	600	600	600	600
利息支出		105	105	105	105	105
利润总额		1 695	2 095	2 895	1 295	495
所得税		559.35	691.35	955.35	427.35	163.35
净利润		1 135.65	1 403.65	1 939.65	867.65	331.65
加：折旧		600	600	600	600	600
加：利息支出		105	105	105	105	105
减：净营运资金投资**		1 400	400	-800	-400	-600
加：固定资产变现收入						100
营运期现金净流量		440.65	1 803.65	3 444.65	1 972.65	1 736.65
各年现金净流量合计	-3 100	440.65	1 803.65	3 444.65	1 972.65	1 736.65

注：*年折旧额＝(3 100－100)÷5＝600（万元）

**净营运资金投资＝下一年营业收入×20%－以前各年累计的净营运资金投资

第三节 长期投资项目的基本评价指标

长期投资分析中，评估现金流量和资金成本之后，需运用评价指标判断投资项目的经济效益。实际工作中，常用的评价指标有非折现现金流量指标和折现现金流量指标两类，前者主要包括投资报酬率和投资回收期，后者重点指净现值、内含报酬率和现值指数等。

一、投资报酬率

投资报酬率（*ARR*），又称平均报酬率或会计报酬率，是投资项目的年平均报酬（会计上的净利润）与投资额之比。其计算方法为

$$投资报酬率\ ARR = 年平均净利润 \div 建设期投资额$$

式中，年平均净利润＝各年净利润合计÷营运期年份数

运用该指标评价投资项目时，决策规则为：

（1）若一项目的平均报酬率高于公司设定或预期的平均报酬率，该项目值得投资；相反，若其平均报酬率低于设定的报酬率，则该项目经济上不可行；

（2）各项目互斥，且其*ARR*均高于设定报酬率时，选择*ARR*较高的投资项目。

例 6.2　天马公司的投资项目电子保安系统（见表 6.1），公司要求的平均报酬率为 30%。

该项目的年平均净利润 =（1 135.65 +1 403.65 +1 939.65 +867.65 +331.65）÷5
=1 135.65

平均报酬率 =1 135.65 ÷3 100 =36.63%

尽管投资报酬率指标通俗、易懂，但在评价投资项目时，其缺陷也很明显：① 未考虑货币的时间价值，将不同时间的利润直接相加；② 不同公司的判别标准差别较大，缺乏客观的取舍依据；③ 天马公司一例表明：净利润与现金净流量差别极大，以净利润作为评价基础，不利于衡量投资项目真正的获利能力。

二、投资回收期

投资回收期（*PP*），是指收回原始投资预期需要的年数，它是最早正式用于评价投资项目的指标。一般认为，回收期越短，项目的风险越小，投资项目越好。其确定方法为：

（1）若营运期各年的现金净流量相等，则

回收期 *PP* = 建设期的投资额/每年现金净流量

（2）若营运期各年的现金净流量不相等，则回收期等于使投资项目累计现金净流量为零所需要的时间。

例 6.3　某公司现有两个投资项目可供选择，各方案的现金流量资料见表 6.2。

表 6.2　项目 A、B 的现金净流量

万元

年　份	项　目　A	项　目　B
0	-1 500	-1 500
1	700	500
2	600	500
3	400	500
4	200	500

要求：确定不同项目的投资回收期。

（1）在营运期内，项目 B 各年的现金净流量相等则

项目 B 的回收期 =1 500 ÷500 =3（年）

（2）在营运期内，项目 A 各年的现金净流量不相等，其各年累计现金净流量见表 6.3。

表 6.3　项目 A 各年累计现金净流量

万元

年　份	0	1	2	3	4
累计现金净流量	-1 500	-800	-200	200	400

项目 A 的回收期 =2 +200 ÷400 =2.5（年）

分析：若公司要求的回收期不少于 2.5 年，则选择项目 A；若公司要求回收期不超过 2

年，项目 A、B 均不能接受。

从计算过程可以看出，回收期指标没有考虑货币的时间价值，没有考虑收回投资后的现金净流量状况，特别是缺乏客观的评价标准，如难以判断回收期为 2.5 年的项目 A 是否值得投资。尽管如此，由于回收期意味着需要多长时间，才能收回在项目上的投资，因而，该指标反映了投资项目的变现能力或流动性，可用于衡量投资项目的风险大小。

三、净现值

净现值（*NPV*），是指一投资项目营运期现金净流量的现值与建设期现金净流量现值之间的差额。其计算公式为

$$NPV = \sum_{t=0}^{n} \frac{NCF_t}{(1+k)^t}$$

式中，NCF_t 为第 t 年的现金净流量；

n 为投资项目建设期和营运期的总年数；

k 为公司的资金成本。

运用 *NPV* 指标进行评价时，判断投资项目是否值得投资的标准为：

（1）各投资项目为独立型项目时，若 $NPV>0$，说明在考虑货币的时间价值后投资项目的现金流入量超过其现金流出量，因而投资项目具有经济上的可行性；反之，若 $NPV<0$，则说明投资项目不具备经济上的合理性。

（2）各投资项目为互斥型项目时，选择 *NPV* 较大且 $NPV>0$ 的投资项目。

上例中，该公司的资金成本为 10%。

$$\text{项目 A 的 } NPV = -1\,500 + 700(1+10\%)^{-1} + 600(1+10\%)^{-2} + 400(1+10\%)^{-3} + 200(1+10\%)^{-4} = 68.9 \text{（万元）}$$

$$\text{项目 B 的 } NPV = -1\,500 + 500(1+10\%)^{-1} + 500(1+10\%)^{-2} + 500(1+10\%)^{-3} + 500(1+10\%)^{-4} = 85 \text{（万元）}$$

或 $-1\,500+500\times$ 年金现值系数 $3.170=85$（万元）

A、B 二项目的 *NPV* 均大于 0，都是值得投资的项目。如 A、B 项目是互斥的，由于 B 项目的 *NPV* 较大，宜选择 B 项目。

从经济意义看，*NPV* 意味着除充分收回投资外，一投资项目还能给公司带来的新财富，即"超额利润"。*NPV* 的这一内涵同财务管理的目标——股东财富最大化相衔接，这正是 *NPV* 指标的优势之所在。但值得注意的是：基于 *NPV* 本质上是"超额利润"这一看法，在正常情况下，一投资项目的 *NPV* 应接近于 0；若其 *NPV* 较高，应能找出支持这一 *NPV* 的内在优势，如公司拥有相关的专利技术，否则，说明投资项目的现金流量估计不当，如可能对将面临的激烈竞争估计不足，此时，宜进一步分析影响现金流量的因素，并重新估计其现金流量。

四、内含报酬率

内含报酬率（*IRR*），是使一投资项目的净现值为零，或使其现金流入量的现值等于现金流出量现值的折现率。其计算公式可表述为

$$\sum_{t=0}^{n} \frac{NCF_t}{(1+IRR)^t} = 0$$

式中，NCF_t 为第 t 年的现金净流量；

n 为投资项目建设期和营运期的总年数；

IRR 为投资项目的内含报酬率。

上述公式反映了 IRR 的计算方法，但由于其中涉及一元高次方程的求解，难以直接运用，因而，IRR 的确定常采用“试误法”。其具体计算步骤为：

（1）随意选择一折现率为起点，计算其 NPV；若 NPV 为正数，说明该折现率小于 IRR，应提高折现率后重新计算 NPV；若 NPV 小于零，表明该折现率大于 IRR，则应降低折现率后再次进行测算。经过多次测试，分别找出两个相邻的折现率（k_1、k_2），使其对应的净现值从正数（NPV_1）变为负数（NPV_2）；

（2）运用插值法确定 IRR。当 $k_1 < k_2$，$NPV_1 > 0$，$NPV_2 < 0$ 时，

$$IRR = k_1 + (k_2 - k_1) \times \frac{NPV_1}{NPV_1 - NPV_2}$$

运用 IRR 指标选择投资项目的决策规则是：

（1）投资项目各自独立时，若 IRR 大于公司的资金成本就进行投资；反之，若 IRR 小于资金成本，说明该项目在经济上不可行；

（2）投资项目互斥时，选择 IRR 较高且大于零的项目。

上例中，公司要求的资金成本为 10%。

$$\text{项目 A 的 } IRR = 10\% + (13\% - 10\%) \times \frac{68.9}{68.9 - (-31.9)} = 12.05\%$$

$$\text{项目 B 的 } IRR = 10\% + (13\% - 10\%) \times \frac{85}{85 - (-13)} = 12.60\%$$

可见，项目 A、B 的内含报酬率都高于其资金成本，都值得投资。如两个项目互斥，选择项目 B，因为其 IRR 较高。

从经济意义来看，IRR 反映了一投资项目的预期（将来）报酬率；若投资项目的 IRR 高于其资金成本，由于高出的部分归股东所有，投资于这类项目将有助于增加股东的财富。

五、现值指数

现值指数（PI），又称获利能力指数，是投资项目建设期现金流出量的现值与营运期现金流入量的现值之比。它是衡量投资项目获利能力的指标，表明了目前一元的投资将来能取得多少现值收入，其计算方法为

$$PI = \frac{\sum_{t=m+1}^{n} \frac{NCF_t}{(1+k)^t}}{\sum_{t=0}^{m} \frac{NCF_t}{(1+k)^t}}$$

式中，NCF_t 为第 t 年的现金净流量；

m 为投资项目建设期的年份数；

n 为投资项目建设期和营运期的总年数；

k 为公司的资金成本。

现值指数这一指标的决策规则为：

（1）投资项目各自独立时，若 $PI>1$，表明投资项目未来的经济效益较好，值得投资；反之，若 $PI<1$，则不宜进行投资；

（2）投资项目互斥时，选择 PI 较大且大于 1 的项目。

上例中，公司的资金成本为 10%。

$$项目\ A\ 的\ PI=1\ 568.9/1\ 500=1.046$$

$$项目\ B\ 的\ PI=1\ 585/1\ 500=1.057$$

由计算结果可知：项目 A、B 的现值指数均大于 1，两个投资项目都值得投资；如项目 A、B 互斥，选择项目 B。这一结论与运用 *NPV* 和 *IRR* 指标得出的结论相同。

六、各指标的比较研究

上例中，无论投资项目互斥还是独立，常用的三大评价指标：净现值、内含报酬率和现值指数得出了相同的投资选择，但这并不是普遍规律。一般而言，各投资项目相互独立时，投资与否取决于各项目自身的 $NPV>0$ 或 $IRR>$资金成本或 $PI>1$。一个投资项目的 $NPV>0$ 时，其 *IRR* 一定大于资金成本，其 *PI* 必然大于 1，因此，运用三大指标得出的结论一致。但是，各投资项目为互斥型项目时，各投资项目的选择不仅取决于其各自的 *NPV*、*IRR* 和 *PI* 的绝对数值，而且还需同其他项目三大指标的数值进行比较。此时，运用 *NPV*、*IRR* 和 *PI* 三大指标，可能会产生相互矛盾的投资决策。

（一）*NPV* 与 *IRR* 的比较分析

各投资项目互斥时，运用 *NPV* 指标和 *IRR* 指标可能会得出相互矛盾的结论，其原因在于二者内含的再投资报酬率假定不同。

例 6.4　某公司有两个互斥型投资项目，其现金流量资料见表 6.4。

表 6.4　项目 C、D 的现金净流量

万元

年　份	项　目　C	项　目　D
0	−1 000	−1 000
1	650	350
2	300	350
3	300	350
4	100	350

当公司的资金成本为 5% 时，项目 C 的 *NPV* 为 232.4 万元，*IRR* 为 18.0%；项目 D 的 *NPV* 为 241.1 万元，*IRR* 为 15.0%。按照 *NPV* 指标，应选择项目 D，而依据 *IRR*，宜选择项目 C，两个指标得出相互矛盾的结论。

1. 再投资报酬率假定

NPV 和 *IRR* 的计算都涉及按照一定的折现率将投资项目的现金净流量变为现值，这一折现过程实质上假定了折现率同时就是再投资报酬率。例如上例中，项目 C 第一、二年年末现金流入量分别为 650 万元和 300 万元，计算 *NPV* 时第一年现金流入量的现值为

650/(1+5%)=619.05（万元），第二年300万元的现值为300/(1+5%)²=272.1（万元），现值合计为619.05+272.11=891.16（万元）。这一折现过程蕴涵着项目的实际运作为：第一年流入的650万元会再投资于报酬率为5%的资产，并于第二年年末变为650(1+5%)=682.5（万元），同时项目本身另产生300万元的流入量，共计982.5万元，其现值为982.5÷(1+5%)²=891.16（万元）。从*NPV*和*IRR*的计算公式可知，*NPV*指标假定再投资报酬率为资金成本的5%，而*IRR*指标则假定再投资报酬率是其内含报酬率的18%。二者的假定不同，但以资金成本5%比以内含报酬率18%作为再投资报酬率更符合实际。因为，公司的资金成本反映了公司融资的代价，同时反映了投资者根据公司特定的风险所要求的报酬率。公司将流入现金再投资于同一风险水平的资产，一般也仅能取得报酬率5%，不可能在同一风险水平下取得18%的报酬率。

不同的再投资报酬率假定是导致矛盾结论的根本原因，这一点可从*NPV*剖面图中看出。仍以表6.4中数据为例，不同折现率下项目C、D的*NPV*见表6.5。这一关系也可以剖面图反映，见图6.1。

表6.5　折现率与*NPV*

折现率/%	0	4	5	8	12	16	18
项目C的*NPV*/万元	350	254.6	232.4	170.7	96.6	30.7	0.47
项目D的*NPV*/万元	400	270.5	241.1	159.2	62.95	-20.7	-58.48

从表6.5和图6.1可以看出：折现率为6.28%时，项目C和项目D的*NPV*相同；折现率或资金成本小于6.28%时，项目C的*NPV*小于项目D的*NPV*，应投资于项目D；在资金成本大于6.28%时，项目C的*NPV*大于项目D的*NPV*，宜选择项目C。如前所述，由于*NPV*意味着股东财富的新增加量，上例中资金成本为5%，若按照*IRR*指标投资于项目C，公司股东将蒙受的机会损失（净现值损失）为241.1-232.4=8.7（万元）。仅在资金成本大于6.28%时，运用*IRR*指标才能得出正确的投资选择（同*NPV*指标的结论一致）。可见，运用*IRR*指标得出的投资结论并非始终正确。

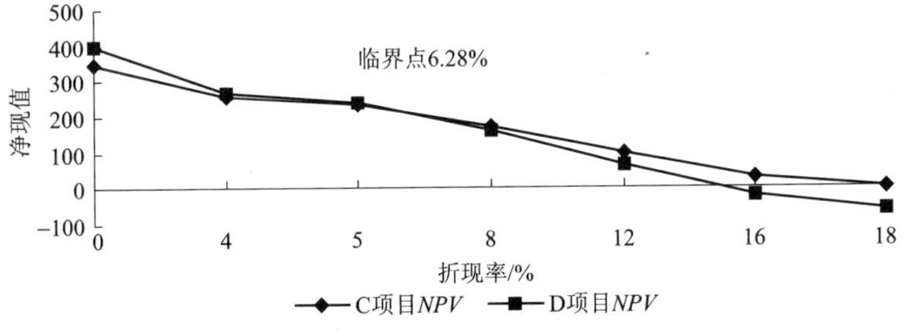

图6.1　*NPV*剖面图

注：二条折线与横坐标的交点即项目C、D的*IRR*。

折现率为6.28%时，C、D两项目的*NPV*相同。这一临界点折现率的具体计算过程（称为差量分析）为：

(1) 假定存在项目N，其各年现金净流量为项目D和项目C现金流量的差额（项目D-项目C），第0~4年分别为0、-300、50、50和250万元。

（2）计算项目 N 的内含报酬率。经计算可知，$k_1=5\%$ 时，$NPV_1=8.50$；$k_2=8\%$ 时，$NPV_2=-11.46$。其 $IRR=5\%+(8\%-5\%)\times\frac{8.50}{8.50-(-11.46)}=6.28\%$，项目 N 的 IRR 即临界点折现率 6.28%。

2. 内含报酬率的不唯一性

运用内含报酬率评价投资项目时可能遇到另一个问题，即内含报酬率不是唯一的。若投资项目各年的现金净流量为常规型，从理论上可以证明其 *IRR* 是唯一的；相反，如果一个投资项目的现金流量是非常规的，则可能会有一个以上的 *IRR*。

例 6.5 某公司正在对一些投资项目进行评估，公司的资金成本为 10%。其中，一投资项目的现金净流量如表 6.6 所示。

表 6.6 投资项目的现金净流量

万元

年　份	0	1	2	3
现金净流量	-1 000	1 000	2 000	-1 000

经计算可以得出：$NPV=810.67$ 万元，$IRR_1=80.19\%$，$IRR_2=-55.50\%$。从 *NPV* 来看，该项目值得投资，但由于 *IRR* 不止一个，无法利用其进行评价。*IRR* 作为项目的预期报酬率只可能有一个，但上述两个 *IRR* 都是 $NPV=0$ 时的折现率，难以确定哪个是真正的 *IRR*。此时，这一指标就失去了作为投资项目评价指标的意义。

从以上分析知，无论在何种情形下，*NPV* 指标都有助于作出正确的决策，而 *IRR* 有时会得出错误的结论，有时又难以得出结论。因此，*NPV* 指标理论上明显优于 *IRR* 指标。

（二）*NPV* 与 *PI* 的比较分析

在各投资项目相互独立时，*PI* 和 *NPV* 指标会提供相同的投资选择。但各项目为互斥型项目且其投资额不同时，*PI* 和 *NPV* 可能会得出不同的结论。

例 6.6 一公司面临着二个投资项目，资金成本为 15%，各项目的现金流量见表 6.7。

表 6.7 项目 E、F 的现金净流量

万元

年　份	项目 E 的现金净流量	项目 F 的现金净流量
0	-1 000	-1 700
1	800	1 000
2	500	800
3	300	900

经计算可知，项目 E：$NPV=270.98$，$PI=1.27$；项目 F：$NPV=366.24$，$PI=1.21$。从 *NPV* 的决策规则来看应投资于项目 F，而依照 *PI* 指标的评价标准则应选择项目 E，两个指标得出了不一致的投资建议。到底应采用项目 E 还是项目 F 呢？下面运用差量分析法进行判断。第 0～3 年，项目 F 与项目 E 各年现金净流量的差量（项目 F－项目 E）分别为：-700、200、300 和 600 万元；资金成本为 15% 时，$NPV=95.27$ 万元 >0，$PI=1.14>1$。可见，项目 F

优于项目 E，这一结论与 *NPV* 指标的结论相同。因而，*NPV* 指标优于 *PI* 指标。

综上所述，*NPV* 指标反映出投资项目给股东带来的新财富或“超额利润”，并且无论何种情形都能作出正确的投资选择。因而，它是三大指标中唯一最优的投资项目评价指标。

七、评价指标的实际运用

理论上，*NPV* 是各评价指标中的最佳指标，但这并不意味着长期投资项目的评价可仅仅依靠 *NPV* 指标。在实际工作中，应处理好各评价指标之间的关系。

（1）各指标并用。从前面的分析可知，评价长期投资项目涉及未来的现金流量，而未来的一切都具有不确定性。因此，同时运用多个经济意义不同的评价指标，有助于加深对投资项目的认识。例如，回收期指标能反映投资项目的流动性或安全性，*IRR* 和 *PI* 两个指标又可反映投资项目的相对获利能力等，这一点可以从各指标的实际运用状况中（见表 6.8）得到体现。

（2）评价投资项目时，宜重点关注折现现金流量指标。相对于非折现指标而言，*NPV*、*IRR* 和 *PI* 等折现指标的合理性主要表现为：折现指标统一以现金流量作为评价对象，远比净利润客观；折现过程实现了不同时点现金流量的等值处理，便于进行计算分析；评价判别标准较为客观，降低了误选和误拒投资项目的风险等。各类指标的实际运用状况证明了这一观点。表 6.8 显示：尽管 51% 的被调查公司使用回收期这一指标，但仅有 10% 的公司把其作为最重要的评价指标；同时有 40% 以上的公司使用折现现金流量指标（*IRR*、*NPV* 和 *PI*），并把其作为最重要的评价指标。

（3）折现指标中，*NPV* 和 *IRR* 两大指标并重。*NPV* 指标反映的是一投资项目新创造财富的绝对数额，*IRR* 指标体现的是一投资项目的预期报酬率，尽管理论上 *NPV* 优于 *IRR* 指标，但获利能力习惯上常用相对数（百分比）表示，因此实际评价时，公司实际使用 *NPV* 指标的比例可能会略低于使用 *IRR* 指标的比例。例如，表 6.8 及其附注 2 显示，44% 的被调查公司使用 *NPV* 作为评价指标，而使用 *IRR* 指标的比例为 47%。这一调查结果证明了上述分析，也说明了大多数公司认为两大指标并重，同时使用了 *NPV* 和 *IRR* 两大评价指标。

表 6.8　投资项目评价指标的调查结果①

评价指标	运用该指标的公司所占的比重②/%	作为主要方法的公司所占的比重/%
PP	51	10③
ARR	30	15④
NPV	44	17
IRR	47	23
其他方法（包括 *PI*）	10	2
商业判断		13
未回答		20
合计		100

注：① 我国尚未进行类似的调查，其他发达国家的调查结果与此大体相同；
② 由于被调查者运用的评价指标不止一个，该栏合计超过 100%；
③ 这一比例包括投资回收期的其他计算方法；
④ 这一比例包含按平均投资额计算的平均报酬率。

资料来源：“The Australian Accountant” 1985 年 3 月，pp. 130 – 133

第四节　长期投资项目评价中的特殊问题

在实际工作中，长期投资项目的种类繁杂、形式多样，对一些投资项目可能无法直接利用前述的*NPV*、*IRR*等指标进行评价，需进行特殊处理。例如，固定资产的更新仅涉及现金流出，而没有现金流入；两个互斥型投资项目的寿命期不同；有些项目的长期经济效益差，但短期效益又很好等。

一、投资项目的寿命期不同

在某一特定时期，公司通常会面临许多投资机会，存在多个投资项目可供选择，但这些项目的寿命期不可能整齐划一，有的可能长一些、有的会短一些。若这些项目相互独立，各项目的取舍仅取决于其自身未来的获利能力。此时，无论其寿命期是否相等，都可以运用*NPV*或*IRR*等指标进行评价。如果一些投资项目是互斥型项目，评价时不仅要考虑各项目自身的获利能力，还需与其他项目的获利能力进行对比，但由于寿命期不同，反映各项目自身获利能力的*NPV*和*IRR*等指标不具备可比性，直接比较可能会导致错误的投资选择。

例6.7　天海公司现有两个寿命期不同的互斥型投资项目，公司要求的税后资金成本均为10%，这两个项目的税后现金流量见表6.9。

表6.9　项目X、Y的现金流量

万元

年　　份	0	1	2	3	4	5	6
X项目现金净流量	-900	430	430	430			
Y项目现金净流量	-2 000	520	520	520	520	520	520

$$\begin{aligned}\text{项目X的}NPV &= -900+430\times\text{年金现值系数（10\%，3年）}\\ &= -900+430\times2.487=169.41\text{（万元）}\\ \text{项目Y的}NPV &= -2\,000+520\times\text{年金现值系数（10\%，6年）}\\ &= -2\,000+520\times4.355=264.6\text{（万元）}\end{aligned}$$

不考虑寿命期的差别时，由于项目X、Y互斥，且项目Y的*NPV*较大，根据*NPV*指标的判别规则，应投资项目Y。但这一决策并不正确，因为两个项目的寿命期不同。从战略意义来看，项目X的寿命期短，公司未来进行调整的余地大，这一战略的灵活性也有其经济价值。尽管这一灵活性的价值可采用随机要求权分析法确定，但由于该法过于复杂，在此不作探讨。简便可行的方法是：a. 将两个项目在相等的寿命期内进行比较，这一方法称为最小共同寿命期法；b. 将各项目的净现值转化为等值年金，然后再进行比较，该法称为等值年金法。

1. 最小共同寿命期法

最小共同寿命期法是指以各项目的最小共同寿命期为基础，运用*NPV*等指标评价投资项目的方法。其中，最小共同寿命期是各项目寿命期的最小公倍数，故该法又称最小公倍寿命期法。

运用该法时，假定各项目可多次重复进行且其现金流量不变。上例中，两个项目寿命期的最小公倍数为6年；为此，项目Y不需调整，而项目X需于第三年再次重复进行，其现金流量见表6.10。

表6.10 项目X的现金流量

万元

年份	0	1	2	3	4	5	6
X项目现金净流量	-900	430	430	430			
				-900	430	430	430
现金净流量合计	-900	430	430	-470	430	430	430

项目X的 NPV =169.41+169.41×复利现值系数（10%，3年）

=169.41+169.41×0.751=296.64（万元）

此时，项目Y的 NPV 不变，仍为264.6万元；而项目X的净现值增大，值得进行投资。可见，这一结论与上述结论明显不同。

该法的不足是：在一些情形下，其假定显得不现实，同时计算又很繁琐。如互斥项目A、B的寿命期分别为17年和19年，其最小公倍数将为323年，A项目需重复19次，B项目要重复17次。

2. 等值年金（EAA）法

等值年金（EAA）法是将各项目的净现值转化为等值年金，然后再通过比较等值年金的大小，选择投资项目的一种方法。净现值转化为等值年金的过程实际上是净现值的年平均过程，因此该法又可称为年平均净现值法。

等值年金=项目的净现值÷年金现值系数（折现率，寿命期）

上例中，项目X的等值年金=169.41÷年金现值系数（10%，3）

=169.41÷2.487=68.12（万元）

项目Y的等值年金=264.6÷年金现值系数（10%，6）

=264.6÷4.355=60.76（万元）

可见，项目X的等值年金或年平均净现值高于项目Y，天海公司宜投资项目X，这一选择与最小公倍寿命期法下的结论一致。

二、固定资产的更新投资

二战以来，科学技术发展迅速，科技进步对国民经济和公司的发展起着越来越重要的作用。为适应科技的进步，公司常以更先进的设备替代已有设备，从而使得固定资产的更新投资成了长期投资的重要内容。

固定资产的更新是指以技术上更先进或经济上更合理的新设备替代已有设备。同收入增加型项目相比，这类投资项目的特殊性表现为：一般不会改变公司整体的生产能力，带来的现金流入量也难以单独划分（尽管残值收入易于划分，但它性质上是现金流出的收回，并非真正的现金流入）。固定资产更新投资需解决的问题是以新设备替代已有设备是否合算。评价投资项目时，这一问题可分为新设备的寿命与现有设备的剩余寿命相等和不相等二种情形。情形不同，评价方法差别很大。

（一）新设备寿命与现有设备剩余寿命相等

一般而言，新设备技术先进，使用、维护成本较低；相反，旧设备技术上相对落后，使用、维护成本较高。尽管二者实质上是互斥型投资项目，但由于很难确定成套设备中单一设备的现金流入量，故无法直接计算其 *NPV* 指标。在此，可运用差量分析法，通过比较新、旧设备的成本费用差量，进而判断是否值得更新。

例 6.8 天海公司 10 年前购置一台机床，购买价 150 000 元，预期使用 15 年，当时估计其残值为 0，该设备每年使用维护费 44 000 元。目前，技术部门发现市场上有一种新型数控机床，购买价 161 000 元（不需安装），预期使用寿命 5 年，预期残值 1 000 元，年使用维护费 6 000 元；旧机床可以 40 000 元出售。天海公司是盈利大户，所有设备均采用直线法进行折旧，所得税税率为 33%，加权平均的资金成本为 10%。

项目 A：继续使用旧机床

（1）第 0 年的税后现金净流量为 0。

（2）第 1 ~ 5 年的税后现金净流量分析：

- 年折旧额 = 150 000 ÷ 15 = 10 000（元）
- 年折旧额计入成本可少交税款：

10 000 × 所得税税率 33% = 3 300（元）

- 年使用维护费 44 000 元，税后使用维护费为：

44 000 ×（1 − 所得税税率 33%）= 29 480（元）

第 1 ~ 5 年税后现金净流量 =（2）−（3）= −26 180（元）

项目 B：使用数控机床

（1）第 0 年的现金净流量分析。

- 数控机床买价 161 000 元。
- 旧机床的出售价 40 000 元。
- 旧机床出售亏损计入费用后使公司少交所得税额为：

旧机床的账面价值 = 150 000 − 10 000 × 10 = 50 000（元）

目前出售的亏损额 = 50 000 − 40 000 = 10 000（元）

亏损导致少交所得税额为：10 000 × 33% = 3 300（元）

第 0 年的税后现金净流量 = −（1）+（2）+（3）= −117 700（元）

（2）第 1 ~ 5 年的税后现金净流量分析：

- 年折旧额 =（161 000 − 1 000）÷ 5 = 32 000（元）
- 年折旧额计入成本可少交税款：

32 000 × 所得税税率 33% = 10 560（元）

- 年使用维护费 6 000 元，税后使用维护费为：

6 000 ×（1 − 所得税税率 33%）= 4 020（元）

第 1 ~ 4 年税后现金净流量 =（2）−（3）= 6 540（元）

第 5 年税后现金净流量 = 6 540 + 1 000 = 7 540（元）

项目 A、B 的税后现金流量及其差量，见表 6.11。

表 6.11　项目 A、B 税后现金净流量

元

年　份	项目 B 现金净流量	项目 A 现金净流量	净流量差量（项目 B－项目 A）
0	－117 700	0	－117 700
1	6 540	－26 180	32 720
2	6 540	－26 180	32 720
3	6 540	－26 180	32 720
4	6 540	－26 180	32 720
5	7 540	－26 180	33 720

经计算可知：*NPV* = 7 244.08 元，*IRR* = 12.52%。由于数控机床项目的 *NPV* 大于零，其内含报酬率大于资金成本。因此，天海公司应以数控机床替代旧机床。

（二）新设备寿命与现有设备剩余寿命不相等

固定资产更新投资中，新设备寿命往往与现有设备剩余寿命不相等。此时，既难以确定现金流入量，又不能确定成本费用的差量。因此，进行差量分析或计算 *NPV* 指标都不现实。可行的方法是采用前述的等值年金法，通过将不同设备现金支出的现值转化为等值年金，再以等值年金的高低进行决策。此时的等值年金，性质上是设备的年平均使用成本，故该法通常称为年平均使用成本法。

$$年平均使用成本=\frac{税后现金净流出量的现值}{年金现值系数（资金成本，尚可使用年份数）}$$

例 6.9　继续采用天海公司的机床更新一例。假定数控机床的预期使用年限为 10 年，其他资料不变。

项目 A：继续使用旧机床。

现金净流出量的现值 = 26 180 × 年金现值系数（10%，5 年）

= 26 180 × 3.790 8 = 99 243.14（元）

年平均使用成本 = 99 243.14 ÷ 3.790 8 = 26 180（元）

项目 B：使用数控机床，使用寿命为 10 年。

(1) 第 0 年的现金净流出量未变，仍为 117 700 元。

(2) 第 1～10 年的税后现金净流出量分析：

- 年折旧额 =（161 000 − 1 000）÷ 10 = 16 000（元）
- 年折旧额计入成本可少交税款：

16 000 × 所得税税率 33% = 5 280（元）

- 年使用维护费 6 000 元，税后使用维护费为：

6 000 ×（1 − 所得税税率 33%）= 4 020（元）

第 1～9 年现金净流出量 = −5 280 + 4 020 = −1 260（元）

第 10 年税后净流出量 = −1 260 − 1 000 = −2 260（元）

(3) 现金净流出量的现值为：

117 700 +（−1 260）× 年金现值系数（10%，9 年）+

$$(-2\ 260)\times 复利现值系数(10\%,10年)=108\ 812.31（元）$$

(4) 年平均使用成本 = 108 812.3 ÷ 年金现值系数（10%，10 年）
= 108 812.3 ÷ 6.144 6 = 17 708.61（元）

计算结果表明，数控机床使用10年时，其年平均使用成本低于旧机床的年平均使用成本。为此，天海公司应更新设备，使用数控机床。

三、投资项目的经济寿命

一般而言，评价长期投资项目时，以项目整个营运期的现金净流量作为评价的基础。其中，蕴含的假定是项目的经济寿命为其营运期，即项目投资一旦开始后，无论是否盈利，都会将项目进行到营运期的最后一刻。但是，有一些项目的放弃成本较低，放弃项目能产生较高的现金净流入量或大幅降低由亏损引发的现金净流出量，使得项目整个寿命期的 *NPV* 可能小于零，但截止至某一特定时间的 *NPV* 又大于零。可见，将项目的整个营运期视为其经济寿命，可能会影响投资项目选择的正确性。理论上，一项目的经济寿命是其 *NPV* 最大时的营运期，其确定步骤为：

(1) 预测各年年末项目清算将产生的现金流入量，即放弃价值；

(2) 假定于各年年末放弃项目，分别计算其对应的 *NPV*；

(3) 选择 *NPV* 最大时的营运期作为项目的经济寿命。

例 6.10 天马公司现有一投资项目，其现金流量见表 6.12，公司的资金成本为 15%。

表 6.12 投资项目税后现金流量

万元

年　份	0	1	2	3	4	5
现金净流量	-2 000	740	700	500	200	100
年末的放弃价值		1 260	930	810	800	600

分析：项目整个寿命期的 $NPV = -2\ 000 + 740/1.15 + 700/1.15^2 + 500/1.15^3 + 200/1.15^4 + 100/1.15^5 + 600/1.15^5 = -36.08$（万元）

项目于第 4 年末清算时，$NPV = -2\ 000 + 740/1.15 + 700/1.15 + 500/1.15^3 + 200/1.15^4 + 800/1.15^4 = 73.29$（万元）

项目于第 3 年末清算时，$NPV = -2\ 000 + 740/1.15 + 700/1.15^2 + 500/1.15^3 + 810/1.15^3 = 34.13$（万元）

同理，项目于第 2 年年末清算时，*NPV* = -124 万元；项目于第 1 年年末清算时，*NPV* = -260.86 万元。可见，如果不考虑经济寿命，由于该项目整个寿命期的 $NPV<0$，天马公司不会对该项目进行投资；若将项目的经济寿命定为 4 年，该项目就能为其股东新增财富 73.29 万元。

第七章

投资项目评价与风险

在长期投资管理中，投资项目或投资机会的选择以净现值的高低为标准，而净现值高低又取决于投资项目未来的现金流量。由于种种原因，投资项目未来的现金流量具有较高的不确定性或风险，进而导致投资项目的净现值表现出相应的风险或不确定性。一般而言，作为理智的风险规避型投资者，公司希望在既定的风险水平下投资项目的收益最大化，或在收益既定的前提下投资项目的风险最小化。因此，长期投资管理中，必须十分重视投资项目及其组合的风险分析，并以此为基础选择有益于实现财务管理目标的投资项目组合。本章主要关注投资项目风险的测定、风险型投资项目的评价方法、投资项目组合的优化等理论和方法体系。

第一节 投资项目的风险

任何投资项目都具有风险，这是铁一般的现实，不以公司的意志为转移。因此，对带有风险的投资项目（或风险型投资项目）投资之前，必须首先了解其风险的源泉、风险的测定及其对公司总风险的影响。

一、风险及其测定的回顾

前面分析风险与报酬的关系时，对风险及其测度理论已有较多的探讨，在此仅作一简单的回顾，以利于投资项目的风险分析。理论上，根据事先掌握信息的多少，人们对事物未来发展结果的认识有三种可能：第一，确定型。即预先可以肯定地知道未来的结果只有一种；第二，不确定型。即事先仅了解未来有多种可能的结果，但不了解各结果出现的可能性或概率的高低。第三，风险型。即事先不仅知悉未来有多种可能的结果，而且基于统计资料了解各种可能结果出现的概率。就不确定型而言，通过引入以经验为依据的主观概率，可以变为风险型。因此，可以认为仅存在两种可能形态：确定型和风险型，不确定型和风险型是同义语。

风险，又称不确定性，是指事物的未来发展结果不确定，实际结果可能偏离预期结果。这一偏离程度，称为风险程度。依据概率统计理论知道：衡量预期结果的指标是预期值或期望值 E，而风险程度的测度指标是标准差 σ（衡量风险的绝对程度）和变异系数 V（衡量风

险的相对程度)，其计算公式分别为

$$E(X)=\sum_{i=1}^{n}P_iX_i$$

$$\sigma_x=\sqrt{\sum_{i=1}^{n}P_i[X_i-E(X)]^2}$$

$$V=\frac{\sigma}{E(X)}$$

式中，$E(X)$ 为变量 X 的预期值或期望值；

σ_x 为变量 X 的标准差；

V 为变异系数；

X_i 为第 i 种可能的结果；

P_i 为第 i 种结果出现的概率，且 $\sum_{i=1}^{n}P_i=1$。

二、投资项目的风险及其测定

长期投资项目涉及未来的时间长，影响现金流量的因素多，其未来收益不可避免地存在风险。为了降低风险，越来越多的公司实行了多元化经营战略，运用资产组合方式对其长期投资项目进行管理。同证券投资组合中证券的风险相似，投资项目中各项目的风险分为可分散风险和不可分散风险（系统性风险）两部分，前者是指项目的营运风险，是通过实行多元化经营可以降低或消除的风险；后者是指投资项目的不可分散风险，即公司无法通过多元化经营消除的风险。理论上，多元化公司仅需重视投资项目组合的风险，即各项目的不可分散风险，但国内大多数公司仍以经营单一业务为主，同时投资项目的可分散风险对公司各外部利益团体如供应商等影响较大，实际分析时宜对二者同时并重。

（一）投资项目的风险及其测定

1. 投资项目的风险及其成因

投资项目的风险，又称项目自身的风险，是指投资项目未来的实际收益偏离其预期收益的状况。一般而言，投资项目的未来收益有两个衡量指标：现金流量和净现值。由于净现值是投资项目寿命期内现金流量的综合反映，因而可以认为，投资项目的风险是未来的实际 *NPV* 偏离其预期 *NPV* 的状况。

长期投资项目的风险来自两个方面：

（1）影响现金流量的因素。项目的未来现金流量受到许多因素影响，如未来的市场销量、销售价格、竞争的强度和材料成本等，而且这些因素的未来变动具有随机性，从而导致了未来现金流量的波动。

（2）预测的偏差。由于人类对未来的认识能力有限，通常基于过去的经验推测未来，发生预测偏差在所难免。现金流量的预测也不例外，公司的管理层极少能准确地预测投资项目的未来现金流量，充其量可以估计出投资项目未来现金流量的大致波动范围。可见，投资项目的风险难以避免。

2. 投资项目的风险测定

同其他风险程度的测度相似，衡量投资项目预期收益和风险程度时，测度指标包括投资项目的预期净现值、标准差和变异系数。假定投资项目各年的现金净流量相互独立，其计算公式如下

$$E(NPV)=\sum_{t=0}^{n}\frac{E(NCF)_t}{(1+r)^t}$$

$$\sigma_{NPV}=\sqrt{\sum_{t=0}^{n}\frac{\sigma_t}{(1+r)^{2t}}}$$

$$V_{NPV}=\frac{\sigma_{NPV}}{E(NPV)}$$

式中，$E(NPV)$ 为投资项目的预期净现值；

$E(NCF)_t$ 为投资项目第 t 期的预期现金净流量；

r 为无风险报酬率，如国库券的利息率等；

n 为投资项目的营运期数；

σ_{NPV}为投资项目的标准差；

σ_t 为投资项目第 t 期现金净流量的标准差；

V_{NPV}为投资项目的变异系数。

例 7.1　海河公司是国内一家多元化公司，目前面临一个新的投资项目。该投资项目的投资额达 2 000 万元，预计营运期为 3 年。公司各部门调查研究后，对该项目各年的现金净流量及其概率进行了预测，预测结果见表 7.1。假定各年的现金净流量相互独立，且服从正态分布，未来 3 年的无风险报酬率为 8%。

表 7.1　现金净流量及其概率

万元

第一年		第二年		第三年	
概率	现金净流量	概 率	现金净流量	概 率	现金净流量
0.10	600	0.10	400	0.10	200
0.25	800	0.25	600	0.25	400
0.30	1 000	0.30	800	0.30	600
0.25	1 200	0.25	1 000	0.25	800
0.10	1 400	0.10	1 200	0.10	1 000

分析：(1) 计算各年现金净流量的预期值及其标准差。

$$E(NCF)_0=-2\ 000,\ \sigma_0=0,$$

$$E(NCF)_1=0.10\times600+0.25\times800+0.30\times1\ 000+0.25\times1\ 200+0.10\times1\ 400=1\ 000$$

$$\sigma_1=\sqrt{0.1(600-1\ 000)^2+0.25(800-1\ 000)^2+0.3(1\ 000-1\ 000)^2+0.25(1\ 200-1\ 000)^2+0.1(1\ 400-1\ 000)^2}$$

$$=\sqrt{52\ 000}=228.03$$

同理，可以求得：$E(NCF)_2=800$，$\sigma_2=228.03$。

$E(NCF)_3=600$，$\sigma_3=228.03$。

（2）计算投资项目的预期净现值及其标准差。

$$E(NPV)=-2\,000+1\,000(1+8\%)^{-1}+800(1+8\%)^{-2}+600(1+8\%)^{-3}$$
$$=88.10\text{（万元）}$$

$$\sigma_{NPV}=(228.03\times1.08^{-1}+228.03\times1.08^{-2}+228.03\times1.08^{-3})^{\frac{1}{2}}$$
$$=339.96\text{（万元）}$$

$$V_{NPV}=339.96/88.10=3.86$$

变异系数表明，每1元预期净现值的变异程度为3.86元。可见，该项目的风险较大。（注：由于各年的现金流量服从正态分布，利用概率分析可以求出，该项目的净现值位于88.10±339.96万元范围内的概率为68.28%。此外，由于净现值服从正态分布，利用$Z=\frac{NPV-E(NPV)}{\sigma}$可将其转换为标准正态分布。$NPV=0$时，$Z=(0-88.10)/339.96=-0.26$，查表可知，该项目的净现值大于零的概率为60.3%）。

（二）公司的总风险和投资项目的公司风险

投资项目风险的上述分析，反映了投资项目的全部风险，包括可分散风险和不可分散风险两部分。公司的总风险是指未来的实际收益偏离预期收益的状况，由于多元化经营可降低甚至消除项目的可分散风险。因而，真正影响公司总风险的是多元化经营无法消除的不可分散风险。

1. 投资项目组合的风险及其测度

投资项目组合是由两个以上投资项目构成的集合体，其实际收益偏离预期收益的状况，即组合的风险。由公司所有投资项目构成的集合体，也是一个投资项目组合，其风险的大小反映了公司总风险的大小。同证券投资组合相似，投资项目组合的收益和风险衡量指标主要是组合的预期净现值、标准差和变异系数。

$$E(NPV)_P=\sum_{i=1}^{n}E(NPV)_i$$

$$\sigma_p=\sqrt{\sum_{i=1}^{n}\sum_{j=1}^{n}r_{ij}\sigma_i\sigma_j}$$

$$V_p=\frac{\sigma_p}{E(NPV)_p}$$

式中，$E(NPV)_P$为投资项目组合的预期净现值；

σ_p为投资项目组合预期净现值的标准差；

V_p为投资项目组合预期净现值的变异系数；

$E(NPV)_i$为组合中各项目的预期净现值；

n为组合中项目的个数；

r_{ij}为第i项目和第j项目的相关系数；

σ_i或σ_j为第i项目或第j项目的标准差。

显然，投资项目组合的标准差取决于各项目相关程度以及各项目的标准差。在其他条件不变的前提下，正相关程度越高，组合的标准差越大；各项目的标准差越大，组合的标准差越大。

例 7.2　天威公司是一个单一业务公司，目前发现一些投资机会。经可行性分析后发现，其中的一个项目较有投资价值。现有项目（项目 1）和新项目（项目 2）的有关资料见表 7.2。

表 7.2　天威公司的投资项目组合

万元

	预期净现值	标准差	变异系数	相关系数
项目 1	24 000	28 000	1.166 7	1.00 *
项目 2	6 000	4 500	0.750 0	1.00 *
二项目的相关系数 $r_{1,2}$				0.40
注：* 各项目的自相关系数，如项目 1 的 $r_{1,1}$ 为 1				

分析：天威公司投资于新项目后，将形成一投资项目组合。该组合的预期净现值、标准差等分别为

$$E(NPV)_P = 24\ 000 + 6\ 000 = 30\ 000 \text{（万元）}$$

$$\sigma_p = \sqrt{r_{1,1}\sigma_1 + r_{2,2}\sigma_2 + 2r_{1,2}\sigma_1\sigma_2} = \sqrt{28\ 000^2 + 4\ 500^2 + 2(0.4)(28\ 000)(4\ 500)}$$
$$= 30\ 084.05$$

$$V_p = 30\ 084.05/30\ 000 = 1.002\ 8$$

天威公司投资于新项目后，组合的总风险略有升高，但其相对的风险反而降低了许多。可见，只要公司新拓展业务的风险小，与现有业务的相关程度低，多元化经营就可以降低公司的总风险。

2. 投资项目的公司风险及其测度

证券投资组合理论表明：证券投资组合的风险取决于各证券的不可分散风险（以 β 衡量），投资于新证券增加的风险仅为其不可分散风险。与此相似，投资项目组合的风险取决于各项目的不可分散风险。多元化公司的投资项目组合中，各投资项目对公司总风险的影响仅为其不可分散风险，这一风险称为投资项目的公司风险，其衡量指标是投资项目的 β 系数。计算公式（与证券的 β 系数相似）如下

$$\beta_{\text{项目}_i} = r_{i,p}\left(\frac{\sigma_i}{\sigma_p}\right)$$

式中，$\beta_{\text{项目}_i}$ 为投资项目 i 的公司风险；

$r_{i,p}$ 为投资项目 i 的预期收益与公司投资项目组合（不含项目 i）预期收益的相关系数；

σ_i 为投资项目 i 预期收益的标准差；

σ_p 为公司投资项目组合（不含项目 i）预期收益的标准差。

投资项目的 β 系数反映了一投资项目不可分散风险的大小（相对于公司现有投资项目的组合而言）。例如，一项目 β 系数为 1，表明该项目的风险与公司现有项目的平均风险相同；项目 β 系数为 2，表明该项目的风险是公司现有项目平均风险的二倍。

上例中，$\beta_{项目} = r_{i,p}\left(\frac{\sigma_i}{\sigma_p}\right) = 0.4 \times \frac{4\ 500}{28\ 000} = 0.064\ 3$

可见，天威公司新项目的风险远远低于现有项目的风险，仅为现有项目的0.064 3倍。

第二节　投资项目的风险分析

投资项目不同，风险的大小就不一样。分析投资项目的全部风险时，除进行标准差σ_{NPV}和变异系数V分析外，进一步具体了解和认识各投资项目的风险，有助于作出正确的投资选择和控制风险。此时，常用的风险分析法有敏感性分析法、情景分析法、模拟分析法和决策树分析法四种。

一、敏感性分析

理论上，投资项目现金流量的影响因素是随机变量，服从于某种类型的概率分布。因此，对其未来的取值难以事先准确地预测。同时，由于*NPV*等评价指标的计算以现金流量为基础，这些因素的变动又会导致投资项目的净现值等发生变动，因而有必要利用某种方法评价有关因素变动将造成的影响，为投资项目实施后的风险控制奠定基础。敏感性分析正是测定现金流量影响因素的变动，对投资项目净现值等所产生影响的一种风险分析方法。

进行敏感性分析时，通常是在保持其他有关因素不变的前提下，假定某一给定因素的未来值高于或低于其预期值，具体分析净现值等将相应发生变动的幅度。其具体步骤为：

（1）在其他因素不变的前提下，依次假定影响现金流量的某一因素增加或减少一定百分比，如5%、10%等，重新确定该因素变动后的现金净流量；

（2）计算现金净流量变动后的净现值及其相应的变动幅度；

（3）计算*NPV*对各有关因素变动的敏感度。基于对各因素的敏感度，确定投资项目*NPV*的重点敏感因素。其中，*NPV*对各因素的敏感度 = *NPV*的相应变动幅度 ÷ 某因素的变动幅度，该指标反映了某因素变动1%时*NPN*的相应变动幅度。

例7.3　天马公司计划投资于电子玩具行业。公司各部门进行相关的调查研究后发现，今后5年电子宠物产品的销路较好。为此，各部门对相关的收入、成本费用（见表7.3）进行了预测。天马公司要求的报酬率为15%，所得税税率为33%，所有固定资产均采用直线法全额计提折旧（残值为0）。

表7.3　电子宠物项目的收入、成本费用预测

万元

年　份	0	1~5年
投资额：	2 000	
现金流量：		
营业收入		7 500
付现成本		6 000
折旧		400
税前利润		1 100

续表

年　　份	0	1～5年
所得税		363
净利润		737
加：折旧		400
现金净流量		1 137
注：为简便起见，在此未对现金流量进行详细分析，如未进一步分析营业收入这一影响因素（销售量和销售单价等）变动的影响		

1. 初步分析

该项目的净现值 = −2 000 + 1 137 × 年金现值系数（15%，5年）
= −2 000 + 1 137 × 3.352 2 = 1 811.45（万元）

内含报酬率 = 40.55%

2. 敏感性分析

分析各因素的变动对 *NPV* 的影响，分析结果见表7.4。在此仅以营业收入为例进行分析（其他因素的分析相同），若营业收入增加5%时，

投资项目各年的现金净流量 = 1 388.25 万元

投资项目的净现值 = 2 653.69 万元

净现值的变动额 = 2 653.69 − 1 811.45 = +842.24（万元）

净现值的变动幅度 = 842.24 ÷ 1 811.45 = +46.50%

3. 确定 *NPV* 对各因素的敏感度

对营业收入的敏感度 = +9.30% ÷ 1% = +9.30

对付现成本的敏感度 = −7.44% ÷ 1% = −7.44

对投资额的敏感度 = −1.10% ÷ 1% = −1.10

从各因素的敏感度来看，该项目的 *NPV* 对营业收入最敏感，其次是付现成本。可见，该项目的获利能力受营业收入影响最大。若对该项目进行投资，必须十分重视控制其营运期内营业收入的大幅波动。

表7.4 敏感性分析结果

影响因素的变动幅度%	*NPV* 变动额/万元			*NPV* 变动幅度//%		
	营业收入	付现成本	投资额	营业收入	付现成本	投资额
+5	+842.24	−673.79	−100	+46.50	−37.20	−5.52
+1	+168.45	−134.76	−20	+9.30	−7.44	−1.10
−1	−168.45	+134.76	+20	−9.30	+7.44	−1.10
−5	−842.24	+673.79	+100	−46.50	+37.20	−5.52
注：应用Excel等软件，可大大简化计算过程						

二、情景分析

敏感性分析是实际工作中运用最多的风险分析法，但该法有一定的缺陷。一般而言，一

投资项目的自身风险来自两个方面：*NPV* 对各主要因素波动的敏感度、各主要因素可能波动的幅度。敏感性分析仅分析了其中的一个方面，而情景分析又称三点估计分析，正是同时考虑了这两个方面的一种风险分析法。

情景分析的基本程序是：

（1）分别以三种状态，即理想状态（乐观）、最可能状态（正常）和最差状态（悲观）为基础，估计不同状态下现金流量各影响因素的未来数值，并确定相应的现金流量；

（2）计算不同状态下投资项目的净现值；

（3）以投资项目自身风险的衡量指标为基础，分析其获利能力风险的大小。

例 7.4 以天马公司的电子宠物项目为例，公司各相关部门对三种状态下的现金流量进行了预测（见表 7.5）。

1. 确定不同状态下投资项目的净现值

$$\text{理想状态下的 } NPV_1 = 5\ 136.16 \text{ 万元}$$

$$\text{最可能状态下的 } NPV_2 = 1\ 811.45 \text{ 万元}$$

$$\text{最差状态下的 } NPV_3 = -1\ 997.17 \text{ 万元}$$

表 7.5 三种状态下的现金流量预测

万元

	理想状态	最可能状态	最差状态
第 0 年投资额	1 800	2 000	2 500
第 1～5 年的现金流量			
销售量/件	600 000	500 000	300 000
销售单价/（元·件$^{-1}$）	160	150	140
营业收入	9 600	7 500	4 200
材料成本/（元·件$^{-1}$）	48	50	60
人工成本/（元·件$^{-1}$）	35	40	40
其它付现成本（元·件$^{-1}$）	27	30	35
付现成本合计	6 600	6 000	4 050
折旧	360	400	500
税前利润	2 640	1 100	-350
所得税	871.2	363	0
税后利润	1 768.8	737	-350
加：折旧	360	400	500
现金净流量	2 128.8	1 137	150

2. 确定投资项目的预期净现值和标准差

理论上，三点估计分析假定各随机变量服从三点概率分布（近似于连续分布），因而其预期值和标准差的计算公式为

$$\text{预期净现值 } E(NPV) = \frac{NPV_1 + 4NPV_2 + NPV_3}{6}$$

标准差 $\sigma_{NPV}=\sqrt{\frac{1}{6}[E(NPV)-NPV_1]^2+\frac{4}{6}[E(NPV)-NPV_2]^2+\frac{1}{6}[E(NPV)-NPV_3]^2}$

经计算可知，天马公司电子宠物的预期净现值 E（NPV）为 1 730.8 万元，标准差 $\sigma_{NPV}=2\ 062.37$ 万元，变异系数 $V_{NPV}=1.19$。可见，该项目的风险并不大（假定 NPV 服从正态分布，利用概率知识可知，$Z=0.84$，其 NPV 大于零的概率为 80%）。

三、模拟分析

理论上，模拟分析是分析投资项目自身风险的最完善方法，D. 赫茨最早建议在长期投资项目的风险评估中使用该方法（《哈佛商评》，1968 年），故又称赫茨模拟法。

模拟分析中，通常将影响现金流量的因素分为三类：

（1）市场类，包括市场容量、销售价格、市场增长率、市场份额，是影响营业收入的基本因素；

（2）投资类，包括投资额和投资的残值，它们决定了项目的投资成本；

（3）营运成本类，包含营业成本、固定成本和设备的使用年限，这三个因素可反映付现成本。

第一、三类因素是影响税后利润的主要因素，而九个因素共同决定了投资项目的现金净流量。

模拟分析的具体程序为：

（1）估计上述九个因素的概率分布。模拟分析中，假定现金流量的各影响因素服从连续型概率分布（情景分析假定其服从离散型概率分布），这一假定比情景分析的假定更符合现实。具体确定概率分布时，可利用过去的统计资料进行估计，也可进行主观判断。

（2）以各因素的概率分布为基础，确定各因素随机组合的现金流量（这一随机组合过程与赌博的原理相似，故模拟风险又称蒙特卡罗模拟），进而以无风险报酬率计算其 *NPV* 和 *IRR* 指标。

（3）不断重复进行现金流量的随机组合过程，直至确定出 *NPV* 和 *IRR* 的概率分布图。

理论上，该方法极为合理，但具体运用时需估计各因素的概率分布，使得信息的获取成本过高。同时，它仅能衡量投资项目自身的风险，无法反映公司管理层真正关心的不可分散风险。因而，实际工作中很少运用。

四、决策树分析

现实中，大多数投资项目的评价十分复杂，往往并非在一个阶段一次性决定投资与否，而是涉及多次（或多阶段）决策。多阶段决策中，下一阶段的决策取决于上一阶段所作决策，这就为投资者提供了重新评价投资项目并再次进行投资项目取舍的机会。由于决策树能十分清晰地反映出不同阶段决策的前后衔接关系，因此常利用决策树分析来评价涉及多阶段决策的投资项目。

例 7.5　仍以天马公司的电子宠物项目为例。风险分析的结果表明，该项目的获利能力取决于电子宠物市场的未来需求状况。为此，公司目前面临的选择是一次性投资 2 000 万元或分阶段投资。在后一种情况下，可以先投资 1 000 万元，再根据一年后的市场需求状况决定是否追加投资 1 500 万元。市场部再次调查研究后认为，市场高需求的概率为 0.6，低需求的概率为0.4；若分阶段投资，第一年市场需求高，第2~5年高需求的概率为0.8，低需求的概率为0.2；第一年市场需求低，未来的市场需求肯定较差。此外，公司还对不同需求状态下的现金净流量进行了预测（见图7.1）。

决策树分析中，通常是按照从右向左的顺序进行分析。

1. 决策点2：在分阶段投资情况下，第1年年末是否追加投资

（1）追加投资方案：第2~5年各年的预期现金净流量为

$$0.8\times1\ 903+0.2\times170=1\ 556.4\text{（万元）}$$

第1年年末追加投资方案的净现值为

$$NPV=-1\ 500+1\ 556.4\times\text{年金现值系数（15\%，4年）}=2\ 943.52\text{（万元）}$$

（2）不追加投资方案：第1年年末的净现值为

$$(0.8\times1\ 000+0.2\times170)\times\text{年金现值系数（15\%，4年）}=2\ 381.07\text{（万元）}$$

在第一年年末，由于追加投资方案的净现值较大，下面的分析可省略不追加投资这一方案。

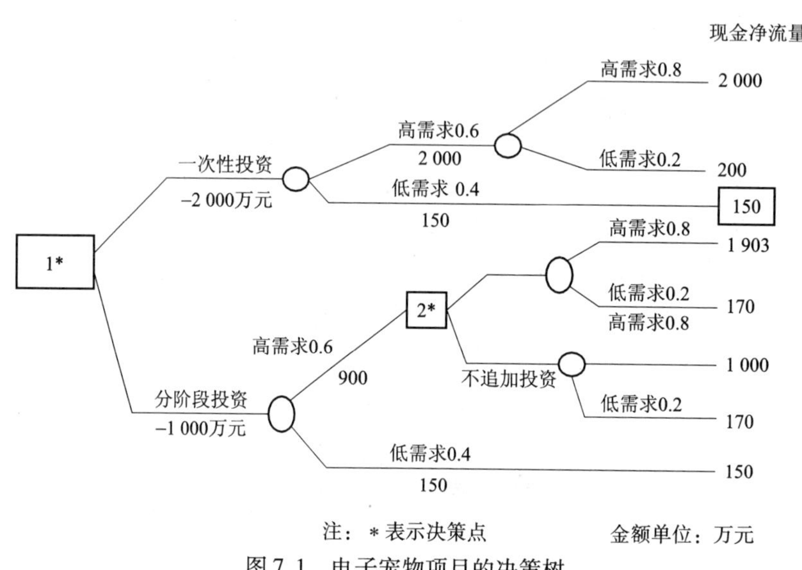

图7.1 电子宠物项目的决策树

2. 决策点1：第0年一次性投资或分阶段投资分析

（1）分阶段投资方案。在分阶段投资且高需求情况下，第1年年末的预期现金净流量为

$$\begin{aligned}&0.6\times(900+2\ 943.52)+0.4\times[150+150\times\text{年金现值系数(15\%，4年)}]\\&=0.6\times3\ 843.52+0.4\times578.25=2\ 537.41\text{（万元）}\end{aligned}$$

第0年的净现值为

$$NPV=-1\ 000+2\ 537.41/1.15=1\ 206.44\text{（万元）}$$

（2）一次性投资方案。在高需求情况下，第2~5年各年的预期现金净流量为

$$0.8\times2\ 000+0.2\times200=1\ 640\text{（万元）}$$

第1年年末的预期现金净流量为

$$\begin{aligned}&0.6\times[2\ 000+1\ 640\times\text{年金现值系数(15\%，4年)}]+\\&0.4[150+150\times\text{年金现值系数(15\%，4年)}]=4\ 240.62\text{（万元）}\end{aligned}$$

第 0 年的净现值为

$$NPV = -2\ 000 + 4\ 240.62/1.15 = 1\ 687.50\text{（万元）}$$

由计算结果可知，分阶段投资比一次性投资的效益高，即先投资 1 000 万元，并根据第 1 年的市场需求的高低，决定是否追加投资。若市场表现为高需求，则于第 1 年年末再投资 1 500 万元。可见，决策树分析不仅能衡量投资项目的风险大小，还有助于降低其风险。

第三节　风险型项目的评价

理论上，敏感性分析、决策树分析等对认识投资项目的具体风险有重要价值，但其中运用概率理论较多，主观概率的准确性不高，特别是投资项目的选择缺乏客观标准，因而实际运用的难度较大。为了简便起见，人们通常将风险分析纳入现金流量或资金成本的确定过程，再以 *NPV*、*IRR* 等评价指标及其判别标准为基础选择投资项目。实际工作中运用的这类方法主要有风险调整折现率法和按风险调整现金流量法两种。

一、风险调整折现率法

风险调整折现率法，是指以投资项目的风险分析为基础，将项目的风险纳入折现过程所使用的资金成本或要求的报酬率，并据以进行投资决策的方法。一般而言，投资项目的风险越大，调整后的折现率越高。

1. 风险调整折现率的确定

依据投资项目的风险测度理论，投资项目的风险由可分散风险和不可分散风险两部分组成，多元化公司关心的仅是其不可分散风险，该风险以 $\beta_{\text{项目}}$ 衡量。基于资本资产定价模型，多元化公司对风险型投资项目要求的报酬率为

$$K_{ai} = R_f + \beta_{\text{项目}_i}(K_m - R_f)$$

式中，K_{ai} 为公司对投资项目 i 要求的报酬率或项目 i 的风险调整折现率或必要报酬率；

R_f 为无风险投资的报酬率，如国库券的利息率；

$\beta_{\text{项目}_i}$ 为投资项目 i 不可分散风险的衡量指标；

K_m 为公司投资项目组合的必要或预期报酬率。

资本资产定价模型表明，一投资项目的风险调整折现率由无风险报酬率 R_f 和风险溢价 $\beta_{\text{项目}_i}(K_m - R_f)$ 两部分构成，而风险溢价又由公司现有投资项目组合的必要报酬率和项目的 β 系数决定。理论上该公式较为完善，但由于难以确定项目的 β 系数，实际工作中很少直接运用。

由于公司的资金成本是公司投资者要求的必要报酬率，反映了公司总资产或现有项目组合的平均风险，而风险调整折现率又意味着按风险的大小调整风险溢价。因而，可行的替代方法是，基于公司的资金成本调整投资项目的风险溢价，即

$$\text{风险调整折现率} = \text{公司的资金成本} \pm \text{一定百分比}$$

若投资项目的风险等于公司总资产的平均风险，通常以公司的资金成本作为风险调整折现率；若投资项目的风险大于公司总资产的平均风险，则在资金成本的基础上增加两个百分点；反之，常常从资金成本中减去 1 个百分点（参见下一节投资项目组合的边际成本分析）。

2. 评价指标及其判别标准

风险调整折现率法下，投资项目仍然以净现值和内含报酬率作为评价指标；不过，两个指标的确定方法本质上已有所变化。

1）净现值指标及其判别标准

$$净现值\overline{NPV} = \sum_{t=0}^{n} \frac{E(NCF)_t}{(1+K_a)^t}$$

式中，$E(NCF)_t$ 为第 t 年的预期现金净流量；

K_a 为投资项目的风险调整折现率；

n 为投资项目的寿命期。

运用净现值指标的判别规则是：若风险型投资项目的净现值$\overline{NPV}$大于零，说明该项目值得投资；相反，若其净现值$\overline{NPV}$小于零，表明该项目的经济性差，并宜进行投资。

2）内含报酬率指标及其判别标准

风险型投资项目的内含报酬率 IRR，是使其净现值$\overline{NPV}$等于零 $\left(\sum_{t=0}^{n} \frac{E(NCF)_t}{(1+IRR)^t} = 0\right)$ 时的折现率。

式中，$E(NCF)_t$ 为第 t 年的预期现金净流量；

IRR 为内含报酬率

对风险型投资项目而言，其内含报酬率的具体确定方法未发生变化，变化的仅仅是投资项目的判别取舍标准。运用该指标时，判别标准不再是公司的资金成本，而是风险调整折现率。

例7.6 以海河公司的新投资项目为例（其现金流量见表7.1），公司的资金成本为10%。风险分析显示该项目的风险较大（变异系数为3.86），因而，公司认为其风险调整折现率不能低于12%。

1. 净现值分析

（1）以资金成本作为折现率时：

$$NPV = -2\,000 + 1\,000(1+10\%)^{-1} + 800(1+10\%)^{-2} + 600(1+10\%)^{-3} = 20.4\ （万元）$$

根据 NPV 的判别标准，该项目的净现值大于零，因此值得投资。

（2）以风险调整折现率作为折现率时，

$$NPV = -2\,000 + 1\,000(1+12\%)^{-1} + 800(1+12\%)^{-2} + 600(1+12\%)^{-3} = -42.2\ （万元）$$

根据$\overline{NPV}$的判别标准，该项目的净现值小于零，因此不值得投资。

2. 内含报酬率分析

计算可知，该项目的内含报酬率为10.65%。若分别以资金成本10%和风险调整折现率12%作为取舍标准，则会得出相互矛盾的结论。

一般而言，以风险调整折现率作为折现率或取舍标准，能作出较为正确的投资选择。从长期投资管理过程来看，它又能在一定程度上体现出投资项目对公司整体的影响，因而在实践中得到了广泛的应用。尽管如此，也应认识到该方法有关风险的假定可能不太符合实际。由于风险调整折现率中包含了风险溢价，以其作为折现率意味着风险会随时间的推移而增加，即风险是以时间为变量的递增函数。现实中，这一隐含的假定对某些投资项目而言并不正确，如环境保护方面的投资项目。

二、确定当量法

针对风险调整折现率法的不足，人们提出了理论上更为完善的方法——确定当量法。运用该法时，通常将风险型投资项目各年不确定的现金流量，按照一定的系数（称为约当系数）转换为确定的现金流量（确定当量），并以无风险的报酬率作为折现率对投资项目进行取舍。

约当系数是将不确定的预期现金流量换算为确定的现金流量的比值，通常以 α_t 表示。就其经济意义而言，反映了 1 元不确定的预期现金流量等同于 α 元确定的现金流量，二者给投资者带来的效用相同。由于公司是风险规避型投资者，约当系数 α_t 的取值常常介于 0 ~ 1 之间。

约当系数的取值可能会因人而异，对于同一风险型投资项目的预期现金流量，不同公司采用的约当系数很可能不相同。约当系数的大小，通常反映了公司管理层对风险的厌恶程度。α_t 越小，表明公司越厌恶风险，反之亦然。此外，约当系数的取值会因时间的不同而不同。评价风险型投资项目时，可根据各年预期现金流量风险的大小，选择不同的约当系数。例如，当某年的预期现金流量为确定流量时，可取其 α 为 1；当预期现金流量的变异系数小于 0.2 时，α 的取值介于 0.8 ~ 1；当其变异系数大于 0.7 时，α 的取值可介于 0 ~ 0.4。

运用确定当量法时，常以净现值 *NPV* 作为评价指标，并以 *NPV* 是否大于零作为投资项目的取舍依据。此时，*NPV* 的计算公式为

$$NPV = \sum_{t=0}^{n} \frac{\alpha_t E(NCF)_t}{(1 + R_f)^t}$$

式中，$E(NCF)_t$ 为第 t 年的预期现金净流量；

α_t 为第 t 年预期现金流量的约当系数；

R_f 为无风险投资的报酬率。

例 7.7 继续以海河公司的新投资项目为例。公司管理层以变异系数为基础，为各年的预期现金净流量确定了约当系数（见表 7.6）。

表 7.6 海河公司新项目的约当系数和确定当量

年 份	第 0 年	第 1 年	第 2 年	第 3 年
预期现金净流量	-2 000	1 000	800	600
标准差	0	228.03	228.03	228.03
变异系数	0	0.228	0.285	0.380
约当系数	1.00	0.81	0.72	0.64
确定当量	-2 000	810	576	384

$$NPV = -2\ 000 + 810(1+8\%)^{-1} + 576(1+8\%)^{-2} + 384(1+8\%)^{-3} = -451.40 \text{（万元）}$$

该项目的 $NPV<0$，不宜进行投资，这一结论与用风险调整折现率法得出的结论相同。可见，风险调整折现率法与确定当量法本质上并无差异。只要风险调整折现率适当，两种方法就能得出相同的结论。尽管确定当量法理论上较为完善，由于难以为同一风险定出一致的约当系数，使得不同公司间的投资决策缺乏可比性。因而，在实际工作中运用得反而较少。

第四节　投资项目组合的优化管理

在多元化公司的长期投资管理或资本预算过程中，分析评价各投资项目自身的获利能力和风险后，需特别重视评价投资项目及其组合对公司整体获利能力的影响。借助于这一分析评价，有助于实现既定风险水平下公司总资产的收益最大化，或既定收益水平下公司的总风险最小化。可见，它实质上是对公司投资项目组合或长期投资整体的优化过程。

一、投资项目组合的优化管理

投资项目组合的优化管理，是公司为了实现其股东财富或企业价值最大化的目标，以各投资项目的优选为基础，对长期投资项目组合的具体构成及其总规模进行的规划和控制活动。

理论上，边际收益等于其边际成本时总收益最大。这一基本原理同样适用于公司长期投资项目及其组合的优化管理，即以公司投资项目组合的边际收益和边际成本为基础，确定其具体的构成和总规模。

1. 投资项目组合的边际收益

投资项目组合的边际收益，是指在投资项目组合中增加一个投资项目所新增的收益。公司以内含报酬率作为项目的评价指标时，新投资项目的内含报酬率 *IRR* 即是组合的边际收益。一般而言，从众多的投资机会中选择投资项目时，通常按照内含报酬率依次自大向小地进行取舍。因而，投资项目组合的边际报酬率会呈现出递减趋势。投资项目组合的边际收益或报酬率通常以公司潜在投资机会的边际收益线表示。

例 7.8　目前，天马公司可投资于四个投资项目，各投资项目的风险与公司现有项目的平均风险相同，公司的加权平均资金成本为 10.69%。各项目的投资及其收益见表 7.7。

由于项目 B 和 B* 互斥，公司实际面临的投资机会边际收益线有两个（见图 7.2）。其中，边际收益线 1 反映了投资项目组合 1（包括项目 A、B、C 和 D）的边际收益，而边际收益线 2 则体现了项目 A、B*、C 和 D 这一潜在组合的边际收益。投资额在 700 万元以上时，两条收益线无差别。

表 7.7　天马公司的潜在投资项目

万元

投资项目	投资额	各年现金净流量	寿命期（年）	*IRR*	*NPV***
A	400	119.33	5	15%	44.49
B	200	59.66	5	14%	22.23
B*	200	36.86	10	13%	19.93
C	100	27.74	5	12%	3.33
D	300	81.17	5	11%	2.35
注：*表示互斥型项目，**折现率为 10.69%					

2. 投资项目组合的边际成本

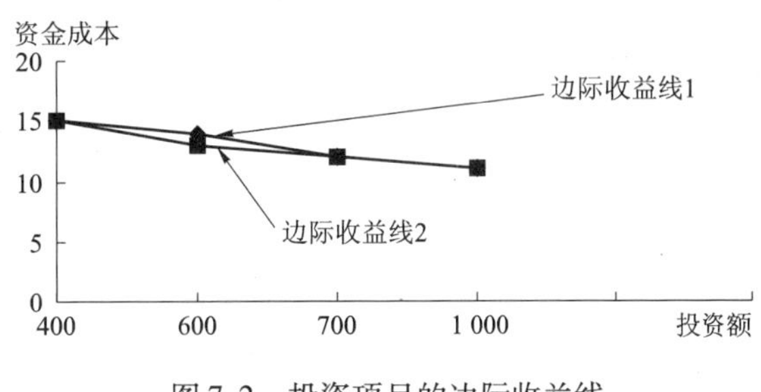

图 7.2　投资项目的边际收益线

投资项目组合的边际成本是指公司投资于新投资项目所要求的最低报酬率，即公司的资金成本，通常以投资项目组合的边际资金成本线反映。表面上看，若公司的资产负债比率维持不变，新投资项目的风险又与公司现有投资项目的风险相同，则其边际成本是公司目前的加权平均资金成本。实际上，这一看法并不正确。即使公司不改变其负债比率，新投资项目也未增加公司的总风险，只要公司依靠外部来源如负债等筹措新资金，加权平均资金成本一定会升高。其原因在于：公司筹措新资金时，任何投资者都会要求更高的投资报酬率；由于发行成本和信息披露成本的存在，股票融资的资金成本高于留存利润的资金成本。因而，投资项目组合的边际成本会呈现出递增趋势。

例 7.9　目前，天马公司的资产负债比率为 50%（公司认为这一比率最为理想），现有负债的税前成本为 11%，留存利润的成本为 13.5%，所得税税率为 33%，税后利润 50% 分给投资者，预计预算期内可留存利润 150 万元。可见，在不改变负债比率的前提下，公司可筹措新资金 150 万元 ÷ 50% = 300 万元，其边际资金成本（第一个）为

$0.5(1-33\%)\times11\% + 0.5\times13.5\% = 10.44\%$（注：公司目前的加权平均资金成本为 10.69%）。

如果投资项目组合的投资额超过 300 万元，公司就需依靠发行股票和借款进行筹资。经与银行和证券商协商，公司可以 12% 的利率借款 500 万元；如发行 500 万元股票，其资金成本为 15%。因而，其加权平均资金成本（第二个边际成本）将为

$$0.5(1-33\%)\times12\% + 0.5\times15\% = 11.52\%$$

天马公司投资项目组合的边际成本线见图 7.3。

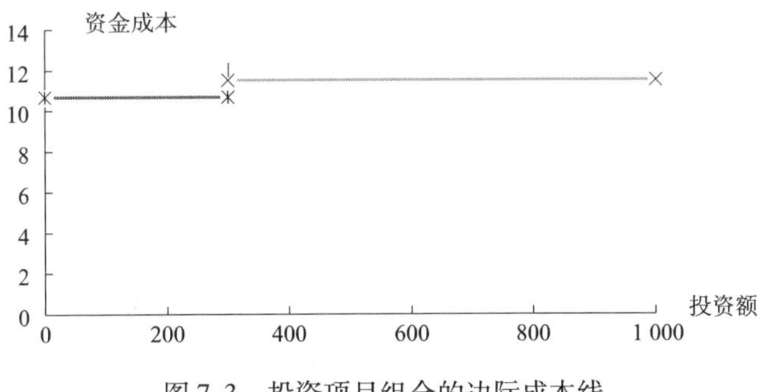

图 7.3　投资项目组合的边际成本线

从边际成本的分析中还可以看出：就风险型投资项目而言，即使其风险与公司现有项目的平均风险相同，进行评价时使用的风险调整折现率，也不一定就是公司目前的加权平均资金成本。严格地说，应为所筹措新资金的边际资金成本。本例中，确定风险调整折现率使用的资金成本不是公司目前的加权平均资金成本 10.69%。在不改变资产负债比率的条件下，如新筹措的资金（本例为 300 万元）大于投资项目组合的投资总额（本例为 1 000 万元）时，应使用第一个边际成本 10.44% 作为资金成本。否则，应使用更新的（第二个、第三个

等）边际资金成本，本例中应为11.52%。此时，互斥型项目B和B*的净现值将不再是22.23万元和19.93万元，而是17.64万元和12.42万元。尽管本例中项目B的*NPV*仍然大于项目B*的*NPV*，没有得出相互矛盾的结论，但在某些互斥型投资项目的评价选择中，折现率的这一变化可能会导致投资项目取舍上的冲突。

3. 最优的投资项目组合

最优的投资项目组合，又称最优资本预算，是边际收益和边际成本相等时的组合，即组合内所有投资项目的内含报酬率都大于或等于公司的边际资金成本。上例中，由于公司的边际资金成本为11.52%，除项目D外，其他投资项目都值得投资。同时，由于项目B*的净现值小于项目B，天马公司最优的投资项目组合应为项目A、B和C构成的组合，公司的最佳投资额应为700万元。最优的投资项目组合也可以图解的方式确定，见图7.4。

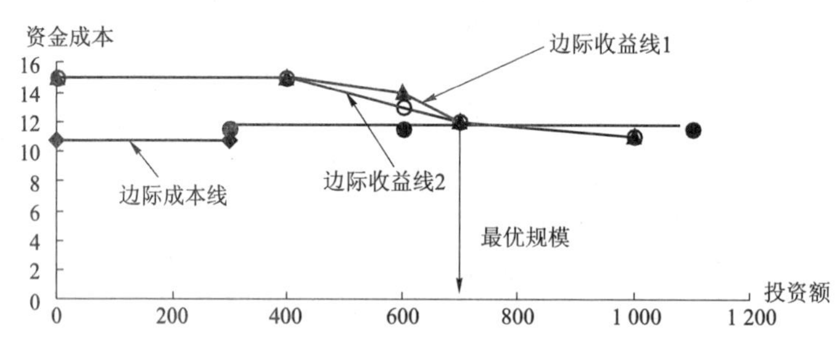

图7.4　最优投资项目组合的确定

二、资本限量与优化管理

正常情况下，为了实现股东财富最大化这一目标，公司的长期投资应达到其最优资本预算所要求的规模，即对所有净现值大于零的独立型项目，以及互斥型项目中净现值最大（大于零）的项目进行投资。然而现实中，许多公司却经常对其长期投资设置数量上的限额，从而影响了财务管理目标的实现、最优投资项目组合的选择等。

1. 资本限量及其原因

资本限量是指公司为一定年份内长期投资支出设置的数量限额（通常小于其最优投资项目组合所要求的总规模）。

公司设置资本限量的原因有许多，通常表现为：

（1）避免过度负债。国家实行银根紧束的宏观调控政策时，即使公司的资产负债比率并不太高，巨额负债仍会给公司的经营带来极大风险。设置资本限量，有助于降低公司的融资风险。

（2）避免公司控股权的变化。公司现有管理层的构成与公司目前的股权结构有关，股票的发行可能会导致控股权的变化，从而可能影响管理层的地位。

（3）资金来源的限制。由于种种原因，许多公司难以取得长期投资所需要的资金（理论上这一点可能不成立，但在我国的现实经济生活中却普遍存在，这主要是由于我国资本市场不完善造成的）。

（4）其他资源的制约。进行长期投资，需要的不仅仅是资金，对公司其他资源，特别是人力资源也有一定的要求。当这些资源不足时，公司通常以设置资本限量的方式进行有限资源的分配。无论基于何种原因进行资本限量，都会使得公司无法对最优资本预算中的所有投资项目进行投资，从而难以真正实现股东财富最大化这一目标，所能实现的仅仅是在资本限量这一约束条件下股东财富的最大化。

2. 资本限量条件下的优化管理

资本限量的存在，直接影响了最优投资项目组合的选择。此时，投资项目组合的常用优化方法有两种：内含报酬率法和净现值总额法。

（1）内含报酬率法，即依据各投资项目内含报酬率的大小，先大后小地选择投资项目，直至充分利用资本限量。

例 7.10　继续对天马公司的投资项目组合继续进行分析（有关资料见表 7.7）。假定天马公司设置的资本限量为 700 万元。

从表 7.7 可以看出：在资本限量内，项目 A、B 和 C 的内含报酬率在各投资项目中最高，而且均高于边际资金成本 11.52%，其投资额合计为 700 万元。因而，最优的投资项目组合由项目 A、B 和 C 构成，投资总额为 700 万元。

（2）净现值总额法。该法以净现值总额最大化为基础，对所有可行的投资项目组合进行评价，从中选择净现值最大的组合作为最优的投资项目组合。

上例中，假定天马公司设置的资本限量为 300 万元，公司的边际资金成本为 10.44%。

资本限量内，可能的投资项目组合有三个。组合 1 由项目 B 和 C 组成；组合 2 由项目 B* 和 C 构成；组合 3 由项目 D 构成。三个组合的净现值总额分别为 27.63 万元、26.26 万元和 4.27 万元。其中，组合 1 的净现值总额最大。可见，在资本限量 300 万元条件下，该组合就是天马公司的最优投资项目组合（注：依据对最优投资项目组合进行的分析，当天马公司的资本限量超过 300 万元时，边际资金成本应为 11.52%。投资项目很多时，通常利用数学规划中的整数规划理论进行求解。限于篇幅，在此不作探讨）。

第八章

长期融资管理

现实中，大多数公司常常为资金短缺所困扰。资金的匮乏不仅影响了公司的发展，甚至使得一些公司的经营难以为继。造成这一局面的原因主要有：公司的流动资产配置不当、长期投资效益不佳，吞噬了公司的正常运作资金（营运资金）；长短期资金结构不尽合理，短期资金运用偏多，长期资金筹措不足；长期资金中，负债融资多，权益融资少等。可见，加强长期融资管理，是缓解甚至从根本上摆脱资金紧缺局面的必由之路。

长期投资是企业经营活动中的重要支出，涉及的资金数额巨大，而短期融资的资金额小、期限短，无法满足企业的长期需求。为了满足长期投资的需要，企业就需要进行长期融资以获得长期资金。长期融资的方式主要有三种：长期负债融资、权益融资、期权融资。本章重点讨论不同类型长期资金来源的管理决策方法，不仅包括传统的股权、负债融资等决策理论，更包括介于二者之间的可转换公司债券、认股权等融资方式的决策理论。

第一节　金融市场与市场利率

金融市场是进行金融交易的场所，而资本市场则是公司筹措长期资金的市场。了解我国金融市场和资本市场的构成及其现状，是公司进行长期资金管理的基础。

一、金融市场

市场是由市场交易主体借助于市场价格机制，对交易客体进行交易时所体现的经济关系的总和。金融市场则是指资金供给者与资金需求者通过某种方式进行资金交易的场所。金融市场上，资金供给者主要有居民个人、企业、公司、金融机构以及政府等，这些供给者同时又是资金的需求者。通过金融市场，能实现资金从供给者手中流向资金需求者手中的过程。

1. 金融市场的分类

采用不同标志对金融市场进行分类，有助于加深对金融市场的认识。其主要分类有：

（1）按交易客体的不同，可分为资金市场、外汇市场和黄金市场（注：在此仅重点分析资金融通所涉及的资金市场）。

（2）按资金使用期限的不同，可分为货币（短期资金）市场和资本（长期资金）市场。

（3）按交易方式的不同，可分为借贷市场和证券市场等。

2. 金融机构

金融机构是金融市场上绝大多数金融交易的直接承担者，在资金市场上有着举足轻重的地位，可分为银行金融机构和非银行金融机构两类。目前，我国的银行金融机构又有国家政策银行和商业银行两种。其中，前者包括国家开发银行、农业发展银行和进出口银行；后者是指国内各专业银行，即工商银行、农业银行、建设银行、中国银行以及区域性银行（如深圳发展银行）等。我国的非银行金融机构主要有信托投资公司、保险公司、证券公司和财务公司等。不同金融机构的职能不同，从事金融交易的类型也有所差别。

二、货币市场

货币市场，又称短期资金市场，是进行一年以内短期资金的融通场所，是一个偿还期较短、风险较小但流动性较高的市场。就公司财务管理而言，它是公司进行短期融资和投资的场所。货币市场按交易对象的不同，可分为短期借贷市场、票据贴现市场和短期证券市场等。

1. 短期借贷市场

短期借贷市场是各公司和银行等为弥补自身临时性资金不足而从事资金融通的场所，主要包括银行同业之间进行拆借的市场，以及银行向公司放款的短期信贷市场。这一市场中，同业拆借市场的期限较短、一般为 1 ~ 5 天，最长不超过 1 年。短期信贷市场则是筹措短期资金的最重要市场，目前我国各公司的流动资金绝大部分来自这一市场。

2. 票据贴现市场

票据贴现市场是进行商业票据贴现的金融市场。商业票据是公司在商品交易过程中所取得的、用于反映债权债务关系的书面凭证，而贴现则是将未到期的商业票据转让给金融机构以获取资金的行为。由于商业票据的最长法定期限为 6 个月，故票据贴现属于短期融资行为。目前，我国专业银行均对公司办理商业票据的贴现，而中国人民银行 - 中央银行则对各专业银行办理再贴现业务。

3. 短期证券市场

短期证券市场是指期限少于一年的证券融资和投资市场。理论上，其交易对象应包括短期公司债券、短期国库券和金融债券等。由于种种原因，我国短期证券市场发育不全，目前仅国家可以利用这一市场进行资金融通。对公司而言，它仅是进行投资以充分利用其暂时闲置资金的场所。

三、资本市场

资本市场，又称长期资金市场，是进行一年以上长期资金融通的场所，其基本职能是为政府和公司提供中、长期资金，并为各类投资者提供运用资金的场所。按交易方式的不同，资本市场分为长期借贷市场和证券市场两类。

1. 长期借贷市场

长期借贷市场，是金融机构向公司提供长期资金的市场，其放款以信用放款和保证放款为基本形式。在我国，由于长期借贷市场提供的资金时间长、数额大，是各公司运用最多的长期资金筹措市场，公司的大部分长期资金也来源于这一市场。

2. 证券市场

证券市场是各种有价证券发行和流通转让的市场。它不仅是实现长期资金从供给者向需求者转移的场所，而且也是投资者出售自己所拥有的股票和债券、购买新的股票和债券等证券的场所。证券市场可按不同的标志进行分类：

（1）按交易对象分为债券市场和股票市场。

债券市场是期限在一年以上的国库券和公司债券的发行、流通场所，而股票市场是公司股票（普通股和优先股）的交易市场。目前，我国证券市场以股票市场的发展最为迅速。

（2）按交易的性质分为一级市场和二级市场。

一级市场，又称发行市场，是公司和政府利用股票、债券等交易工具直接筹措资金的市场。这一市场中，主要参与者有公司、非银行金融机构、政府和个人投资者等。

二级市场，也称流通市场，是各类证券的投资者将其所拥有证券转让给新投资者的交易市场。它又可进一步分为证券交易所和柜台市场两种。证券交易所是有形的证券集中交易的场所，以上市公司的普通股交易为主。目前，我国有两个有形市场：上海证券交易所和深圳证券交易所。柜台市场是无形的证券交易场所，侧重于进行未上市的普通股、债券等的流通转手，如全国各证券交易中心组成的法人股交易网络等。

二级市场与一级市场关系密切，相互依存，相互制约。一级市场中证券及其发行的种类、数量与方式决定着二级市场上流通证券的规模、结构与速度。二级市场作为证券买卖的场所对一级市场起着积极的推动作用，完善、有效的二级市场将一级市场上所发行的证券快速有效地分配与转让，使其流通到其他更需要、更适当的投资者手中，并为证券变现提供了现实的可能性。与之相应，二级市场上证券的供求情况与价格水平等都将有力地影响着一级市场上证券的发行。

四、资金市场的利率

资金市场是联结资金供给者和需求者的纽带，借助于资金市场的市场利率机制，能达成资金供给与需求的平衡。资金市场上，利率分为实际利率和名义利率。前者是指不存在通货膨胀前提下使用资金的代价，而后者则是包含了通货膨胀因素在内的资金使用代价。由于通货膨胀的存在是客观现实，因而名义利率即是市场利率。在市场经济条件下，市场利率或名义利率的确定方法为

$$市场利率\ K = K^* + IP + DP + LP + MP$$

式中，K^* 为纯粹利率；

IP 为通货膨胀溢价；

DP 为违约风险溢价；

LP 为流动性溢价；

MP 为到期日风险溢价。

1. 纯粹利率（K^*）

纯粹利率是无风险、无通货膨胀条件下的利率。一般认为，它等同于无通货膨胀时短期国库券的利率。但值得说明的是，这一利率不是固定不变的，它取决于国民经济的状况，具体而言，取决于：

a. 社会的平均利润率，即各行业和各公司的经营活动所能赚取的平均利润率。

b. 资金的市场供求状况。理论上，纯粹利率的最高限为平均利润率，最低限为 0，其实际水平的高低由市场供求状况决定。供过于求，利率下降；反之，供小于求，利率会上升。

c. 国家的货币政策。国家常常通过采用不同的货币政策，直接对利率施加影响，以达到对国民经济进行调整的目的。

2. 通货膨胀溢价（*IP*）

由于通货膨胀会削弱货币的购买力，并降低投资者的实际报酬率，因而确定市场利率时通常将通货膨胀率（通货膨胀溢价）计入利率，以补偿通货膨胀可能造成的损失。理论上，通货膨胀溢价应为预期的通货膨胀率，但由于人们的预期受过去通货膨胀率的影响，因而，过去和目前的通货膨胀率将影响通货膨胀溢价。

纯粹利率 K 与通货膨胀溢价 IP 之和，即为前述的无风险报酬率 R_f。理论上，这一报酬率应为所有无风险投资报酬率的平均值。为简便起见，通常以通货膨胀时国库券的利率表示。

3. 违约风险溢价（*DP*）

违约风险是借款人在债务到期时不能偿付本金和利息的风险。现实中，除国库券不存在违约风险外，其他证券和借款等都存在程度不等的违约风险。这一风险越大，投资者要求的利率越高。在其他条件不变的前提下，投资者为补偿违约风险所额外要求的利率，即为违约风险溢价。此外，违约风险溢价并非固定不变，会随时间的推移而变化。

4. 流动性溢价（*LP*）

流动性风险反映了一项资产以合理价格进行转让的难易程度，而转让的难易程度取决于是否存在该资产的转让市场及其活跃程度。流动性较低（即风险较大），意味着资产通常只能以较低的价格进行转让。一般而言，国库券和上市公司的股票易于为人们接受，其流动性较高。在其他条件不变的前提下，投资者为补偿流动性风险所额外要求的利率，即为流动性溢价。现实中，流动性溢价常常介于 2% ~4% 。

5. 到期日风险溢价（*MP*）

随着时间的推移，利率发生变动的可能性增大。当未来的利率大幅升高时，证券的价格大幅降低。由于利率变动可能给投资者带来损失，这一风险称为利率风险。一般而言，到期日越长，利率风险越大。为了弥补到期日不同时利率风险可能造成的损失，在其他条件不变的前提下，投资者所额外要求的利率即为到期日风险溢价。例如，同一时期发行的但期限不同的国库券，其利率差别即为到期日风险的溢价。值得说明的是，由于到期日风险溢价的存在，长期利率一般会高于短期利率，但有时却存在相反的情况（我国尚未发生过短期利率高于长期利率的情况）。理论上，长期利率会不会高于短期利率，主要取决于长、短期资金各自的供求状况，以及预期通货膨胀率的变化等因素。若长期资金供过于求，或认为长期通货膨胀率将低于短期通货膨胀率时，长期利率就很可能低于短期利率。

在我国，名义利率的确定方法有两种：一是官方确定，即由国务院确定，中央银行负责管理；二是市场决定，即由资金市场供求关系决定，但不得高于国家规定的幅度。

第二节　长期负债管理

长期负债是公司长期资金的重要来源，现实中公司运用最多的长期负债项目是长期借款和公司债券。了解长期负债的内涵及其经济特性，是保证长期融资决策合理性的重要前提。

一、长期借款管理

长期借款是公司向银行或非银行金融机构借入的、期限在一年以上的借款，是我国各类公司筹措长期资金的基本形式。

（一）长期借款的种类

长期借款的种类多，条件灵活。不同种类的借款，能满足不同公司对长期资金的需求。

（1）按照借款用途的不同，长期借款可分为基本建设借款、技术改造借款和科技开发借款等。

（2）按提供借款机构的不同，长期借款分为：银行借款和非银行金融机构借款。

银行借款是公司向国家政策性银行和商业银行申请而取得的借款。非银行金融机构借款是指公司从信托投资公司、保险公司和财务公司等金融机构取得的借款。

（3）据借款方式的不同，长期借款可分为：信用借款和担保借款。

信用借款是公司不需提供任何形式的担保，仅凭借自身的良好信誉而直接取得的借款，但一般仅对信誉好的公司发放。担保借款是公司通过某种形式的担保而取得的借款。按提供担保形式的不同，担保借款又可进一步分为三种：保证借款，是第三者以其自身的信誉担保借款公司不偿付本息时，以愿承担连带责任为前提而取得的借款；抵押借款，是以公司或第三者提供的财产作为抵押品而取得的借款；质押借款，是以公司或第三者提供的动产或权利为质押物而取得的借款。

长期以来，我国的公司借款以信用借款为主，但在《贷款通则》颁布后长期借款都采用了担保借款这一方式。

（二）长期借款的程序

无论对银行还是对公司来说，由于长期借款期限长、数额大、风险较大，因而，对长期借款都十分慎重，通常涉及一个较为复杂的程序。根据我国已颁布的《贷款通则》，其程序为：

1. 申请借款

公司申请借款，必须符合借款对象和借款条件的有关规定，并填写《借款申请书》。按现行规定，借款人必须是经工商行政部门（或主管部门）核准登记的企业或事业法人，并具备一些条件，如实行独立核算、自负盈亏；有一定数量的自有资金，所有者权益资产比率一般不低于25%；已在银行开设基本账户；公司的信用等级在A级以上；有按期还本付息的能力等。申请长期借款时，另需具备的条件主要有：公司的所有者权益一般不得低于项目所需总资金的25%；投资项目符合国家的产业政策，且有发展前途等。

2. 借款申请的审核与批准

接受公司的借款申请后，金融机构将着手评定借款人的信用等级，并在对公司信用等级评定的基础上，进行借款的调查和审批。

一般而言，金融机构或专业评估结构评定信用等级时，主要考虑公司管理层的素质、公司的经济实力、资金结构、获利能力以及发展前景等因素，公司的信用等级将直接影响着能否取得借款及借款利率的高低。借款的调查意味着对借款的合法性、风险大小、经济效益及其担保的可接受性进行调查核实。借款的审批则是按照审贷分离、分级审批原则，对调查结果进行多层复核和重新评定，并最终作出是否发放借款的决定。

3. 签订借款合同

借款申请核准后，借贷双方即可签订借款合同。借款合同的内容通常包括借款的种类、用途、金额、利率、期限、还本付息方式和限制性条款等。其中，限制性条款按国际惯例多表现为：流动比率的最低限、资产负债比率的最高限、利润分配的限制以及违约的处罚等。

4. 借款的取得与归还

签订合同后，金融机构会按协议如期将款项划入公司的银行存款账户，以备公司支用。借款到期时，公司应按借款合同的有关条款及时偿付借款的本金和利息，如公司未能偿还，将承担违约责任并需支付逾期利息。

（三）长期借款的成本

长期借款的成本即利息率，一般高于短期借款。在市场经济条件下，借款利率可分为固定利率和浮动利率二种。

（1）固定利率，即根据借款时的市场利率水平，由公司和银行共同协商确定的借款利率，并在整个借款期限内维持不变；

（2）浮动利率，是指在借款期限内可以进行定期或不定期调整的利率。

理论上，如一公司预期未来利率将升高，应选择固定利率；若预期未来利率将降低，宜采用浮动利率。但由于资金市场是一个有效市场，公司对未来利率的预测难以比金融机构的预测更准确。因而，较稳妥的做法是选择浮动利率。

我国的长期借款利率由中国人民银行统一制订，各金融机构的贷款必须以官定利率作为固定利率。为了降低到期日风险和通货膨胀风险的影响，借款时金融机构通常会规定：在借款期限内，若中国人民银行调整官定利率，借款的利率自官定利率调整之日起进行相应调整。

（四）长期借款的偿付

由于长期借款的使用时间长、数额一般较大，为了保证如期偿付本息，需编制详细的还款计划，并将其纳入公司各年的现金预算。常用的还款方式有：到期一次偿还本息；按期支付利息，到期一次偿还本金；分期等额偿还本息等方式。在第三种方式下，为了确定每期计入成本费用的利息数额，公司需编制利息费用摊销表。

例 8.1 2009 年，天马公司从一信托投资公司取得长期借款 100 万元，借款期限为 5 年，年利率为 15%，借款采用分期等额方式偿付，其利息费用摊销表见表 8.1。

每年的偿付额 = 1 000 000 ÷ 年金现值系数（15%，5 年）

= 1 000 000 ÷ 3.352 2 = 298 311.56（元）

在我国，各金融机构采用较多的是第二种方式。值得注意的是：在第二种偿付方式下，尽管表面上是单利计息，但由于要求公司按季度或年份支付利息，实际上是复利计息。

表 8.1　长期借款的利息摊销表

元

年份	年偿付额（1）	付息额(2)＝(4)×(1)	本金偿还额(3)＝(1)－(2)	未偿还本金额(4)
0				1 000 000
1	298 311.56	150 000	148 311.56	851 688.44
2	298 311.56	127 753.27	170 558.29	681 130.15
3	298 311.56	102 169.52	196 142.04	484 988.11
4	298 311.56	72 748.22	225 563.34	259 424.77
5	298 311.56	38 886.79	259 424.77	0
合计	1 491 557.80	1 491 557.80	1 000 000	

（五）长期借款的评价

与筹措长期资金的其他方式相比，长期借款这一方式有利也有弊。

长期借款方式的优点主要表现为：

（1）筹资迅速。与发行公司债券或股票相比，长期借款的手续较为简便，筹措资金所需要的时间较短。

（2）条件灵活。公司在取得长期借款时，可通过与金融机构直接协商，确定借款的有关条件；公司遇到暂时性财务困难时，还可通过与金融机构协商，延期归还借款，甚至获得进一步的资金支持。而采用发行公司债券方式时，由于债权人人数众多，通常难以依靠协商确定或改变融资的条件。

（3）取得成本低。与发行债券或股票相比，长期借款仅需支付资金的使用成本，而其他方式除支付使用成本外，尚需支付高额的发行成本，如信息披露成本等。

其缺点主要为：

（1）筹资数量有限。公司从一家银行可取得的借款数量有限（注：为了降低银行的放款风险，我国《商业银行法》规定，商业银行对任何一家公司的贷款不得超过银行自有资金的10%），公司需要长期资金数额较大时，发行公司债券或股票可能是较好的选择。

（2）受到的约束多。金融机构为了维护自身的利益，常常对长期借款的使用做了许多限制，如规定流动比率的最低限等，从而降低了公司经营的灵活性。

（3）风险增大。与发行股票相比，长期借款的利息支出构成了公司的固定负担，增大了财务杠杆系数，增加了公司的财务风险。

二、公司债券及其管理

公司债券是公司依照法定程序发行、约定在一定期限内还本付息的有价证券；其实质是一借款合同。在该合同下，公司同意在未来特定时日偿付本金和利息给债券持有人。从世界范围来看，由于仅有少数大公司运用公司债券筹措短期资金。因而，公司债券通常也仅被视为公司筹集长期资金的方式之一。

（一）公司债券的分类

公司债券种类较多，按不同的标志划分，会有不同的分类。常见的分类主要有：

1. 按债券是否记名，分为记名债券和不记名债券

记名债券是券面登记有债券持有人姓名或名称的债券。转让记名债券时，需由债券持有人进行背书；领取本息时，需出示与记名人或被背书人姓名相符的有效身份证明。

不记名债券是指券面不载明持有人姓名或名称的债券。不记名债券的转让以债券的实际交割为准，不需进行背书；本息的领取通常实行剪票付息，仅以债券为凭。

2. 按利率是否固定，分为固定利率债券和浮动利率债券

固定利率债券是在债券的整个存续期内利率固定不变的债券。现实中，大部分债券为固定利率债券。

浮动利率债券是票面利率定期进行调整的债券，其调整依据一般是某一特定利率标准，如国库券利率等。利率浮动可降低公司和持券人所面临的利率变动风险，从而有助于稳定债券价格。

3. 按债券发行有无担保，分为信用债券和担保债券

信用债券是公司不提供任何担保，仅凭自身信誉发行的债券。这类债券的利率一般较高。现实中，大部分公司债券为信用债券。

担保债券是以公司财产为担保而发行的债券，它在一定程度上保障了债权人的利益。按担保形式的不同，又可进一步分为抵押债券和质押债券。抵押债券是公司以其部分或全部不动产作为履行债券契约的抵押品而发行的债券，这类债券一定程度上实现了长期投资和长期资金筹措的结合。质押债券，又称证券信托债券，是公司以其所持有的其他公司股票和债券作为担保品而发行的债券。一般而言，大多数公司持有其他公司股票和债券的数量有限，不足以作为担保品。控股公司则不同，它常以所持有子公司的股票为质押发行债券。

4. 按是否参加利润分配，分为参加债券和不参加债券

参加债券的持有人除按期取得利息外，还可参与公司税后利润的分配。不参加债券的持有人仅可取得规定的利息，不能参与公司的利润分配。现实中，绝大多数公司债券为不参加债券。

此外，因债券发行条款的不同，还有可收回债券和可转换债券。

可收回债券是公司按照发行契约的条款，可在一定条件下随时以一定价格收回的公司债券。由于债券是否收回由公司决定，因而对公司很有利。

可转换债券是持券人按照债券发行契约的条款，可在一定条件下转换为普通股的公司债券。由于这类债券为持券人提供了分享公司经营成果的机会，因而其利率通常低于不可转换公司债券。

我国《公司法》规定，公司可发行记名或不记名债券，票面必须载明利率（即固定利率）。此外，还允许发行可转换公司债券。

（二）公司债券的发行

公司债券作为一种直接融资方式，由于其发行涉及面广，发行程序较为复杂。

1. 发行公司债券的资格和条件

按《公司法》的规定，股份有限公司、国有独资公司、两个以上的国有企业或其他两个以上的国有投资主体投资设立的有限责任公司，有资格发行公司债券。

有发行资格的公司发行债券时，必须具备如下条件：

（1）股份有限公司的净资产额不低于人民币 3 000 万元，有限责任公司的净资产额不低于人民币 6 000 万元。

（2）累计债券总额不超过公司净资产额的 40%。

（3）最近三年平均可分配利润足以支付公司债券的一年利息。

（4）筹集的资金投向符合国家产业政策。

（5）债券利率不得超过国务院限定的利率水平。

（6）国务院规定的其他条件等。

2. 发行决议与发行申请

发行公司债券，首先需由公司最高管理层作出发行决议。发行公司债券是公司的一项重大筹资决策，对公司未来的经营有着重要影响。为此，按《公司法》规定，需由公司董事会制订方案，并由股东（大）会作出发行决议。

公司作出决议后，应向国家有关证券管理部门提出发行申请，并提交与发行有关的文件，如公司登记证明、公司章程、公司债券募集办法、资产评估报告和验资报告等。证券管理部门将根据有关法律规定，对发行申请予以审批。

3. 签订发行契约、公告募集办法

公司债券的发行申请被批准后，应与公司债券的委托人（注：委托人即债券持有者的代理人）签订发行契约，然后再签订承销协议，并制作和公告其募集办法。

公司债券募集发行办法，是公司董事会制订的债券发行方案。发行契约表面上是发行公司与委托人订立的合同，但由于公司债券委托人代表着债券持有人的利益，其实质是公司与债券持有人签订的债券发行契约（在我国未明文规定需签订发行契约，但需要签订承销协议。现实中，承销机构也可担任委托人）。发行契约的主要内容有：

（1）债券面值，又称到期价值，是指公司债券的票面金额。就经济意义而言，面值并非公司发行债券融资的金额，而是到期收回债券时公司需付出的资金额。

（2）利率和利息，也称票面利率，是公司债券票面注明的利息率，一般以年利率表示。债券利息 = 面值 × 票面利率。可见，利率是公司计算和偿付利息的基本依据。按照国家现行规定，公司债券的利率不得超过相同期限银行存款利率的 40%。

（3）期限。它是公司债券票面载明的发行日和到期日之间的时间间隔，一般以年份数表示。

（4）付息、还本方式。付息方式涉及在债券的有效期限内，公司支付债券利息的次数。付息方式可以是一年一次或多次，也可以在债券到期时一次还本付息。还本方式是公司偿付债券面值的方式，通常体现在债券的收回条款之中，如提前收回条款、可转换条款和偿债基金条款等。

（5）其他发行条款。其他发行条款，如发行方式、限制性条款（注：主要用于保护债券持有人利益，如未支付利息前不得发放股息、限制追加债务和维持资产负债比率）等。

4. 实际发行

公司债券的实际发行，是指在特定的发行方式下以债券发行价格出售给投资者。

1）发行方式

常用的发行方式有私募发行和公募发行两种。

私募发行，是指向小范围内特定的投资者发行公司债券。这类投资者一般与公司存在某种关系，如本公司的职工、公司的供应商和经销商、业务往来密切的金融机构等。一般而言，私募发行的发行成本较低且不需有关部门审批，但可筹资数量相对有限，转让债券的难度也较大。因而，持有人通常要求较高的利率。

公募发行，是指向收回公众公开发行债券，它又分为直接发行（公司直接向社会发行）和间接发行（通过承销机构向社会发行）两种。总体而言，公募发行需经审批，发行成本较高，但公司债券易于流通转让，持有人要求的利率相对较低。我国《公司法》规定，发行公司债券必须与承销机构签订协议，即采用公募间接发行方式。

（2）发行价格

公司债券的发行价格不一定就是其面值，发行价格取决于公司债券的面值、利率、期限和付息方式等多个因素。若发行价格高于面值，为溢价发行；相反，发行价格低于面值，则为折价发行；二者相等时，称为平价发行。一般而言，发行价格是否高于面值，取决于债券的票面利率是否高于其市场利率。公司债券每年付息一次时，其发行价格的确定方法为

$$P=\sum_{t=1}^{n}\frac{M\times i}{(1+K)^{t}}+\frac{M}{(1+K)^{n}}$$

式中，P 为债券发行价格；

n 为债券的期限；

M 为债券的面值；

i 为债券的票面利率；

K 为债券的市场利率，即与债券同风险同期限的借款利率。

例 8.2 海天公司为筹措新项目所需资金，于 2008 年 3 月 1 日发行面值为 1 000 元的公司债券 5 000 份；债券的票面利率为 13%，每年付息一次，并将于 2011 年 3 月 1 日到期时还本。假如该公司向银行借款，需支付的年利率为 15%。

每份公司债券的年利息 = 1 000 × 13% = 130（元）

$$发行价格=\sum_{t=1}^{3}\frac{130}{(1+15\%)^{t}}+\frac{1\ 000}{(1+15\%)^{3}}=130\times 年金现值系数（15\%，3 年）$$

$$+1\ 000\times 复利现值系数（15\%，3 年）=954.79（元）$$

可见，海天公司折价发行公司债券 500 万元，实际可筹措资金 477.395 万元（5 000 × 954.79 元）。

现实中，我国各公司发行的债券多为到期时一次还本付息。其发行价格的确定方法为

$$P=\frac{n\times i\times M+M}{(1+K)^{n}}$$

上例中，若海天公司于到期时一次还本付息，则其债券发行价格为

$$发行价格\ P=\frac{3\times 13\%\times 1\ 000+1\ 000}{(1+15\%)^{3}}=914.47（元）$$

理论上，上述方法仅适用于确定信用债券和担保债券等的发行价格（注：对于其他类型的公司债券，如可收回债券和带有偿债基金条款的公司债券等，尽管理论上已有确定其发行价格的方法，但由于各方法的实际运用过于复杂，在此不作探讨）。

（三）公司债券的收回

一般说来，除非公司未能满足发行契约中限制性条款的要求，发行公司应于发行契约规定的到期日收回债券，即到期收回。由于公司债券的发行数额通常较大，到期一次性收回将给公司造成巨大的偿债压力。现实中，为了避免偿债时间过于集中，公司通常为同一批债券规定不同的到期日，即发行分期偿付债券（注：到期日不同的分期偿付债券，可视为同一公司发行的不同债券）。此时，虽然债券的发行费用可能会升高，但公司可合理地安排财力，分期收回公司债券。同时，投资者也有了较多的选择余地，因而实际运用较多。

此外，公司为了增强偿付债券的灵活性，也常在发行契约中添加一些特殊条款，如偿债基金、提前收回和可转换为股票等条款。

1. 偿债基金

偿债基金，是公司为了保证债券的收回或偿付，按照发行契约有关条款的规定，提取一定比例营业收入或利润而形成的、交由债券委托人管理的偿债准备金。每年提取的偿债基金，通常为一固定数额。由于设立偿债基金对债券持有人有利，因而对公司债券所要求的市场利率较无偿债基金的债券低，发行价格也较高。

运用偿债基金收回公司债券的方式，一般为：

（1）每年按规定的价格，直接从债券持有人手中收回部分债券（注：发行契约中须有可提前收回条款）。此时，通常采用抽签方法确定具体的收回对象。

（2）市场利率较高，债券的市场价格较低时，从市场上购回部分债券。

（3）债券到期时，运用偿债基金及其投资收益直接偿还所有债券。

2. 收回条款

债券发行契约中，一般都包含可提前收回条款，即允许公司在债券到期前，按一定价格直接从持有人手中提前收回公司债券。该条款对公司有利，对投资者很不利。因为，投资者需承担未来利率上升的风险，而未来利率下降的可能收益会因公司收回债券而消失。为此，收回条款中通常规定向债券持有人支付一定的收回溢价，一般为一年的债券利息。其实际收回价格的确定方法为

$$M+\frac{m\times i\times M}{n}+I^*$$

式中，m 为收回日至到期日的年份数；n 为债券的期限；I^* 为未支付利息。

上例中，如海天公司发行的债券可提前收回，收回溢价为1年利息130元，则于2010年3月1日提前收回时，其收回价格为

$$1\ 000+\frac{2\times 13\%\ \times 1\ 000}{3}+130=1\ 173.33\ (\text{元})$$

3. 可转换条款

发行契约中，可转换条款赋予了债券持有人将公司债券转换为股票的权利。带有可转换条款的公司债券，称为可转换公司债券。运用转换条款将债券转换为股票，会使公司负债减

少、股东权益增加。可见，这一收回方式并不需要动用任何资金，而且由于降低了公司的资产负债比率，还有助于提高公司进一步筹资的能力。

（四）公司债券信用等级的评定

公司债券的信用等级，是以国库券为基准，反映公司债券违约风险大小的衡量指标。发行公司债券时，一般都须由资信评估机构评定债券的信用等级。在此，仅对国际通行的公司债券信用评级制度进行简要分析。

1. 信用等级标准

国际上最常用的信用等级标准分为四等 12 级。其中，*AAA* 级为最高级，*D* 级为最低级。具体的信用等级的划分状况见表 8.2。

表 8.2　公司债券信用等级标准

级　别	级　别　含　义
AAA	最高等级。还本付息有保证，提供最大的安全度
AA	高等级债券。在大多数情况下，同 AAA 级差别甚小
A	中偏上等级。还本付息基本无问题；当经济情况改变时，无法完全避免其不利影响
BBB	中等级。正常情况下，还本付息无问题，但经济不景气时需特别关注
BB	中偏下等级。正常情况下，能还本付息；经济不景气时，可能无法支付利息或偿还本金，即有一定的投机性
B	投机级。投机性较强，正常情况下，可还本付息；经济不景气时，很可能无法还本付息
CCC	完全投机级。利息照付；经济情况稍微改变，就很可能无法付息
CC	最大投机级。利息很少的收益债券
C	最差等级。不付利息的收益债券
DDD	违约债券
DD	违约债券
D	违约债券
注：① 表中的信用等级为 Standard & Poor's 公司使用，各等级又以“+”或“-”加以区分； ② 收益债券是指公司获利时才支付利息的债券，但未付利息可累积到盈利时支付	

2. 信用等级的评定

债券信用等级的评定通常需考虑三方面的因素：行业因素，如行业的类型和行业内的竞争状况等；公司自身因素，如获利能力和财务状况等；发行契约因素，如限制性条款等。尽管评定时既进行定量分析，又进行定性分析，但总体而言，信用等级的评定以主观判断为基础，无精确的数学公式可供利用。国外进行的实证研究也已经证明了这一点。

3. 信用等级的影响

公司债券的信用等级对公司的负债融资影响极大，主要表现为：信用等级的高低反映了债券风险的大小。因而，等级越低，投资者要求的报酬率（公司债券的市场利率）越高，公司的资金成本也越高。此外，信用等级的高低对公司的筹资能力也有重要影响。因为，公司债券的信用等级较低，表明公司的总风险很大，这不仅会使得运用债券融资的成本高、难度大，还增加了公司使用其他负债方式进行融资的难度。

（五）公司债券融资的评价

随着我国证券市场的发展，公司债券作为一种的重要融资方式，作用会越来越大。但就发行公司而言，债券融资的优势和劣势并存。

公司债券融资的优势主要有：

（1）可筹资数量多。由于公司债券的发行对象为社会公众，不受金融机构贷款的法律规定限制，与长期借款相比，筹措资金的数量相对较大。

（2）资金成本较低。同发行股票相比，公司债券的利息可在税前列支，因而实际成本（税后成本）低于普通股的资金成本。与长期借款相比，其筹资成本虽较高，但使用成本（即支付的利息）较低，尤其是公司债券筹资数量较大时，其资金成本反而可能小于借款的成本。

（3）维持控股权。由于债券持有人无权参与公司的经营管理，发行公司债券与发行股票不同，不会影响现有股东的控股权，从而易于为股东（大）会所接受。

同其他筹资方式相比，公司债券的劣势突出表现为：

（1）筹资成本较高。若公司债券筹资数量较少，由于存在较高的发行成本，会使其资金成本高于长期借款的资金成本。

（2）经营风险增大。无论公司经营状况如何，都必须如期还本付息。若公司财务状况不佳，公司债券的还本付息将会使公司财务状况进一步恶化。此外，由于权益乘数的倍增作用，权益报酬率将随公司经营状况的波动而更剧烈地波动。

（3）经营的灵活性较低。为了保护债券持有人的利益，债券的发行契约通常会对公司经营进行较多的限制（与发行股票相比），从而降低了公司经营的灵活性。

（4）进一步筹资的能力受限。与发行股票相比，发行公司债券会使负债比率提高。在负债比率达到一定水平后，进一步举债融资的难度增大、成本大幅升高，并可能导致资金的平均成本随之大幅攀升。

三、债券调换分析

若公司债券的发行契约中含有可提前收回条款，在资金市场的利率大幅降低时，公司可先发行利率较低的新债券，再以其收入运用收回条款收回利率较高的旧债券，从而，可有效地降低公司的资金成本。这一以新债券替换旧债券的过程，称为债券调换。此外，公司还可能出于其他原因进行债券调换，如延长债券的偿付期、消除旧债券的不利条款等。

表面上看，债券调换决策与长期投资中的固定资产更新决策相似，它既有“投资额”，即为调换债券而发生的所有额外支出，又有“报酬”，即债券调换所带来的现金流出节约额，因而，是公司的一项重要投资决策。就实质而言，尽管它们所运用的决策分析方法相同，但投资、筹资决策是两种性质不同的决策。因此，债券调换本质上是公司的一项重要筹资决策，而非投资决策。

例 8.3　1992 年 8 月，天马公司发行面值 1 000 元、票面利率 20%、期限为 25 年的可收回公司债券 50 000 份（每年付息一次），其发行价格为 980 元/每份；公司支付给承销商发行费用 150 万元，其他筹资费用 100 万元；债券的收回溢价为 1 年的利息。1997 年 7 月，中国人民银行两次降低存贷款利率后，公司考虑于运用收回条款进行债券调换。经与证券承销公司研究后认为，天马公司可按 15% 的票面利率平价发行公司债券 5 000 万～6 000 万元；公司为发行新债券需支付承销商发行费用 100 万元，其他筹资费用 100 万元；为保证旧债券的偿付，发行新债券需比收回旧债券提前 1 个月。天马公司的发行费用直线法摊销，适用的所得税税率为 25%（税后资金成本为 15%×75%=11.25%）。

分析：

1. 分析债券调换的投资支出

（1）收回溢价：

$$\text{税前成本}=\frac{20\times 20\%\times 5\ 000}{25}=800\text{（万元）}$$

$$\text{税后成本}=800\times(1-25\%)=600\text{（万元）}$$

（2）新债券发行费用：

$$\text{每年税前摊销额}=200\div 20=10\text{（万元）}$$

$$\text{每年税后成本}=10\times(1-25\%)=7.5\text{（万元）}$$

$$\begin{aligned}\text{新债券发行费用的税后成本}&=7.5\times\text{年金现值系数（11.25\%，20 年）}\\&=7.5\times 7.834\ 8=58.76\text{（万元）}\end{aligned}$$

（3）旧债券发行费用：

$$\text{尚未摊销额}=250\times\frac{20}{25}=200\text{（万元）}$$

$$\text{一次性摊销可少交所得税（抵税）}=200\times 25\%=50\text{（万元）}$$

$$\text{一次性摊销后每年损失的抵税}=250\div 25\times 25\%=2.5\text{（万元）}$$

$$\text{损失抵税的现值}=2.5\times 7.834\ 8=19.59\text{（万元）}$$

$$\text{一次性摊销的税后净影响}=19.59-50=-30.41\text{（万元）}$$

（4）额外利息（发行新债券比收回旧债券提前 1 个月）：

$$\text{税后利息费用}=\frac{5\ 000\times 15\%}{12}\times(1-25\%)=46.88\text{（万元）}$$

（5）税后投资总额：

$$\begin{aligned}\text{税后投资总额}&=(1)+(2)+(3)+(4)\\&=600+58.76+(-30.41)+46.88=675.23\text{（万元）}\end{aligned}$$

2. 每年的利息节约额及其现值

$$\text{旧债券的税后利息}=5\ 000\times 20\%\times(1-25\%)=750\text{（万元）}$$

$$\text{新债券的税后利息}=5\ 000\times 15\%\times(1-25\%)=562.5\text{（万元）}$$

$$\text{每年税后利息节约额}=750-562.5=187.5\text{（万元）}$$

$$\text{利息节约额的现值}=187.5\times 7.834\ 8=1\ 469.03\text{（万元）}$$

3. 债券摊销的净现值 *NPV*

$$\text{净现值 }NPV=-675.23+1\ 469.03=793.80\text{（万元）}$$

从以上分析可以看出，债券调换可为天马公司的股东增加财富793.8万元，因此很值得进行债券调换。值得重要的是，债券调换还涉及调换的时机选择，如公司估计未来利率会进一步降低，可运用上述净现值分析程序进行决策分析。但现实中，公司难以对未来利率的走势作出准确判断，因而债券调换的时机决策带有很大的主观判断特色。

第三节　权益资金管理

发行股票、利润留存是公司筹措权益资金的基本方式。为此，认识公司普通股、优先股和留存利润的经济、法律特性，是对权益资金进行有效管理的基础。（注：利润留存，又称内部融资，是筹措长期资金的重要方式，将在利润分配管理中予以深入探讨）

一、普通股

普通股是股份有限公司筹措资本金的基本形式。普通股股票是公司股东投资入股并借以取得股息的书面凭证，代表了对公司的所有权。

（一）普通股的分类

尽管所有普通股股东的权利和义务相同，“同股同权、同股同利”，但普通股仍可以按照不同的标准进行分类；普通股的主要分类有：

1. 按是否记名，分为记名股票和无记名股票

记名股票是在股票票面载明股东姓名或名称的股票。记名股票的转让由股东背书，并按照法律规定的程序办理过户手续。

无记名股票是票面不载明股东姓名或名称的股票，其转让仅可在依法设立的证券交易场所进行。在我国，向社会公众发行的股票可以是记名股票，或是无记名股票。

2. 按投资主体的不同，分为国家股、法人股、个人股和外资股

国家股是国家授权投资的机构或部门以国有资产投入公司而拥有的股份；法人股是公司法人、事业法人或社会团体法人以其可自由支配的资产投资形成的股份；个人股是社会公众或公司职工以其合法财产投入公司而取得的股份；外资股是外国和我国港、澳、台地区的投资者以外币购买人民币特种股票而获得的公司股份。

3. 按发行对象的不同，分为A股和B股

A股是以人民币标明面值并以人民币买卖的股票；B股是以人民币标明面值并以外币进行买卖的股票。

4. 按股票是否载明面值，分为面值股票和无面值股票

面值股票是票面注明每股金额的股票；无面值股票是票面未标明每股金额，但注明股份数或持股比例的书面证明。《公司法》规定，股票必须标明面值，且不得折价发行。

（二）普通股股东的权利

由于普通股代表着公司的所有权，按照我国《公司法》规定，普通股股东拥有的基本权利为：

1. 参与利润分配权

参与利润分配、分享公司的经营成果，是股东作为公司所有者的基本权利。但普通股股东仅在公司经营有利润，且董事会宣布分配利润时，才能行使这一权利。同公司的债权人不同，股东不能强迫公司支付股息或破产，对公司未作分配的利润没有要求权。

2. 优先认股权

优先认股权是指公司现有股东有权按其持股比例购买公司增发的任何股份，其目的是为了保护现有股东的控股权，并保护股东的财产。因为，增发股份会使 EPS 和股票的市价降低，给予股东优先认股权（有价值），可以抵消增发股份的不利影响，从而保护股东财产的价值。

3. 剩余资产分配权

公司破产清算时，对公司全部资产偿还其债务后的剩余部分（剩余资产），由公司的股东按持股比例进行分配。尽管股东拥有剩余财产分配权，但由于大多数破产清算意味着股东难以收回其全部投资，因而没有股东希望能行使这一权利。

4. 投票表决权

投票表决是股东参与公司经营决策的基本形式。按《公司法》的有关规定，股东除对公司的重大决策进行直接投票表决外，一般不直接参与公司的具体经营，而是按照公司章程规定的程序，投票选举其信任的董事组成董事会，再由董事会聘用专业人员负责公司的经营运作。

现实中，选举董事的投票程序分为多数投票制和累积投票制两种：

多数投票制是指进行一股一票的投票表决时，股东以其所持有的股份数对每位董事分别表示其赞成或反对意见。在这一投票机制下，小股东通常无法选出代表其利益的董事，因而，该机制对小股东不利，而对大股东很有利。

累积投票制也实行一股一票原则，但每一股东可以累积其投票权，集中选举一个或少数几个董事。在该机制下，小股东有可能选出代表其利益的董事。此时，特定数量的股份能选出的董事人数为

$$d=\frac{(R-1)\ (D+1)}{S}$$

式中，d 为特定股份数能选出的董事数；

R 为拥有的股份数；

D 为计划选出董事数；

S 为流通在外的股份数。

例 8.4　在 2008 年度股东大会上，某公司计划改选 9 名董事。该公司实行累积投票制，其流通在外的普通股为 100 万股。此时，30 万股股票可选出的董事人数为

$$\frac{(300\ 000-1)\ (9+1)}{1\ 000\ 000}=3\ (\text{人})$$

可见，不足 1/3 票数可选出 1/3 的董事。（注：上述计算公式假定所有股东都按其最大利益来行动，如大股东分散投票，可能无法选出董事）

普通股股东在享有权利的同时，也必须承担法律规定的义务。按照《公司法》等法律的规定，其承担的义务主要为：遵守公司的章程；足额缴纳股款；对公司的责任仅限于其所

拥有的股份；股票可依法进行转让，但不得退股等。

（三）普通股的价值

普通股股票的价值形式多样，主要有面值、账面价值、清算价值和市场价值等。

1. 面值

面值是指普通股票面所载明的金额，是确定公司注册资本的直接依据。普通股的面值与其价格没有任何联系，也不代表股东拥有公司资产的多少，因而实际意义不大。

2. 账面价值

账面价值是指每股股票所包含的账面净资产数额。其确定方法为

每股账面价值＝净资产/流通在外的普通股股数

例8.5 2008年，某公司流通在外的普通股股数为400万股，其总资产为5 000万元，负债总额为1 500万元。

每股账面价值＝(5 000－1 500)÷400＝8.75（元/股）

3. 清算价值

清算价值是公司清算时每股普通股所能收回的金额。理论上，清算价值应与账面价值一致，但由于存在清算费用，以及资产的变现数额通常小于其账面价值，故实际的清算价值往往小于其账面价值。在个别公司，资产的市场价值大于其账面价值（如土地等）时，清算价值也可能高于其账面价值。

4. 市场价值

市场价值是指股票的市场交易价格。有效资本市场上，市场价格的高低与股票的账面价值和清算价值关系不大，而是同公司的未来盈利和股东对公司风险的看法有关。股票市场价值的确定难度较大，常用的定价模式有以下几种。

1）单一期间定价模式

对投资者而言，股票的市场价值取决于其未来现金流入量的现值。在单一期间（一年）内，股票的未来现金流入量主要包括：预期的股息收入；投资者预期期末（年底）的股票售出价格，即期初买入价格＋资本利得（股票售出价高于其买入价的部分）。其计算公式为

$$P_0=\frac{D_1+P_1}{1+K_S}$$

式中，P_0 为股票目前的市价；

P_1 为预期股票1年后的市价；

D_1 为预期股票在1年内的股息；

K_S 为投资者对该股票要求的必要报酬率。

若投资者预期股价的未来增长率为 g，即 $P_1=P_0(1+g)$，上式可改写为

$$P_0=\frac{D_1}{K_S-g}$$

例8.6 某投资者准备购买环宇公司的股票，计划持有1年。上一年该公司的EPS为4元，每股股息2.5元。过去10年，EPS和每股股息平均上升5%，股价也同步上升5%，并预期这一趋势将持续下去。如果该投资者要求的报酬率为14%，则

$$P_0=\frac{D_1}{K_S-g}=\frac{2.5\ (1+5\%)}{14\%-5\%}=29.17\ (\text{元})$$

对该投资者而言，环宇公司股票的合理价值为29.17元。若实际市价高于P_0，应卖出股票；相反，如实际市价低于P_0，应买入股票。如果市场上的所有投资者都持上述看法，P_0（29.17元）则成为环宇公司股票的目前市场价格。

从上式还可以看出，以目前市场价格P_0买卖股票时，投资者预期的报酬率（注：理论上，预期的报酬率等于要求的必要报酬率）为

$$K_S=D_1/P_0+g$$

式中，D_1/P_0为预期的股息收益率，g为预期的资本利得收益率。

上例中，$K_S=2.625/29.17+5\%=9\%+5\%=14\%$，即投资者对环宇公司股票要求的必要报酬率为14%。以29.17元的市场价格买入时，投资者预期公司将提供9%的股息收益率，市场将为其提供5%的资本利得收益率，即预期总收益率为14%。

2）多期间的股票定价模式

就公司而言，其股票的市场价值仅取决于未来股息的现值。因为，只要公司不被清算，就不会存在其他现金流入量。其确定方法为

$$P_0=\frac{D_1}{1+K_S}+\frac{D_2}{(1+K_S)^2}+\cdots+\frac{D_\infty}{(1+K_S)^\infty}=\sum_{t=1}^{\infty}\frac{D_t}{(1+K_S)^t}$$

式中，D_t为预期第t期的股息。

理论上，上式是确定股票市场价值的最完善方法，但其由于过于抽象，没有太大的实际价值。现实中，常以上式为基础，分析特定D_t时间序列下的定价模式。

（1）零成长模式。零成长是指股息的增长率为零，即其未来各期的股息相同，即$D_t=D_{t-1}=D_1$。此时，目前股票的市价为

$$P_0=D_1/K_S$$

（2）固定（常态）成长模式。固定成长意味着公司的未来股息D_t将以固定增长率g增长，而常态成长是固定成长的特殊形式。常态成长中，固定增长率为GNP的增长率。现实中，大多数公司的股息以GNP的增长率增长。此时，

$$D_t=D_1\ (1+g)^{t-1},\ P_0=\frac{D_1}{K_S-g}$$

（3）超常态成长模式。现实中，任何公司都不可能长期维持较高的股息增长率。一般而言，在成长初期和中期，其增长率会高于GNP增长率；进入成熟期后，其增长常与GNP的增长同步。超常态成长就是指公司的股息增长率不唯一：在成长初期和中期以g_1固定增长（一般高于GNP增长速度），而在成熟期则以g_2固定或常态成长。这类公司股票的定价模式为

$$P_0=\sum_{t=1}^{N}\frac{D_t}{(1+K_S)^t}+\frac{D_{N+1}}{(K_S-g_2)(1+K_S)^N}$$

式中，g_1为成长初期和中期的股息增长率；

g_2为成熟期的股息增长率；

N为超常态成长期的期数（年数）；

$D_t=D_0(1+g_1)^t$；

$D_{N+1}=D_0(1+g_1)^t(1+g_2)$。

例8.7 2008年，飞梭公司的EPS为4元，每股股息为3元。目前市场预期该公司未来5年内的增长率为20%，5年后的增长率为10%。该公司属于成长型公司，投资者对其所要求的必要报酬率为14%。

分析：

$$D_t=D_0\ (1+g_1)^t=3\ (1+20\%)^t$$

$$D_{N+1}=D_0(1+g_1)^t(1+g_2)=3(1+20\%)^5(1+10\%)=8.21\ (元)$$

目前股票市价 $P_0=\sum_{t=1}^{5}\frac{3(1+20\%)^t}{(1+14\%)^t}+\frac{8.21}{(14\%-10\%)(1+14\%)^5}=124.14$（元）

第1年市场价值 $P_1=\sum_{t=1}^{4}\frac{3(1+20\%)^t}{(1+14\%)^t}+\frac{8.21}{(14\%-10\%)(1+14\%)^4}=135.19$（元）

第2年市场价值 $P_2=\sum_{t=1}^{3}\frac{3(1+20\%)^t}{(1+14\%)^t}+\frac{8.21}{(14\%-10\%)(1+14\%)^3}=148.52$（元）

第5年市场价值 $P_5=\frac{8.21}{14\%-10\%}=205.25$（元）

第6年市场价值 $P_6=\frac{8.21(1+10\%)}{14\%-10\%}=225.78$（元）

（四）普通股融资的评价

普通股融资的利弊并存，其优点主要为：

（1）筹措巨额资金。与公司其他融资方式相比，向社会公开发行股票，可不受个别资金供给者资金多少的限制，集腋成裘，筹措到巨额资金。

（2）提供永久性资金。与负债融资不同，发行股票筹措的资金无到期日，不需还本，有利于满足公司经营对长期资金的需求。

（3）没有固定付息压力。尽管公司需向普通股股东支付股息，但其数额取决于公司的盈利水平和利润分配政策，股东无权强迫公司支付股息。

（4）增强公司的举债能力。普通股是公司资金的最基本来源，利用普通股筹资可降低负债比率，从而壮大其经营实力，提高公司信誉，并可为进一步负债融资提供保障。

普通股筹资的不足也很明显，表现为：

（1）资金成本高。公开发行股票的程序复杂，手续繁多，花费时间长，筹资成本通常高于其他筹资方式。由于股票投资的风险大，股东要求的必要报酬率高，特别是股息须以税后利润支付，不得计入成本，使得其实际使用成本又远高于负债的成本。

（2）分散公司控股权。现有股东无力或不愿认购公司增发的股票时，发行股票必然会引入新股东，从而导致原有股东的控股权和投票权相对减少。

（3）引起股票价格下跌。一般而言，发行股票是一项不利消息，股票市价将下跌，从而会损害公司现有股东的利益。此外，由于发行普通股需进行信息披露，也不利于保护公司的商业秘密。

二、普通股的发行

发行普通股是股份有限公司筹措长期资金的基本形式。现实中，为了保护投资者的利益和维护证券市场的健康发展，我国法律法规等对发行股票作了较为详细的法律规定。

（一）股票发行的分类

在我国，股票的发行可分为设立发行和增资发行两类。

1. 设立发行

设立发行是指为组建和设立股份有限公司而发行股票。按照《公司法》的有关规定，股份有限公司的设立，可采用发起设立或募集设立方式。发起设立，是指由发起人认购公司应发行的全部股份而设立公司；募集设立是指由发起人认购公司应发行股份的一部分，其余部分向社会公开募集而设立公司。

2. 增资发行

增资发行是股份有限公司为扩大经营规模、改善资金结构等而发行股票。它又可进一步分为有偿增资和无偿增资两类。

有偿增资是公司为筹措新的资本而发行股票。进行有偿增资时，既可公开发行股票，也可向现有股东配股。在实践中，为了充分体现公司股东的优先认股权，有偿增资多采用配售发行方式，即按照现有股东的持股比例或份数，以低于市价的配股价，向现有股东配售一定数量的新股。若现有股东无力或不愿认购新股，可转让其拥有的配股权。

无偿增资是公司按照现有股东的持股比例，以资本公积、盈余公积或可分配利润向股东无偿增发股票。尽管这一方式不会为公司带来新资金，但有助于改善股东权益的构成；在公司资金需求较大时，既可以实现低成本内部融资，又能满足投资者分红的愿望。

（二）发行股票的条件

公开发行股票必须具备发行资格，即必须是股份有限公司。除此之外，还应具备一定的发行条件。

以募集方式设立股份有限公司时，发行股票应具备如下条件：a. 生产经营符合国家产业政策。b. 发起人符合法定人数。c. 发行的普通股仅限于一种，同股同权。d. 发起人认购的股本数额不少于公司拟发行股本总额的 35%。e. 向社会公众发行的部分不少于公司拟发行股本总额的 25%。其中，公司职工认购的股本数额不得超过拟向社会公众发行的股本总额的 10%。公司拟发行的股本总额超过人民币四亿元的，证监会按照规定可酌情降低向社会公众发行部分的比例，但最低不少于公司拟发行股本总额的 10%。f. 发起人 3 年内没有重大违法行为。g. 证监会规定的其他条件。

股份有限公司增资公开发行股票，除具备上述条件外，还应当符合下列条件：a. 前一次发行的股份已募足，并间隔一年以上；b. 公司在最近三年内连续盈利，并可向股东支付股息；c. 公司在最近三年内财务会计文件无虚假记载；d. 证监会规定的其他条件。

（三）发行股票的申请与审批

公司发行股票的申请审批程序，因其发行类型不同而有所差别。

募集设立方式下，公开发行股票的申请和审批需经过如下程序：

（1）申请人聘请会计师事务所、资产评估机构等专业性机构，对其资信、资产、财务状况进行审定、评估和就有关事项出具法律意见书后，按照部门提出公开发行股票的申请。

（2）经证监会审核同意发行股票后，申请人应再向证券交易所上市委员会提出上市申请，并经上市委员会同意上市后，方可公开发行股票。

在增资发行方式下，发行股票的申请审批程序为：a. 股东大会作出发行新股的决议；b. 董事会向国务院授权部门申请批准。如属于向社会公开发行新股，还需报国务院证券管理部门审批。

（四）股票的承销方式

公司发行股票时，应以高效率、低成本为原则，在不同承销方式之间进行选择。理论上，公司公开发行股票时可自销或由承销商承销，二种方式各有利弊。但由于《公司法》等明文规定必须采用承销方式，在此仅对其进行分析。按承销商承担发行责任的不同，承销方式又分为代销和包销两种具体方式。

1. 代销

代销是指发行人委托承销商负责代理其股票的销售，即承销商仅负责尽力销售股票，发行期结束时，承销商将剩余股票退还发行人。在这一方式下，发行公司承担了发行风险，但仅需支付较少的发行手续费。

2. 包销

包销是由承销商负担发行风险的股票销售方式。其一般程序为，公司与承销商签订承销协议后，由承销商按商定的发行价格一次买入发行的全部股票，然后再由承销商以较高价格将股票转售给社会公众，发行期结束时剩余股票由承销商自己持有。

按照有关规定，拟公开发行股票的面值总额超过3 000万元或预期销售额超过5 000万元的，应由两个以上的承销商组成承销团承销；拟公开发行股票的面值总额超过1亿元或预期销售额超过1.5亿万元的，承销团中应有一定数量的外地承销商，总承销量中在外地销售的数量应占合理的比例。

（五）股票的发行价格

股票发行价格是投资者认购股票需支付的价格。发行价格的高低，通常取决于股票的未来收益、证券市场的行情和其他一些因素。最常见的发行价格有等价、市价和中间价。

等价是指以股票的面值作为发行价格；市价，又称时价，即以股票的市场价格作为发行价格；增资公开发行股票时，多以市场价作为发行价格。中间价是指以股票市价和面值的中间值作为发行价格，配股发行多采用中间价。

三、优先股

优先股是在利润分配和剩余财产求偿上享有优先权的股票。优先股没有固定的到期日，但又需支付固定的股息。就本质而言，可将其视为混合性证券，即一种介于普通股和公司债券之间的证券。

（一）优先股股东的权利

优先股是公司权益资本的重要组成部分，但其股东的权利明显有别于普通股股东，主要表现为：（1）利润分配的优先权。分配利润时，优先股股东有权先于普通股股东取得股息。我国有关法律规定，公司发放优先股股息之前，不得发放普通股股息。（2）剩余财产求偿上的优先权。公司清算破产时，破产财产中扣除清算费用并偿还全部负债后，如有剩余财产，首先按优先股面值偿还优先股股东，如还有剩余可用于偿还普通股股东。（3）有条件的投票权。一般而言，优先股股东没有投票权，但在某些特定条件下，如公司连续三年未支付股息，或公司违反发行契约的限制性规定等，为了维护其自身利益，也可以依照法律或发行契约拥有一定数量的投票表决权。

（二）优先股的分类

现实中，为了更好地满足投资者的不同需求，优先股筹资成为公司财务管理中创新迭出的重要领域，优先股的种类愈来愈多。

1. 按股息是否累积，分为累积优先股和非累积优先股

累积优先股是最常见的优先股形式，它是指任何年度未支付的股息可以累积，留待以后年度一并支付。在积欠股息未发放之前，公司不得派发普通股股息。

非累积优先股是指积欠的股息不再补付的优先股。非累积优先股同公司收益债券很相似，二者收益都具有高度不确定性。

2. 按是否有权参与利润分配，分为参加优先股和非参加优先股

参加优先股是指除按固定股息率取得股息外，还可依照事先规定的方式，与普通股股东一起参与利润分配的优先股。按参加方式的不同，参加优先股又可分为全部参加优先股和部分参加优先股二种。

例 8.8　2008 年，天河公司可供投资者分配的利润为 10 万元。流通在外的普通股面值为 50 万元；全部参加优先股为 30 万元，股息率 10%。

利润分配程序为：（1）优先股股东分得股息 3 万元（30 万元 × 10%）；（2）向普通股股东派发股息 5 万元（50 万元 × 10%）；（3）全部参加股息支付率为 2.5%（2 万元/80 万元）；（4）优先股股东再次分红 0.75 万元（2.5% × 30 万元），合计分红 3.75 万元；（5）普通股分红 1.25 万元（2.5% × 50 万元），合计分红 6.25 万元。

上例中，若流通在外的优先股为部分（50%）参加优先股，则优先股股东第一次可分得股息 3 万元（30 万元 × 10%）；部分参加股息支付率为 3.08% $\left(\frac{10-5-3}{50+30\times50\%}\right)$；优先股股东第二次可分红 0.46 万元（3.08% × 15 万元），合计分红 3.46 万元。

非参加优先股是指仅可以固定股息率分享利润的优先股。现实中，优先股股东大多仅能参加第一次利润分配，即非参加优先股。

3. 按发行条款的特殊性，分为可赎回优先股、可转换优先股

可赎回优先股，即可收回优先股，是指发行公司可运用发行契约中的收回条款，以事先规定的价格直接收回的优先股。由于公司收回部分优先股后，剩余的优先股会面临股价上涨的压力，因而收回条款对投资者有利。现实中，公司常采用设立偿债基金的方式收回优先股。

可转换优先股是依照发行约定，可在一定期限内以事先规定的价格自由地转换为普通股的优先股。值得注意的是，附带可转换条款的优先股为投资者提供了分享公司经营成果的机会，但可能会影响现有股东的控股权。

（三）优先股融资的评价

从公司财务管理角度看，优先股融资有其独特的魅力，但同时也应注意其可能带来的问题。

优先股融资的优点较为明显，集中体现为：

（1）无到期日。与普通股融资相似，优先股也能提供永久性资金，没有还本期限，从而公司无须考虑到期后的替换融资问题。

（2）支付股息的非强制性。尽管优先股有明确规定的股息率，但支付与否取决于公司有无盈利。即使公司不支付股息，优先股股东也不能迫使公司破产，即优先股股息不是公司的法定债务。

（3）增强公司的筹资能力。从性质上看，优先股属于公司权益资金；优先股筹资可壮大公司经营实力，降低其负债比率，进一步提供其借款能力。

（4）成本较低。由于优先股股东承担的风险小于普通股股东的风险，优先股融资所要求的报酬率会明显低于普通股的资金成本。

（5）不会分散公司的控股权。正常情况下，优先股股东没有投票权，优先股融资不会改变公司现有股东的控股权。即使因公司违反发行契约或连续三年未发放股息，优先股股东依法取得了投票权，也不会对公司产生实质性影响。因为，其投票权一般少于普通股股东的投票权，而且公司也可能此时已濒临破产边缘，从而使任何投票权都毫无价值。

其缺点主要表现为：

（1）成本较高。与负债成本相比，优先股股息从税后利润中支付，不能计入成本费用。此外，由于优先股股东承担的风险大于债权人的风险，优先股融资所要求的报酬率必然会高于负债成本。

（2）财务风险增大。若公司无盈利，可不支付优先股股息，但只要条件许可，公司都会支付股息。因而，优先股股息实际上是一项固定的财务负担，会导致公司财务风险的增大。

第四节　其他融资方式管理

现实中，除利用普通股、优先股和留存利润筹措权益资金外，公司还可运用一些其他方式，如可转换证券和认股权等筹措权益资金。

一、可转换证券

可转换证券是一种混合性证券，包括可转换债券和可转换优先股两种形式。在此，仅对可转换公司债券进行重点分析（注：现实中，可转换证券也多为公司债券）。

（一）可转换债券

可转换债券是指发行人依照法定程序发行、在一定期间内依据约定的条件可以转换成股份的公司债券。由于可转换债券是公司债券的一种特殊类型，其发行契约中，除包含公司债券发行契约的一般条款外，通常还包含如下一些条款：

1. 转换比和转换价格

转换比和转换价格是可转换债券两个相互关联的基本要素。其中，转换比是一份公司债券可转换成股份的份数，而转换价格则是指可转换公司债券转换为每股股份所支付的价格。二者之间的关系为

$$转换价格 = 公司债券面值/转换比$$

例 8.9　某公司的债券发行契约规定：一份面值 1 000 元的公司债券可转换股份 40 股。

$$转换比 = 40，转换价格 = 1\ 000/40 = 25\ （元）$$

可转换债券的发行契约通常规定，转换比和转换价格固定不变，股票分割、股票股息等对其也不产生影响。

2. 转换期和赎回

转换期是可转换债券转换为股份的起始日至结束日的期间。一般而言，可转换债券的转换期为债券的存续期或有效期。

赎回是指公司以事先规定的赎回溢价，直接收回流通在外的公司债券，其目的是为了促使可转换公司债券尽早转换为股票。发行契约中，也常常以提高转换价格条款替代赎回条款，即规定债券存续期内的不同时期，转换价格不同。距离发行日的时间越长，转换价格越高。

（二）可转换债券的价值分析

由于可转换债券是一种混合性债券，同时具有权益性债券和债权性证券的某些特性，因而其市场价值不同于一般公司债券的市场价值，会受到多种因素的影响。可转换债券的定价模式分析见图 8.1。

1. 纯债券价值和转换价值

在可转换债券市场价值的确定过程中，纯债券价值和转换价值有着重要影响。

（1）纯债券价值是指可转换债券失去可转换特性后的市场价值，即同风险的非转换公司债券（纯负债债券）的市场价值。在纯负债债券的存续期内，其市场价值线为 B_0M^n（见图 8.1）。

（2）转换价值是指可转换债券转换为公司股票时的价值；该价值取决于转换比和股票的市场价值两个因素，其市场价值线为 C_0C_t（见图 8.1）。

2. 可转换债券的价格行为模式

由于可转换债券通常带有赎回条款或提高转换价格条款，使得其市场价值的确定过程过于复杂，在此重点分析其市场价格的行为模式：可转换债券的预期市场价值高于其市场价值底线，接近于其转换价值。

（1）市场价值的底价，即可转换公司债券的最低市场价格。在可转换债券的存续期内，

其市场价格不可能低于 B_0XC_t，即其市场价值的底线为 B_0XC_t（见图8.1）。

（2）预期的市场价值是指可转换债券的预期市场价格。理论上，它取决于四个因素：纯债券价值、转换时间、转换价值和投资者对可转换债券要求的必要报酬率，其价值线为 $MM'C_t$（见图8.1）。

（3）预期市场价值 $MM'C_t$（高于市场价值底线 B_0XC_t）。出现这一价格行为的原因有二：第一，转换权有经济价值。若未来的股价上升，可转换债券的权益性证券特性使其能取得纯负债债券无法得到的收益，为此其价值必然高于纯债券价值。第二，降低债券持有人的投资风险。若未来股价下跌，可转换债券的债权性证券特性又能使其避免股票投资的风险。为此，其市场价值最低为纯债券价值。

（4）预期市场价值接近于转换价值 C_0C_t。其原因在于可转换证券通常带有赎回条款。公司运用该条款时，债券持有人的选择为：转换为股票或缴回发行公司。若预期市场价值超过收回价格（图8.1中，V_0M''为收回价格线）和转换价值过多，持有人将蒙受投资损失。因而，随着股价的不断上扬，公司行使赎回条款可能性提高，预期市场价值将愈来愈接近于转换价值。

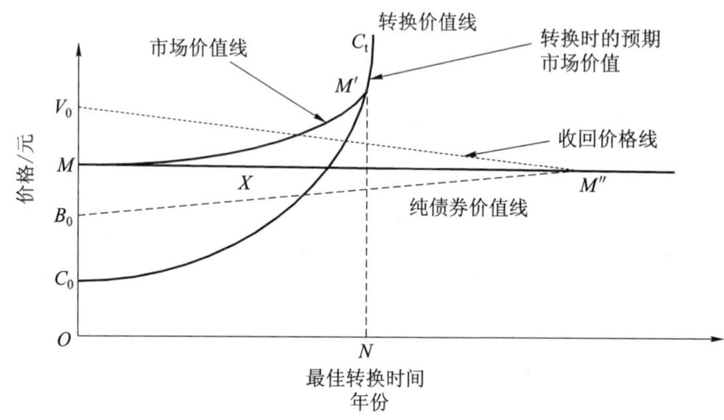

图8.1　可转换债券定价模式

（三）可转换债券融资的评价

可转换债券融资的优点为：

（1）使用成本低、限制性条款少。由于可转换公司债券赋予了投资者分享资本利得的机会。因而在风险相同的条件下，其所要求的报酬率较低，并可能以较少的限制性条款发行公司债券。

（2）以较高价格出售股票。由于转换价格一般高于发行时的股票市价，在股票市价偏低时发行可转换债券，而在股价上扬后运用赎回条款迫使投资者进行调换，等同于高价（高于发行时市价）发行股票。

（3）带有自发融资特性。一般而言，公司成长快，其股价上升必然快，资金需求也必然旺盛。与之相应，可转换债券转换为股份的可能性必然升高。债券转换为股份的直接结果是，一方面不再需还本付息，偿债压力降低；另一方面公司权益资金增多，举债能力增强。可见，公司成长引发的资金需求，可部分地由成长带来的资金予以满足，即自发融资。

可转换债券的不足主要表现为：对发行公司而言，可转换债券融资如同“两刃剑”，即股价未来大幅上涨时，债券很可能转换为股票，从而使得现有股东的利益受损，其损失具体表现为：新股东取得的资本利得本应归现有股东所有，新股东的加入又分散了现有股东的控股权；若股价未来升幅较小或下跌，转换为股票的可能性不高，公司又可能会为负债所束缚，并增大现有股东承担的风险。

二、认股权

认股权融资是一种新兴的融资方式，其理论对公司财务管理的未来发展很可能会产生深远影响，特别是认股权定价理论（注：其倡导者 Merton 和 Scholes 获得 1997 年度诺贝尔经济学奖），又称随机要求权分析，提供了分析公司经营战略灵活性的框架，有助于解决公司财务管理中长期难以解决的问题。在我国，已有部分公司采用这一融资方式进行融资。

（一）认股权

认股权是指可在一定时期以预先确定的价格购买一定数量普通股的权利。就其本质而言，是一种期权。认股权可单独发行，也可附于公司债券或优先股，作为购买债券或优先股的“甜头”，其实际发行多采用后一种方式。理论上，认股权一般必须具备三个基本要素：行使价格、到期日和认购数量。其中，行使价格是认股权持有人购买公司股票的实际价格，通常高于发行认股权时的股票市价；而到期日是指行使认股权的最后期限，有无到期日和固定到期日之分；认购数量表明一份认股权可购买普通股的股数。

（二）认股权的价值

现实中，认股权的价值取决于所认购股票的市价、认股权规定的行使价格、认购数量和到期日等因素，有理论价值和市场价值之分。

1. 理论价值

理论价值是指每份认股权行使时所能实现的收益，是认股权市价的底价。其计算公式为

$$理论价值 = N \times (P - E)$$

式中，N 为一份认股权可购买普通股数量；

P 为每股普通股的市价；

E 为认股权的行使价格。

例 8.10 目前，三力公司的股票市价为 25 元，其认股权行使价格为 24 元，每份认股权可购买 10 股股票，则其理论价值为

$$理论价值 = 10 \times (25 - 24) = 10\ （元）$$

2. 认股权的实际价格

一般而言，认股权的实际市价通常高于其理论价值，具体表现为：股票的市价较低时，溢价较高；股价升高时，溢价降低；接近到期日时，其理论价值和市场价值趋向一致（见图 8.2）。

1）溢价的原因

认股权市场价值高于其理论价值的原因在于其投机特性，即认股权有助于投资者增大股

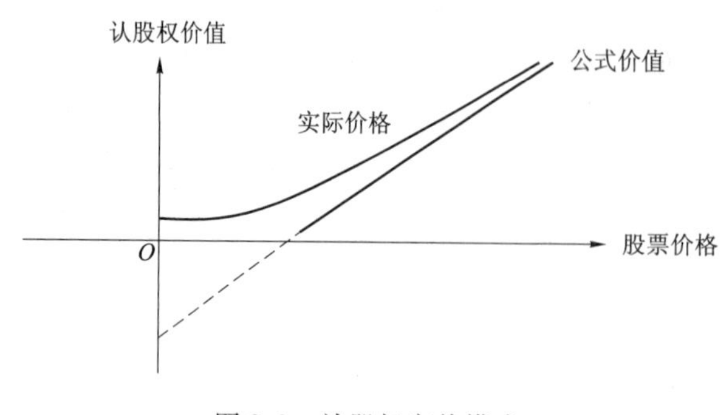

图 8.2　认股权定价模式

票投资的杠杆效应。由于认股权的价格通常低于股票的市价，某一具体投资额可购买的认股权数量多于普通股股数。股价变动时，在同样风险下，投资于认股权的预期收益远远大于直接购买股票的预期收益，正是认股权的这一特性，导致其实际价格高于理论价值。

2）实际价格的确定：Black-Scholes 模式

Black-Scholes 模式的基本假定为：认股权为欧洲式的，即仅可在到期日行使认股权；没有交易成本，市场完善；普通股不支付股息；短期借款利率已知、股票价格随机波动等。

$$V_0 = V_S N(d_1) - \frac{E}{e^{rt}} N(d_2)$$

式中：V_S 为普通股当时的市价；

E 为行使价格；

r 为连续复利的短期利率；

t 为距到期日的剩余时间（年份数）；

N（d_1）为累积正态分布密度函数的数值；

$$d_1 = \frac{\ln\left(\frac{V_S}{E}\right) + \left(r + \frac{1}{2\sigma^2}\right)t}{\sigma\sqrt{t}};$$

$$d_2 = \frac{\ln\left(\frac{V_S}{E}\right) + \left(r - \frac{1}{2\sigma^2}\right)t}{\sigma\sqrt{t}};$$

σ 为连续复利下股票年报酬率的标准差。

运用 Black-Scholes 模式时，唯一的难度在于确定连续复利下股票年报酬率的标准差 σ。实证研究表明：可用过去资料较为准确地估计 σ。

（三）认股权融资的评价

认股权融资与可转换债券融资有着相同的优点，主要表现为：由于认股权通常附于公司债券或优先股发行，有助于降低公司债券或优先股的筹资成本和使用成本；有利于以较高价格出售股票；其自发融资特性比可转换公司债券明显。

同其他权益性证券融资缺陷相似，认股权融资的缺点也突出体现为：它可能导致现有股东的控股权分散等。

第九章

资本成本和资本结构

企业从事生产经营活动的长期资金（资本）不仅有负债和权益之分，而且其成本各不相同。企业筹措长期资金时，选择负债融资还是权益融资，除影响负债和权益的构成比例即资本结构外，还会影响企业的资本成本。为此，不仅企业对资本成本和资本结构予以了高度重视，而且资本成本和资本结构理论也成了财务管理理论的重要组成部分。自 20 世纪 50 年代以来，资本成本和资本结构理论发展迅速，先后出现了 MM 理论、资本资产定价模型等重要成果，它们或多或少都与此有关。本章主要讨论资本成本和资本结构的内涵，探讨确定个别成本、综合成本和边际成本的方法，并分析杠杆定理和企业资本结构的决策方法。

第一节　资本成本

假设你是一个企业的财务总监，公司今年的资金缺口为 1 000 万。在仔细考虑权衡之后，你决定通过三种途径取得资金：一是通过债务融资，如发行债券筹集资金；二是通过银行借款筹集资金；三是通过发行普通股筹集资金。然而，此时将面临一个新的问题：各融资方式的融资成本为多少？如何使融资成本最小？显然需考虑的是：不同筹资渠道和方式下资本成本不同，如何分配这三种筹集资金的比例，才能使企业筹集金时实现成本最小化？

一、资本成本与必要报酬率

资本成本是指企业为筹集和使用长期资金而付出的代价，如企业发行股票筹资时需向股东发放的股息，向银行借款而支付的利息等。企业为筹资而付出的代价即企业的资本成本。这里，资本是指企业筹集和使用的长期资金，包括长期借款，公司债券以及股权等筹资方式所筹措的资金。

资本成本包括资金筹集费和资金占用费两部分。资金筹集费指在资金筹集过程中支付的各项费用，如发行股票和债券的印刷费、发行手续费、律师费和广告费等。资金占用费是占用资金支付的费用，如股票的股息、银行借款和债券的利息等。

投资者进行投资时，总会要求一定的报酬率才会让渡资金的使用权。与之相应，企业要筹集到投资项目所需资金，就必须给投资者一定报酬才能吸引投资者投资。若报酬过低，那么投资者必定会选择其他投资；报酬过高，则会导致企业成本过高。在市场均衡条件下，投资者要求的报酬率又称必要报酬率，等于金融市场上风险水平相似投资的报酬率。显然，企业投资项目的报酬率必须大于投资者要求的报酬率，投资项目才会有正的净现值。为此，投资者要求的报酬率为投资项目要求的最低报酬率，同时也是投资项目的资本成本。例如，某企业一项投资要求的最低报酬率为15%，即企业要求投资项目的报酬率至少要超过15%，该投资项目才会有正的净现值，即企业在该投资项目上获得15%报酬率时，其收益方能补偿企业为该项目融资而付出的资本成本。

从公司（筹资者）的角度来看，资本成本就是筹资者为筹集和使用资金而付出的代价；从投资者的角度来说，资本成本是资本拥有者向资本需求者提供资金而要求得到相应的收益，收益的高低取决于投资风险的大小。若企业的风险较高，投资者通常要求较高的报酬率作为补偿，企业的资本成本也相应较高。因此，资本成本和投资收益可以认为是同一个问题的两个方面。企业的资本成本和投资者要求的报酬率之间的相互关系见表9.1。

表9.1　公司资本成本和投资要求的报酬率之间的关系

公　司		投　资　者
融资成本	=	投资者要求的报酬率
债务融资成本（税前）	=	债券投资者要求的报酬率
优先股的融资成本	=	优先股股东要求的报酬率
普通股的融资成本	=	普通股股东要求的报酬率

企业的总体资本成本将反映对企业整体资产要求的报酬率。假设对一企业同时利用债务和权益资本，总体资本成本将等于补偿其债权人所需报酬和补偿其股东所需报酬的组合，即资本成本同时反映其债务资本成本和权益资本成本。

资本成本被认为是决定企业价值的一个重要因素。在企业利润给定的前提下，资本成本越高，则企业的价值也就越低。因此，如何衡量企业的资本成本是财务管理必须解决的问题。资本成本的计量形式有很多种，比较各种筹资方式时，使用个别资本成本，包括普通股资本成本、优先股资本成本、留存收益成本、长期借款成本和公司债券资本成本等；进行资本结构决策时，则使用加权平均资本成本；进行追加筹资决策时，需使用边际资本成本。

二、个别资本成本

个别资本成本是指各种筹资方式的成本，分为长期借款成本、公司债券成本、普通股成本、优先股成本和留存收益资本成本。前两种为债务资本成本，后三种则为权益成本。

（一）长期借款成本

长期借款成本包括借款利息和筹资费用。由于借款利息计入税前成本费用，可以起到抵税的作用，即利息费用在税前扣除，可以减免部分所得税，从而降低了负债成本。因此，一次还本、分期付息借款的资本成本为

$$K_l = \frac{I_l(1-T)}{L(1-f_l)}$$

式中，K_l 为长期借款资本成本；

I_l 为长期借款年利息；

T 为所得税税率；

L 为长期借款筹资额，即借款本金；

f_l 为长期借款筹资费用率，即借款手续费率。

上述公式可以改写为

$$K_l = \frac{r_l(1-T)}{1-f_l}$$

式中，r_l 为长期借款的年利率。

例 9.1　某企业采取长期借款方式进行筹资，向银行借得 10 年期的贷款 100 万元，年利率为 8%，每年付息一次，到期一次还本，筹资费用率为 0.5%，所得税税率为 33%。则该项长期借款的资本成本为

$$K_l = \frac{1\,000 \times 8\% \times (1-33\%)}{1\,000 \times (1-0.5\%)} = 5.39\%$$

（二）公司债券资本成本

公司发行债券的成本包括债券利息和筹资费用。公司债券利息的处理和长期借款的处理相同，应以税后的债务成本为依据。公司债券的筹资费用一般比较高，包括申请费、注册费、印刷费、上市费以及推销费等。计算资本成本时不可将筹资费用省略。债券的发行价格有等价发行（发行价格与票面价值相等）、溢价发行（发行价格高于票面价值）、折价发行（发行价格低于票面价值）三种情形。为此，公司债券的资本成本的计算与长期借款有所不同，按照一次还本、分期付息方式，公司债券资本成本的计算公式为

$$K_b = \frac{I_b(1-T)}{B(1-F_b)}$$

式中，K_b 为公司债券成本；I_b 为公司债券年利息；T 为所得税税率；B 为公司债券筹资额，按发行价格确定；F_b 为公司债券筹资费用率。

例 9.2　假定某公司发行面额为 5 000 万元的 10 年期公司债券，票面利率为 10%，发行费用率为 5%，公司所得税为 33%，若以平价发行，溢价（5 200 万元）发行和折价（4 800 万元）发行，要求：分别计算三种情况下的资本成本。

平价发行：$K_b = \frac{5\,000 \times 10\% \times (1-33\%)}{5\,000 \times (1-5\%)} = 7.05\%$

溢价发行：$K_b = \frac{5\,000 \times 10\% \times (1-33\%)}{5\,200 \times (1-5\%)} = 6.78\%$

折价发行：$K_b = \frac{5\,000 \times 10\% \times (1-33\%)}{4\,800 \times (1-5\%)} = 7.35\%$

（三）普通股的资本成本

由于资本成本和投资报酬率是同一个问题的两个方面，普通股的资本成本就是普通股投资要求的报酬率。其计算方法一般有三种：股息增长模型法、资本资产定价模型法和风险溢价法。

1. 股息增长模型法

投资者对权益的预期报酬率可以看成普通股的资本成本，它是使得投资者预期的、未来每股收益的现值与现行每股市价相等时的贴现率，其公式为

$$P_0 = \sum_{t=1}^{\infty} \frac{D_t}{(1+k_e)^t}$$

式中，P_0 为普通股现行市价；D_t 为预期第 t 期的每股股息；k_e 为普通股的资本成本。

若股息以一个固定增长率 g 增长，则可知 $D_t = D_0(1+g)^t$，则股票的价值可以表示为

$$\begin{aligned} P_0 &= \sum_{t=1}^{\infty} \frac{D_t}{(1+k_e)^t} \\ &= \frac{D_0(1+g)}{1+k_e} + \frac{D_0(1+g)^2}{(1+k_e)^2} + \frac{D_0(1+g)^3}{(1+k_e)^3} + \cdots \\ &= \frac{D_0(1+g)}{k_e - g} \end{aligned}$$

由上式可以解出普通股成本为

$$k_e = \left(\frac{D_1}{P_0}\right) + g$$

若股息是固定的，则

$$\begin{aligned} P_0 &= \sum_{t=1}^{\infty} \frac{D_t}{(1+k_e)^t} \\ &= \frac{D}{1+k_e} + \frac{D}{(1+k_e)^2} + \frac{D}{(1+k_e)^3} + \cdots \\ &= \frac{D}{k_e} \end{aligned}$$

则固定股息的资本成本为

$$k_e = \frac{D}{P_0}$$

式中，D 为其固定股息，P_0 为普通股现行市价。

例 9.3 某公司普通股的现行市价为每股 35 元，目前股息为 2 元，估计年增长率为 8%，则普通股的资本成本为

$$\begin{aligned} k_e &= \left(\frac{D_1}{P_0}\right) + g = \frac{D_0\ (1+g)}{P_0} + g \\ &= \frac{2\ (1+8\%)}{35} + 8\% = 14.2\% \end{aligned}$$

2. 资本资产定价模型法

资本资产定价模型认为，投资者要求的报酬率等于无风险利率加上风险报酬率

$$k_e = R_f + \beta(R_m - R_f)$$

式中，R_f 为无风险报酬率；R_m 为市场平均报酬率；β 为第 i 种股票的贝塔系数。

确定无风险报酬率、市场报酬率和某种股票的 β 值后，即可测算该股票的必要报酬率，即资本成本。

例 9.4 已知某股票的 β 值为 1.2，市场平均报酬率为 12%，无风险报酬率为 6%，该

股票的资本成本为

$$k_e = 6\% + 1.2 \times (12\% - 6\%) = 13.2\%$$

3. 风险溢价法

在“风险越大，要求的报酬率越高”原理下，由于股票投资的风险高于债券，因此，股票投资的必要报酬率可以在债券报酬率的基础上再加上一定的风险溢价，公式可以表示为

$$k_e = k_b + k_c$$

式中，k_b 为债务成本；k_c 为股东比债权人承担更大风险所要求的风险溢价。

例 9.5　某公司发行债券的投资报酬率为 9%，现准备发行普通股。与自己发行的债券相比，估计其风险溢价为 4%，则其资本成本为

$$k_e = 9\% + 4\% = 13\%$$

（四）优先股的资本成本

优先股的股息是固定的，优先股的股息支付不具有强制性，它由公司的董事会决定。由于大部分发行优先股的公司都准备支付预定股息，优先股资本成本的计算方法与固定股利的普通股资本成本相同。即其优先股成本为 $k_p = \frac{D_p}{P_0}$，其中，P_0 为优先股的现行市价；D_p 是预定的每年支付的股息。值得注意的是，与债务成本不同，优先股股息是在税后支付的，所以无须进行股息的税后调整。

（五）留存收益成本

留存收益是企业从历年实现的利润中提取形成的、留存于企业的内部积累。留存收益来源于企业生产经营活动实现的净利润，是在生产经营过程中积累起来的。表面上看来，资本成本是公司为取得资金而付出的代价（包括筹资费用和占用费用），留存收益作为一项资金来源，公司未向任何人支付筹资费用和占用费用，即留存收益的取得没有支出成本，因此留存收益的资金成本不具有显明的资本成本，但是股东放弃股息收入而将资金留存于公司的目的就是希望未来获取更多报酬。显然，股东预期的股息收入是企业运用留存收益的机会成本，因此在不考虑个人所得税的情况下，留存收益的资本成本相当于市价基础上的股权资本成本。留存收益资本成本的计算方法与普通股成本基本相同，只是不考虑筹资费用，其留存收益资本略低于普通股成本。

企业进行经济决策时，不但要考虑显明成本，而且要考虑隐含成本，经济利润才是企业进行决策的依据。因此，无论在实际财务管理过程中，还是在财务管理观念中，企业都必须考虑留存收益的资本成本。

三、综合资本成本

一般地，企业通过两种融资方式即股权融资和负债融资来获取所需的资金。由于融资方式不同，其资本成本也不相同。现实中，企业的融资方式往往采用一些特定的筹资组合，即企业进行融资时，必须权衡其综合资本成本的大小。由于综合成本是由股权融资成本和负债融资成本共同决定的，因此确定企业综合资本成本，必须同时兼顾两者。

1. 资本结构

企业的综合资本成本是一个极为重要的概念，是指公司全部资本的成本，是对个别资本成本进行加权平均计算得出的，所以也称之为加权平均资本成本。其计算公式为

$$K_w = \sum_{j=1}^{n} K_j W_j$$

式中，K_w 为综合资本成本（加权平均资本成本）；K_j 为第 j 种个别资本成本；W_j 为第 j 种个别资本占全部资本的权重。

例9.6 百事可乐公司分餐馆部、快餐部和饮料部，各部门均独立核算。假设各个部门的价值百分比分别为：餐馆部25%、快餐部30%、饮料部45%，而各个部门债务资本和股权资本以及每个部门的个别资本占部门全部资本的百分比，见表9.2。

表9.2 百事可乐公司各个部门资本结构权重

%

部　门	债务成本	百分比	股权成本	百分比
餐馆部	5.54	30	12.45	70
快餐部	5.23	20	11.77	80
饮料部	5.28	26	11.82	74

按照加权平均资本成本计算公式，可以计算百事可乐公司各个部门的加权平均资本成本。其中，权重为股权资本和债务资本在各部门所占百分比，见表9.3。

表9.3 百事可乐公司各个部门的加权平均资本成本

%

部　门	加权平均资本成本
餐馆部	$12.45 \times 70 + 5.54 \times 30 = 10.38$
快餐部	$11.77 \times 80 + 5.23 \times 20 = 10.46$
饮料部	$11.82 \times 74 + 58.28 \times 26 = 10.12$

为此，也可以用这些部门的加权平均资本成本计算出整个百事可乐公司总的加权平均资本成本。百事可乐的加权平均资本成本为公司各部门资本的加权平均，权重等于每个部门的资产价值在百事可乐公司总资产价值中所占的百分比，即百事可乐公司的加权平均资本成本或综合资本成本为

$$25\% \times 10.38\% + 30\% \times 10.46\% + 45\% \times 10.12\% = 10.29\%$$

2. 税收和加权平均资本成本

确定资本成本时，往往更注重的是税后现金流量，而综合资本是由股权成本和债务成本组成，若用符号 V 代表债务和股权组合的市场价值，E 表示股权的市场价值，D 表示债务的市场价值，则

$$V = E + D$$

由于企业支付的利息可以在税前扣除，即抵税（相当于政府支付了一部分利息），而对股东支付股息则不能抵税，因此必须把税前债务成本和税后债务成本区分开来。为此，税后加权平均资本为

$$WACC = (E/V) \times R_E + (D/V) \times R_D \times (1 - T_C)$$

式中，T_C 为企业税率；R_E 为股权成本；R_D 为债务成本。

例 9.7 某公司的目标债务—权益债务比为0.80，公司的股权资本成本为17%，债务成本为8%，企业的所得税税率为35%，公司的 *WACC* 是多少？

由于目标债务—权益债务比是0.8，即企业每1元股权对应0.8元债务资本，即企业的目标资本结构是债务占4/9，股权占5/9。因此，*WACC* 为

$$\begin{aligned} WACC &= (E/V) \times R_E + (D/V) \times R_D \times (1 - T_C) \\ &= 4/9 \times 17\% + 5/9 \times 8\% \times (1 - 35\%) \\ &= 10.4\% \end{aligned}$$

在若干筹资方案中，应选择其综合资本成本最低者为优选方案。值得注意的是，上述个别资本成本和综合成本是企业过去筹集的或目前使用资本的成本。随着时间的推移或筹资环境的变化，综合资本成本也会发生变动。因此，企业在未来追加筹资时，不能仅考虑目前的资本成本，还要考虑新筹资资本的成本，即边际资本成本。

四、边际资本成本

边际资本成本是每增加一个单位资本而增加的成本。边际资本成本也是按加权平均法来计算的，是追加筹资时使用的加权平均资本成本。

由于追加筹资将使企业原有的资本结构发生变化，边际资本成本法是通过测算比较各备选追加筹资方案的边际资本成本，取其最低者作为优选方案。其具体计算步骤为：a. 在资本结构的合理区域之内，确定目标资本结构；b. 确定各种筹资来源的资本成本；c. 计算筹资突破点，即保持其资本成本率不变前提下可以筹集的资金总限额；d. 计算边际资本成本，即不同筹资总额范围内的综合资本成本。

例 9.8 某企业由于扩大经营规模，需要筹集新资金。目前，该企业的资本结构是长期借款占15%、长期债券占25%、普通股占60%，筹集新资金后企业准备维持目前的资本结构。随着筹资额的增加，各种资本成本的变化如表9.4所示。

表 9.4 某企业资本成本的变化

资金种类	目标资本结构/%	新筹资额/元	资本成本/%
长期借款	15	45 000 以内 45 000 ~ 90 000 90 000 以上	3 5 7
长期债券	25	200 000 以内 200 000 ~ 400 000 400 000 以上	10 11 12
普通股	60	300 000 以内 30 000 ~ 600 000 600 000 以上	13 14 15

$$筹资突破点 = \frac{可用某一特定成本筹资到的某种资金金额}{该种资金在资本结构中所占的比重}$$

在长期借款资本成本为3%时，取得长期借款筹资限额为45 000元，其筹资突破点为

45 000/15% =300 000（元）

类似地，可计算其他情形下的筹资突破点，见表9.5。

表9.5 筹资突破点

资本种类	资本结构/%	资本成本/%	新筹资额/元	筹资突破点/元
长期借款	15	3 5 7	45 000以内 45 000～90 000 90 000以上	300 000 600 000
长期债券	25	10 11 12	200 000以内 200 000～400 000 400 000以上	800 000 1 600 000
普通股	60	13 14 15	300 000以内 30 000～600 000 600 000以上	500 000 1 000 000

计算出各种筹资种类的筹资突破点后，可得到七种筹资总范围：a. 30万元以内；b. 30万～50万元；c. 50万～60万元；d. 60万～80万元；e. 80万～100万元；f. 100万～160万元；g. 160万元以上。对这七组筹资范围分别计算加权平均资本成本，即可得到各种筹资范围的加权平均资本成本，见表9.6。

表9.6 筹资总范围与加权平均资本成本

筹资总额范围/万元	资金种类	资本结构①/%	资本成本②/%	加权平均资本成本①×②/%	边际资本成本/%
30以下	长期借款 长期债券 普通股	15 25 60	3 10 13	0.45 2.5 7.8	10.75
30～50	长期借款 长期债券 普通股	15 25 60	5 10 13	0.75 2.5 7.8	11.05
50～60	长期借款 长期债券 普通股	15 25 60	5 10 14	0.75 2.5 8.4	11.65

续表

筹资总额范围/万元	资金种类	资本结构①/%	资本成本②/%	加权平均资本成本①×②/%	边际资本成本/%
60～80	长期借款 长期债券 普通股	15 25 60	7 10 14	1.05 2.5 8.4	11.95
80～100	长期借款 长期债券 普通股	15 25 60	7 11 14	1.05 2.75 8.4	12.2
100～160	长期借款 长期债券 普通股	15 25 60	7 11 15	1.05 2.75 9	12.8
160 以上	长期借款 长期债券 普通股	15 25 60	7 12 15	1.05 3 9	13.05

第二节　财务杠杆原理

财务杠杆是企业利用负债来调节权益资金收益的手段。一般而言，企业负债筹资越多，其财务杠杆就越大。财务杠杆亦称之为筹资杠杆，涉及企业在筹资活动中对资本成本固定的债务资本的利用。由于债务资本成本是固定的，并可以在企业所得税前扣除，无论企业的息税前利润是多少，首先都要扣除利息等债务资本成本，然后才归属股权资本。可见，合理地运用财务杠杆可能会给企业权益资金带来额外的收益，即财务杠杆利益，但这一杠杆有时也可能造成一定损失，即财务风险。因此，衡量财务杠杆的作用，即可衡量财务风险的大小。通常，人们采用财务杠杆系数、普通股股东的每股盈余（*EPS*）对息税前盈余（*EBIT*）变动的敏感性来评价财务杠杆效应。

一、每股盈余（*EPS*）和息税前盈余（*EBIT*）

EPS 是普通股股东的每股盈余或每股利润，可以用以下公式计算

$$EPS=\frac{(EBIT-I)(1-t)-PD}{NS}$$

式中，*EBIT* 为息税前盈余；*I* 为税前的利息支出；*t* 为公司所得税税率；*PD* 为公司支付的股息，如优先股股息；*NS* 为流通在外的普通股股数。

例 9.9　为了筹资，某公司初步制定了两种筹资方式：一是该公司新发行金额为 30 000

元的普通股（每股10 元，共3 000 股）；而是公司以10% 的利率发行30 000 元债券。表9.7 给出了不同筹资方案对每股盈余的影响。

表 9.7　筹资方式与 *EPS*

元

项　　目	发行债券	发行股票
息税前利润（*EBIT*）	10 000	10 000
利息	3 000	0
税前收益	7 000	10 000
税收（税率为 35%）	2 450	3 500
税后收益	4 550	6 500
普通股股数		
以前的普通股股本	3 000	3 000
新发型的普通股股本	0	3 000
普通股股本总额	3 000	6 000
每股盈余（*EPS*）	1.52	1.08

从表 9.7 可以看出：若预计息税前利润为 10 000 元，则公司以发行债券方式筹集资金可以为股东带来更大收益。就一般情形而言，息税前利润一定时，采用哪种筹资方式更有利呢？在此，可以通过测算息税前利润平衡点来判断，其方法为

$$\frac{(\overline{EBIT}-I_1)(1-t)-PD_1}{NS_1}=\frac{(\overline{EBIT}-I_2)(1-t)-PD_2}{NS_2}$$

式中，$\overline{EBIT}$为息税前利润平衡点；I_1，I_2 为两种筹资方式下长期债务的年利息；PD_1，PD_2 为两种筹资方式下税后支付的股息；NS_1，NS_2 为两种情况下流通在外的普通股股数。

在上例中，息税前利润平衡点为

$$\frac{(\overline{EBIT}-30\ 000)(1-35\%)}{3\ 000}=\frac{(\overline{EBIT}-0)(1-35\%)}{6\ 000}$$

经计算可以得出：$\overline{EBIT}=6\ 000$ 元，即 *EBIT* 为 6 000 元，而非预期的 10 000 元时，两种筹资结构情形下 *EBIT* 是相同的。计算表明：在 $EBIT=6\ 000$ 元时，$EPS=0.65$ 元。将这些结论结合起来，可得到一个信息丰富的图形，这个图形有助于理解“杠杆”的真正含义（见图 9.1）。

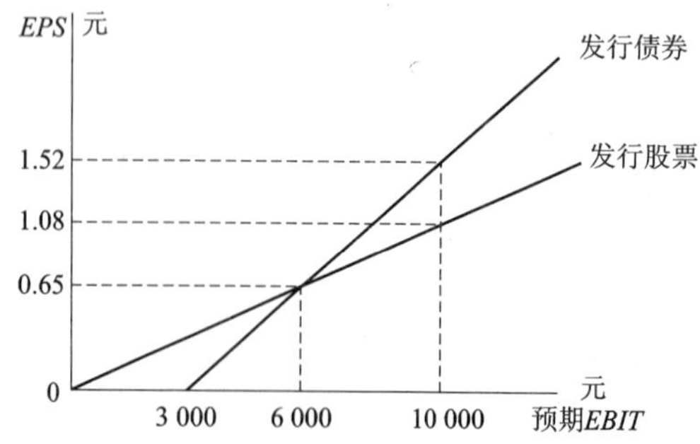

图 9.1　*EBIT* 的息税前利润平衡点：杠杆的真正含义

图 9.1 表明：若将 *EBIT* 看成一个支点，即可了解财务杠杆的真正含义。随着一家企业承担更多的债务，就能实现对预期 *EPS* 的杠杆作用（或增加预期 *EPS*），但是杠杆水平率越高，风险也就会越大。

二、财务杠杆系数

财务杠杆系数是反映财务杠杆水平或财务风险的常用指标。

1. 不同情形下的财务杠杆系数

财务杠杆系数（*DFL*）是指每股利润随息税前利润变动而变动的程度，也即每股利润变动百分比相当于息税前利润变动百分比的倍数，其表达式为

$$DFL = \frac{\text{每股利润（}EPS\text{）变动百分比}}{\text{息税前利润（}EBIT\text{）变动百分比}}$$

$$\text{或} = \frac{\dfrac{\text{每股利润的增量}}{\text{每股利润}}}{\dfrac{\text{息税前利润的增量}}{\text{息税前利润}}}$$

例 9.10　某企业的简化利润表见表 9.8，要求：计算其财务杠杆系数。

表 9.8　利　润　表

元

项　目	2008 年	2009 年（预期）
EBIT	500 000	1 000 000
利息	400 000	400 000
净利润	100 000	600 000
EPS	0.50	3.00

$$\text{该企业的财务杠杆系数} = \frac{(3.00-0.50)/0.50}{1\ 000\ 000-500\ 000/500\ 000} = 5$$

计算结果表明：每股利润的变动是息税前利润变动的 5 倍，即息税前利润每增加 10%，每股利润 *EPS* 将增加 50%。

若企业需支付优先股股息，则财务杠杆系数就可转换成为另一种形式表达

$$\text{财务杠杆系数} = \text{息税前利润} \div (\text{息税前利润} - \text{利息} - \text{优先股股息的税前额})$$

$$\text{优先股股息的税前额} = \text{优先股} \div (1 - \text{所得税率})$$

运用财务杠杆系数的计算公式，可以快捷地预测出企业计划期的税后利润额或普通股每股收益，进而可以反映出企业税后利润或普通股每股收益的变动情况。财务杠杆作用一方面可能会使得资本收益由于负债经营而绝对值增加，从而使得权益资本报酬率大于企业投资报酬率，且产权比率（债务资本 / 权益资本）越高，财务杠杆利益越大，所以财务杠杆利益的实质便是由于企业投资报酬率大于负债利率，将负债所取得的一部分利润转换给了权益资本，从而使得权益资本报酬率上升；另一方面，若企业投资报酬率等于或小于负债利率，那么负债所产生的利润只能或者不足以弥补负债需支付的利息，甚至利用权益资本所取得的利润都不足以弥补利息，而不得不减少权益资本来偿债，这就是财务杠杆可能导致损失的本质所在。

负债的财务杠杆作用通常也用财务杠杆系数来衡量。财务杠杆系数是指企业权益资本收益变动相对于息税前利润变动率的倍数，其公式为

财务杠杆系数＝权益资本收益变动率／息税前利润变动率

＝息税前利润／（息税前利润－负债×利息率）

＝息税前利润率／（息税前利润率－负债比率×利息率）

2. 影响财务杠杆系数变动的因素

从财务杠杆系数的计算公式中可以看出，影响财务杠杆系数（就负债的财务杠杆而言）的两个因素是利息费用和息税前利润。

（1）利息费用变动对财务杠杆系数的影响。

只要采取负债经营方式，企业就必须支付利息费用，而利息费用的高低又取决于两个因素：一是企业的资本结构。在其他条件不变的情况下，负债比率越高，利息费用也就越高；二是负债成本。在其他条件不变的情况下，负债成本越高，利息费用越高；反之，利息费用越少。

例9.11 某企业全部资本1 000万元，息税前利润150万元，负债成本10%。当负债增加到50%，80%时，财务杠杆系数的变动如表9.9所示。

表9.9 负债与财务杠杆系数的关系

项　　目	行　　次	负债比率		
		0	50%	80%
资本总额/万元	①	1 000	1 000	1 000
其中：负债	②＝①×负债比率	0	500	800
权益资金	③＝①－②	1 000	500	200
息税前利润/万元	④	150	150	150
利息费用/万元	⑤＝②×10%	0	50	80
税前利润/万元	⑥＝④－⑤	150	100	70
财务杠杆系数	⑦＝④÷⑥	1	1.5	2.14

从表9.9可以看出：随着负债比率的提高，财务杠杆系数越来越大，说明财务杠杆系数与负债比率呈同方向变动。

例9.12 假定负债成本由10%下降到8%，或上升到12%。在负债比率为50%时，其他资料如例9.11。负债成本变动对财务杠杆系数的影响则如表9.10所示。

表9.10 负债与财务杠杆系数的关系

项　　目	负债成本		
	10%	8%	12%
资本总额/万元	1 000	1 000	1 000
其中：负债	500	500	500
息税前利润/万元	150	150	150
利息费用/万元	50	40	60
税前利润/万元	100	110	90
财务杠杆系数	1.5	1.36	1.67

从表 9.10 可以看出：负债成本下降，财务杠杆系数下降；负债成本上升，财务杠杆系数上升。可见，杠杆系数与负债成本呈同方向变动。

以上分析表明，财务杠杆系数的大小取决于资本结构、各种负债的资金成本、负债结构三个具体因素。除各种负债的资金成本受外部客观因素影响外，资本结构、负债结构则取决于企业的筹资政策和具体筹资方式。因此，企业完全可以通过调整资本结构和负债结构，决定是较多地使用财务杠杆，还是较少的使用财务杠杆。

（2）息税前利润变动对财务杠杆系数的影响。

例 9.13　假定企业息税前利润由 150 万元下降到 90 万元，或者上升 50%，其他资料如例 9.11。息税前利润变动对财务杠杆系数的影响见表 9.11。

表 9.11　息税前利润与财务杠杆系数之间关系

项　　目	息税前利润		
	150	90	200
资本总额/万元	1 000	1 000	1 000
其中：负债	500	500	500
息税前利润/万元	150	90	200
利息费用/万元	50	50	50
税前利润/万元	100	40	150
财务杠杆系数	1.5	2.25	1.33

从表 9.11 可以看出：息税前利润下降，财务杠杆系数上升；息税前利润上升，财务杠杆系数下降。可见，财务杠杆系数与息税前利润呈反向变动。

企业息税前利润受多种因素影响，有企业自身方面的因素，如产品成本、产品质量等；也有外部环境方面的因素，如产品的市场供求情况、国家的物价政策等。由于息税前利润的不确定性或多变性主要是由企业生产经营方面因素引起的，企业难以完全地加以控制，它们构成了企业的经营风险，这就使得财务杠杆产生反向作用具有了可能性。

三、财务杠杆与财务风险

企业利用财务杠杆的过程，实质上也是合理运用负债的过程。财务杠杆在为企业带来收益的同时也增大了企业的财务风险。为此，企业需要在风险和收益之间进行权衡。

企业财务风险的大小取决于财务杠杆系数的高低。一般情况下，财务杠杆系数越大，权益报酬率对于息税前利润率的弹性就越大。如果息税前利润率上升，则权益资本报酬率会以更快的速度上升；如果息税前利润率下降，权益资本利润率将以更快的速度下降，从而风险也越大。本质上，财务风险是由于负债经营导致负债所负担的那一部分经营风险转嫁给了权益资本。如果企业经营状况良好，企业投资报酬率大于负债利息率，则企业可以获得财务杠杆利益；如果企业经营状况不佳，企业投资报酬率小于负债利息率，则企业将承担财务杠杆损失，甚至可能导致企业破产，这一不确定性是企业运用负债必须承担的财务风险。

财务风险是在企业息税前利润不确定条件下，由于使用财务杠杆而造成权益资金收益的不确定性和不稳定性。归根结底，财务风险是企业因运用财务杠杆而使投资者承担的额外经营风险。虽然经营风险不因资本结构变动而改变，但投资者承担的额外经营风险却是因运用财务杠杆而产生的。负债融资的存在，使得投资者承担的风险较未使用财务杠杆时要高，其提高幅度取决于企业资本结构。

综上所述，使用财务杠杆，既可能给投资者带来额外收益，也可能造成额外损失。财务杠杆可能产生的这两方面作用：财务杠杆利益和财务风险，是企业资本结构决策的一个重要影响因素。资本结构决策需要在杠杆利益与其相关的财务风险之间进行合理权衡，任何只考虑获取财务杠杆利益，忽视财务风险的做法，都是企业财务决策的重大失误，最终都将损害投资者的收益。

第三节　资本结构

合理的资本结构对于企业健康发展具有极其重要的意义：一方面，企业的发展离不开大量资金的支持，合理的资本结构有助于企业采取合适的融资方式顺利筹集资本，以满足扩大再生产的需要；另一方面，使用资本需要支付资本成本，合理地安排各种资金来源之间的比例可以降低企业的综合资本成本，从而提高企业竞争力和企业价值。为此，深入研究企业资本结构的影响因素，帮助企业选择合适的融资方式和资本结构，具有特别重要的理论和实践意义。

一、资本结构及其影响因素

资本结构是指企业全部资金来源（主要是债务资本和股权资本）之间的比例关系。由于短期资金的需要量经常变化，且在整个资金中所占比重不稳定，因此不纳入资本结构管理范畴，而作为营运资金进行管理。

企业资本结构的影响因素很多，主要有：

1. 企业的获利能力

企业筹资后通过投资可获得一定利润，利润是企业还本付息的根本来源。企业的总资本报酬率越高，息税前利润越大，获利能力也就越强。当总资本报酬率高于负债利息率时，举债的企业经营状况优良，利用财务杠杆获得更多的收益。此时，资本结构中的负债比例就可相对大一些。反之，资本结构中负债比例相对要小。为此，获利能力是衡量企业负债能力的基本依据。

2. 企业的增长速度

增长速度快的企业，其资金需要量会相应地扩大。因此，为了满足企业增长所引发的资金需求，在自有资本既定的前提下，增加筹资就意味着增加负债。可以说负债投资和负债经营是企业不断增长的一种有效手段。

3. 管理层对风险的态度

管理层是企业的决策者，企业管理层对风险所持有的不同态度，直接影响到企业的资本结构。若管理层不愿承担风险，那么资本结构中负债的比例必然偏小；反之，资本结构中负债的比例相对要大一些。

4. 行业差别

现实中，不同企业对债务资本的使用有很大差别。由于不同行业的生产经营具有不同特点，客观上决定了不同行业经营风险的差异，从而也决定了不同行业在资本结构上的差异。

5. 金融机构的信贷倾向

企业的长期负债主要来源于银行等金融机构，企业期望从银行等金融部门获得债务资金来满足自身的生产经营需要，进而增加企业的收益；银行等金融部门则从自身的安全性、流动性和收益性来决定其贷款对象和数额。因此，银行等金融部门的贷款倾向在很大程度上决定着企业可获得负债资金的数量，进而影响着企业的资本结构。

6. 信用评估机构的意见

通常，信用评估机构对企业的偿债能力和信用等级进行评价和鉴定，其评价和鉴定意见标志着企业的外部形象，从而影响了企业筹资渠道和数量，也在一定程度影响着企业的资本结构。

二、资本结构理论

资本结构是指企业长期资本的构成比例关系，包括长期债务、优先股和普通股权益。资本结构理论则研究资本结构与企业价值之间的关系。具体而言，资本结构理论主要研究企业能否通过负债融资增加股东权益的价值。美国学者 David Durand 最早提出了关于资本结构的理论，总结出资本结构存在三种理论，即净收入理论、净经营收入理论和传统理论，这些理论也称为早期资本结构理论。现代资本理论主要有 MM 理论和平衡理论等，其中，MM 理论是由莫迪格莱尼（Modigliani）和米勒（Miller）于 1958 年提出，并被公认为现代资本结构理论的开端和最有影响的资本结构理论；平衡理论等则是在 MM 理论基础上发展起来的资本结构理论。

（一）净收入理论

净收入理论认为，利用负债筹资可以降低企业加权平均资本成本。因为，负债在企业全部资本中所占的比重越大，综合资本成本越接近债务成本，同时考虑到债务成本一般较低，所以负债程度越高，综合资本成本越低，企业价值越大，因此，主张尽可能地采用负债筹资。

（二）净经营收入理论

净经营收入理论认为：不论企业负债比率是多少，由于负债的资本成本是固定的，资本结构与企业价值无关。如果企业增加成本较低的负债资本，会同时增加企业的财务风险，从而使股东权益的资本成本提高。资本成本一升一降，加权平均的资本成本仍然保持不变，因此，企业资本成本不受负债比率的影响，也不存在最优资本结构。

（三）传统理论

传统理论又称之为折中理论，对净收入理论和净经营收入理论的折中。该理论认为：每一企业均有自己的最优资本结构，尽管企业利用财务杠杆会导致股东权益的资本成本上升，但在一定范围内并不一定会完全抵销利用成本较低的债务所带来的好处。因此，负债融资会使综合成本下降，企业价值上升。若债务超过某一限度，股东权益资本成本的上升就不再能为债务的低成本所抵消，综合资本成本又会上升，此后债务成本也会上升，进而导致综合资本成本更快地上升。企业综合资本由下降变为上升的转折点，即使其最低点的资本结构达到最优，也即综合资本最低时所对应的负债比率，就是企业的最优资本结构。

（四）MM理论

1. MM无税收理论

MM理论假设投资者和企业处在一个完善的资本市场中，并排除经营风险。在不存在税收的情形下：

命题1. 杠杆企业的价值（V_L）等于无杠杆企业的价值（V_u），即 $V_L = V_u$。

命题1说明了无论负债和股东权益在企业资本结构中的比例如何，企业的资本结构是无关的，企业的加权平均资本是相同的。

命题2. 负债企业的股东权益成本等于同一经营风险等级中某一无负债企业的股东权益成本，加上根据无负债企业的股东权益成本和负债成本之差以及负债率来确定的风险补偿，即

$$R_E = R_A + (R_A - R_D) \times D/E$$

式中，R_A 是无负债企业的股东权益成本；R_D 为负债成本；D/E 为负债率；D 为负债额；E 为股东权益成本。

命题2指出，随着企业负债比重的增加，其股东权益成本按债务对权益市价的比率以线性方式增加，即企业提高债务融资时，股权融资成本会上升。股权融资成本取决于两个因素：企业的经营风险和财务杠杆程度（财务风险），经营风险决定于 R_A，财务风险决定于 D/E。

2. MM存在税收的情形

命题1. 杠杆企业的价值等于非杠杆企业的价值加上利息税值的现值

$$V_L = V_U + T_C \times D$$

式中，T_C 是企业所得税税率；D 是负债的总量。

该命题表明：债务融资是很有利的；在极端情况下，一个企业的最优资本结构是100%负债；当引入公司所得税后，负债企业的价值会超过无负债企业的价值；当边际税率不变时，负债越多，该差异越大。

命题2. 负债企业的股东权益成本等于相同经营风险等级的无负债企业股东权益成本，加上无负债企业的股东权益成本和负债成本之差及负债率和公司税率决定的风险报酬

$$R_E = R_A + (R_A - R_D) \times (1 - T) \times D/E$$

值得注意的是，该公式仅比第一组命题2多了一个（$1 - T$）。正是由于（$1 - T$）总是小于1的，因此，负债利息的抵税效应使负债企业股东权益成本的上升幅度低于无税率时的上升幅度，从而，使用低成本的负债能降低企业加权平均资本成本，进而提高企业的总价值。

（五）权衡理论

权衡理论在MM理论的基础上引入财务危机成本概念，它认为：当负债程度较低时，企业不会产生财务危机成本；随负债水平的上升，因负债税值利益的存在使企业价值增加，同时企业财务风险加大，潜在的财务危机成本提高；当负债达到一定界限，即负债的税值利益等于边际财务危机成本时，企业价值最大，资本结构达到最优；此后，若企业继续追加负

债，企业价值因财务危机成本大于负债税值利益而下降，负债越多，企业价值下降越快。

三、最优资本结构与资本成本

企业资本结构决策就是要确定最佳的资本结构。正如前面所分析，使企业价值最大的资本结构也是使资本成本最小的资本结构。最佳资本结构是财务杠杆利益与财务风险之间的一种均衡，是一定时期内企业加权平均成本最低、企业价值最大的资本结构。寻找最佳资本结构，就是不断地寻找和确定最优负债和股东权益构成的过程，同时也是企业不断分析和改进其财务管理的过程。现实中，可以通过以下三种方法选择最优资本结构。

（一）综合资本成本比较法

这种方法是通过计算和比较企业在不同筹资组合方案下的综合资本成本，并将最低综合成本方案下的资本结构视为最优资本结构。实际工作中，企业拟定筹资总额后，可以采取多种渠道多种方式来筹集资金。由于各筹集方式的筹资额有所不同，因此可以形成若干资本结构方案供决策者选择，从中确定出最优的资本结构。在确定最优资本结构时，首先应确定各方案的资本结构即资本比重，再计算确定各方案不同筹资方式的资本成本即单个项目的资本成本，然后计算不同方案的综合资本成本。最后对不同的筹资方案的综合资本成本进行比较，其中综合资本最低的筹资方案为最佳方案。

例 9.14　某企业成立时，确定筹资总额为 1 000 万元，并初步确定了三个筹资方案供选择，有关资料见表 9.12。

表 9.12　备选筹资方案

筹资方式	筹资方案 A		筹资方案 B		筹资方案 C	
	筹资额/万元	资本成本/%	筹资额/万元	资本成本/%	筹资额/万元	资本成本/%
长期借款	80	6	100	6.5	160	7
债券	200	8	300	8	240	7.5
优先股	120	12	200	12	100	12
普通股	600	15	400	15	500	15
合计	1 000	—	1 000	—	1 000	—

根据资本成本比较法，首先计算各方案的综合资本成本，即

筹资方案 A 的综合资本成本为

$$6\% \times \frac{80}{1\ 000} + 8\% \times \frac{200}{1\ 000} + 12\% \times \frac{120}{1\ 000} + 15\% \times \frac{600}{1\ 000} = 12.52\%$$

筹资方案 B 的综合资本成本为

$$6.5\% \times \frac{100}{1\ 000} + 8\% \times \frac{300}{1\ 000} + 12\% \times \frac{200}{1\ 000} + 15\% \times \frac{400}{1\ 000} = 11.45\%$$

筹资方案 C 的综合资本成本为

$$7\% \times \frac{160}{1\ 000} + 7.5\% \times \frac{240}{1\ 000} + 12\% \times \frac{100}{1\ 000} + 15\% \times \frac{500}{1\ 000} = 11.62\%$$

比较三个筹资方案的综合资本成本后不难看出：方案B的综合资本成本最低，为11.45%。显然，方案B的资本结构是最佳资本结构，企业应选择方案B。

（二）每股收益分析法

财务杠杆分析中，讨论了每股盈余（*EPS*）和息税前盈余（*EBIT*）的关系。在此，可以通过测算息税前利润平衡点，确定企业采用哪种筹资方式更有利。

$$\frac{(\overline{EBIT}-I_1)(1-t)-PD_1}{NS_1}=\frac{(\overline{EBIT}-I_2)(1-t)-PD_2}{NS_2}$$

式中，$\overline{EBIT}$为息税前利润平衡点；I_1，I_2 为两种筹资方式下长期债务的年利息；PD_1，PD_2 为两种筹资方式下支付的股息；NS_1，NS_2 为两种情况下流通在外的普通股股数。

息税前利润平衡点称作为每股收益（*EPS*）无差别点，是两种不同资本结构产生相同*EPS*时的息税前利润水平，即无论采取何种方式筹资，每股收益都是相等的。为此，可以通过*EPS*最大化确定最优资本结构。每股收益最大化意味着股东财富最大化，选择债务筹资或权益筹资时，可以先计算两种不同方式下的每股收益，然后采用每股收益最大的筹资方式。例9中，每股收益无差别点的分析图见图9.2。

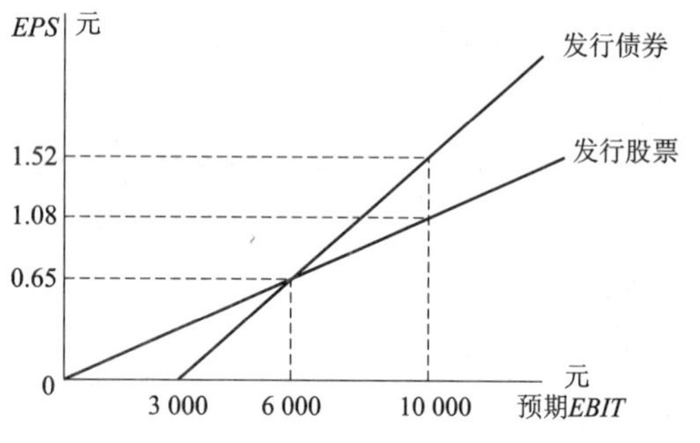

图9.2　*EBIT*的息税前利润平衡点

图9.2表明：每股收益无差别点的息前利润为6 000元时，当息税前利润大于6 000元时，发行债券比发行股票更有利；当息税前利润小于6 000元时，发行股票有利。

值得注意的是：每股收益分析法的测算原理比较容易理解，计算过程也较为简单，但这种方法只考虑了资本结构对每股收益的影响，没有考虑资本结构对风险的影响。

（三）公司价值比较法

每股收益法以每股收益的高低作为选择筹资方式的衡量标准，其缺陷在于忽略了风险因素。只有在风险不变的前提下，每股收益的增长才会导致股价的上升。现实中，随着每股收益的增长，风险也在加大。若每股收益的增长不足以补偿风险增加所要求的报酬，尽管每股收益增加，但股价仍会下降。为此，企业的最优资本结构应当能够使企业总价值最高，同时在企业总价值最大的资本结构下，企业资本成本也最低。

正如前面所分析，企业的总价值等于其股票价值加上负债的价值。若以符号 V 代表负债和股东权益的市场价值，E 为股东权益的市场价值，D 为债务的市场价值，即 $V=E+D$，股票的市场价值可通过公式计算

$$E=\frac{(EBIT-I)\times(1-T)}{R_E}$$

式中，I 为负债的年利息额；T 为公司所得税率；R_E 为股东权益资本成本。

若企业的全部长期资本由长期债务和普通股组成，则企业的资本成本即综合资本成本应为加权平均资本成本，即

$$WACC = R_w = (E/V) \times R_E + (D/V) \times R_D \times (1 - T_C)$$

式中，T_C 为企业所得税税率；R_E 为股东权益资本成本；R_D 为税前债务资本成本。

上式中，为考虑企业筹资风险的影响，普通股资本成本 R_E 可以用资本资产定价模型确定，则

$$R_E = R_f + \beta(R_m - R_f)$$

式中，R_f 为无风险报酬率；R_m 为市场平均报酬率；β 为第 i 种股票的贝塔系数。

确定企业的最优资本结构时，需要计算公司的总价值和综合资本成本，然后再以企业价值最大化为标准确定企业的最佳资本结构。

例 9.15　某公司年息税前盈余为 500 万元，资金全部由普通股资本组成。股票账面价值 2 000 万元，所得税率为 40%，该公司认为目前的资本结构不合理，准备通过发行债券购回部分股票。经调查，目前的负债利率和权益资本如表 9.13 所示。

表 9.13　不同债务规模下债务年利率和普通股资本成本测算表

负债 市场价值 V /百万元	税前债务 资本成本 （R_D）/%	股票 β 价值	无风险 报酬率/%	市场平均 报酬率（R_m）/%	权益资本 成本（R_E）/%
0	—	1.20	10	14	14.8
2	10	1.25	10	14	15
4	10	1.30	10	14	15.2
6	12	1.40	10	14	15.6
8	14	1.55	10	14	16.2
10	16	2.10	10	14	18.4

根据表 9.13 的资料，即可计算出不同负债规模下公司的价值和资本成本，见表 9.14。

表 9.14　公司市场价值和资本成本

负债 市场价值 D /百万元	股票 市场价值 E /百万元	公司 市场价值 V /百万元	税前债务 资本资本/%	权益 资本成本/%	加权平均 资本成本/%
0	20.27	20.27	—	14.8	14.80
2	19.20	21.20	10	15	14.15
4	18.16	22.16	10	15.2	13.54
6	16.46	22.46	12	15.6	13.36
8	14.37	22.37	14	16.2	13.41
10	11.09	21.09	16	18.4	14.23

从表 9.14 可以看出：在无负债情况下，公司总价值是其原有股票价值的市场价值。当公司用负债资本部分地替换股东权益资本时，公司总价值一开始在上升，加权平均资本成本在下降；在负债达到 600 万元后，公司的总价值开始下降，加权平均资本成本开始上升。因此，负债为 600 万元时的资本结构为该公司的最佳资本结构。

附录2　长期投资管理案例分析

——海联工程有限公司

一、工程项目的基本情况

海联工程有限公司是国内一家大型工程承包商，专门从事国内外大型市政工程项目的建设。2008 年 1 月，海联公司（乙方）与广东某地的市政工程公司（甲方）签订一项市政工程合同，由乙方负责修建一条连接新机场和市区的高速公路。工程的概述资料：合同总金额 1. 68 亿元；工程预付款为合同金额的 15% ；成本支出和收款计划见附表 2. 1。

附表 2. 1　成本支出和收款计划

百万元

项　　目	2008 年	2009 年	2010 年	2011 年	2012 年
成本发生额	7	28	31	25	17
收款发票额	11	43	48	39	27

上述所有成本将于发生年份予以支付。此外，海联公司需于 2008 年付款购置 3 800 万元的专用工程设备，这些设备的预期使用寿命 5 年，由于无法用于其他工程项目，因而设备的预期残值为零（注：甲方支付预付款后，海联公司方购置设备）。

合同甲方（市政工程公司）将于当年按乙方开出发票的金额付款，但甲方仅支付发票金额的 80% ；其余 20% 中，15% 以预付款抵扣，5% 作为工程质量保证金（完成合同时，即 2012 年支付 2. 5% ，另外 2. 5% 于 2013 年工程验收后支付）。

为保证工程的顺利进行，海联公司于当年在工程所在地，专门为该工程注册设立了“海联工程公司”，海联公司拥有该子公司 100% 股份。海联公司希望以最少的投资完成该项目，并尽快收回投资。

税收方面：该工程合同为建筑工程项目，假定海联工程公司从事工程建设的所得税税率为 33% 。

风险方面：海联公司技术力量雄厚、成本管理经验丰富，经公司的工程和财务部门实地调查后认为，该工程项目与公司承建过的其他一些工程项目相类似，估计难度不会太大。海联公司将派最优秀的工程技术人员和管理人员从事该工程。

按照海联公司会计制度，该项目的收入将采用完工百分比法进行确认。此外，由于公司为该工程项目融资的税后资金成本为 20% ，因而，要求该项目的报酬率或必要报酬率为 20% 。

二、工程项目收支的风险管理

在工程项目的评估过程中，海联公司管理层认为，该项目在两个方面可能会遇到问题。

1. 甲方推迟付款

海联公司过去承建的工程项目中，遇到过甲方推迟付款的情况。事实上，绝大多数建筑承包商都碰到过类似情况。经验表明：甲方一般会在大型工程建设的第三年推迟付款，以后各年的付款都会顺延一年。对大型工程而言，推迟付款可为甲方有效地降低工程成本，而第三年通常是推迟付款的最佳年份。因为，此时承包商已投入较多资金，无法因甲方推迟付款而放弃工程项目。最近一些年份，大约有1/4的工程项目发生过甲方推迟付款的情况。

甲方推迟付款时，公司通常采取的策略是向甲方施加一些压力，直至停止履行工程合同。公司所采取的行动通常能产生较大的影响，并能彻底改变甲方的态度；工程重新启动后，一般不会再发生通常付款的现象。海联公司管理层认为：若该工程出现推迟付款情况，公司将采取相同的策略。

若第三年出现付款推迟情况，公司将通知甲方：推迟付款行为违反了工程合同，甲方应立即支付款项。如上述方法无效，公司将停止履行合同。停止履行合同的结果可能是：

（1）甲方保证以后不再推迟付款（估计可能性为80%），工程重新启动。

由于暂停履行合同期间仍会发生一些费用。此时，工程成本控制在预算内的概率为60%，成本超支概率为30%，成本严重超支概率为10%。相关的收支估计见附表2.2。

附表2.2 工程收支情况表

项　　目	2008年	2009年	2010年	2011年	2012年
成本支出	7	28	5*	39	34
收款金额	11	43	0#	60#	54#
注：* 表示第三年（2010年）工程暂停后，仍会发生一些费用； # 表示第三年（2010年）无收入，其余款项将于后两年收回；工程质量保证金将如期收回					

（2）上述策略失败时，工程重新启动的有关收支情况见附表2.3。

附表2.3 工程重新启动的收支情况表

项　　目	2008年	2009年	2010年	2011年	2012年	2013年
成本支出	7	28	5	39	34	
收款金额	11	43	0	15	45	54

此时，仍可于2012年和2013年收回工程质量保证金。

2. 工程成本超支

尽管海联公司的成本管理水平较高，有时也出现工程成本超支，甚至是严重超支。在公司过去承建的20项工程项目中，12项工程的成本控制在工程预算之内，4项工程的成本发生超支（超过成本预算3%～5%），两项工程的成本严重超支（超过预算6%～8%），但也有两项工程的成本有所节约（比工程预算节约3%～5%）。经验表明，成本超支并非仅发生于某一特定年份，通常在工程的整个建设期内都会发生超支。

三、工程项目的获利能力分析

分析任何投资项目的获利能力都涉及两个方面：项目的现金流量分析；评价指标的选择

和运用。为确保该项目在经济上的合理性，签订工程项目合同之前，公司对其获利能力或经济性进行了分析，分析过程如下：

（一）现金流量分析

不考虑推迟付款和成本超支风险的前提下（注：尽管这一风险确实存在，为简便起见，暂不考虑），该工程项目的现金流量分析及其结果见附表2.4、附表2.5。

附表2.4中，Excel模型由三部分组成，第1～7行用于确定各年所得税，第8～9行是计算现金流量的重要参数，第10～17行用于确定各年现金净流量。就该工程而言，其现金流入量（第14行）主要来源于工程收入（第2行）、预收款（第10行），以及保证金的收回（第13行），而现金流出量（第16行）则由工程成本支出（第3行）、所得税支出（第7行）和设备支出（第15行）决定。建立该模型的简便方法为：

（1）将B5单元格的公式拷贝至C5、D5、E5和F5单元格。

（2）复制C6单元格的公式到D6、E6和F6单元格。

（3）把D7单元格的计算公式复制到E7和F7单元格（注：运用逻辑函数计算所得税时，理论上应将税法规定的亏损弥补年限考虑在内，但该工程的寿命期为5年，等同于税法规定的税前补亏年限，因而，为了简便起见，在此可省去补亏年限这一因素）。

（4）拷贝B11～B12单元格的公式至C～F栏（注：$B$8、$B$9表示绝对引用位置）。

（5）将B14～B17（B15除外）单元格的公式，拷贝至C～G栏。

（6）复制H1单元格的公式到H2～H5、H7和H10～H17单元格。

上述模型中，计算H10～H13的目的是为了确保海联公司收到的预收款与甲方的预付款扣除额相等，扣除的工程质量保证金和收回的保证金相等。

上述Excel模型的运算结果见附表2.5。从附表2.5中第17行可以看出，该项目的现金净流量仅在2008年为负数（即投资额为11百万元），其余各年均为正数。因而，该工程项目属于常规型投资项目。由于该项目不会与海联公司的其他投资项目相互冲突。可见，它也是一独立型项目。理论上，评价独立常规型投资项目时，*NPV*和*IRR*等评价指标不会得相互矛盾的结论。因而，就该工程项目而言，运用*NPV*和*IRR*指标评价其获利能力较为适宜。

（二）净现值*NPV*和内含报酬率*IRR*分析

由于Excel软件包含*NPV*函数和*IRR*函数，运用Excel模型计算投资项目的*NPV*和*IRR*指标十分简便。鉴于对该工程项目要求的必要报酬率为20%，海联公司分析人员将其作为计算*NPV*的折现率和*IRR*的评价判别标准。依据附表2.4中资料，计算*NPV*和*IRR*指标的方法为：

1. *NPV*指标的计算

在A18单元格输入“净现值*NPV*”。

在B18单元格输入公式“=*NPV*（20%，C17，D17，E17，F17，G17）+B17”或“=*NPV*（20%，C17:G17）+B17”，即可求得该工程项目的净现值*NPV*为4.19百万元。

2. 内含报酬率*IRR*指标的计算

在A19单元格输入“内含报酬率*IRR*”。

附表 2.4　市政工程项目的现金流量(Excel)模型

百万元

A	B	C	D	E	F	G	H
1	2008 年	2009 年	2010 年	2011 年	2012 年	2013 年	合　计
2　工程收入	11	43	48	39	27		= SUM(B2:G2)
3　工程成本	7	28	31	25	17		= SUM(B3:G3)
4　折旧	= 38/5	= 38/5	= 38/5	= 38/5	= 38/5		= SUM(B4:G4)
5　税前利润	= B2 - B3 - B4	= C2 - C3 - C4	= D2 - D3 - D4	= E2 - E3 - E4	= F2 - F3 - F4		= SUM(B5:G5)
6　累计利润	= B5	= B6 + C5	= C6 + D5	= D6 + E5	= E6 + F5		
7　所得税	= IF(B6 < 0,0, 0.33 * B6)	= IF(C6 < 0,0,IF (B6 < 0,0.33 * C6,0.33 * C5))	= IF(D6 < 0,0,IF (C6 < 0,0.33 * D6,0.33 * D5))	= IF(E6 < 0,0,IF (D6 < 0,0.33 * E6,0.33 * E5))	= IF(F6 < 0,0,IF (E6 < 0,0.33 * F6,0.33 * F5))		= SUM(B7:G7)
8　预收款比率	0.15						
9　保证金比率	0.05						
10　预收款	= 168 * B8						= SUM(B10:G10)
11　预收款扣除	= B2 * $B $8	= C2 * $B $8	= D2 * $B $8	= E2 * $B $8	= F2 * $B $8		= SUM(B11:G11)
12　保证金扣除	= B2 * $B $9	= C2 * $B $9	= D2 * $B $9	= E2 * $B $9	= F2 * $B $9		= SUM(B12:G12)
13　收回保证金					= 168 * $B $9/2	= 168 * $B $9/2	= SUM(B13:G13)
14　现金流入量	= B2 + B10 - B11 - B12 + B13	= C2 + C10 - C11 - C12 + C13	= D2 + D10 - D11 - D12 + D13	= E2 + E10 - E11 - E12 + E13	= F2 + F10 - F11 - F12 + F13	= G2 + G10 - G11 - G12 + G13	= SUM(B14:G14)
15　设备支出	38						= SUM(B15:G15)
16　现金流出量	= B3 + B7 + B15	= C3 + C7 + C15	= D3 + D7 + D15	= E3 + E7 + E15	= F3 + F7 + F15	= G3 + G7 + G15	= SUM(B16:G16)
17　现金净流量	= B14 - B16	= C14 - C16	= D14 - D16	= E14 - E16	= F14 - F16	= G14 - G16	= SUM(B17:G17)

在B19单元格输入公式"=*IRR*（B17:G17）"即可求得该工程的*IRR*为36%。部分模型及其结果见附表2.5。

从附表2.5可知，该市政工程项目的净现值大于零，公司仅投资11百万元，即可赚取4.19百万元的超额利润，内含报酬率36%大于要求的报酬率20%，因而其具有经济上的可行性。由于正常情况下投资项目的净现值接近于零，针对该项目极高的获利能力，海联公司财务人员进一步分析了其原因（注：对任何投资项目而言，赚取极高的超额利润必须有合理的解释。否则，可能是由于现金流量或折现率估计不当造成的）。

附表2.5 现金流量（Excel）模型的运算结果

百万元

A	B	C	D	E	F	G	H
1	2008年	2009年	2010年	2011年	2012年	2013年	合计
2 工程收入	11.00	43.00	48.00	39.00	27.00		168.00
3 工程成本	7.00	28.00	31.00	25.00	17.00		108.00
4 折旧	7.60	7.60	7.60	7.60	7.60		38.00
5 税前利润	-3.60	7.40	9.40	6.40	2.40		22.00
6 累计利润	-3.60	3.80	13.20	19.60	22.00		
7 所得税	0.00	1.25	3.10	2.11	0.79		7.26
8 预收款比率	0.15						
9 保证金比率	0.05						
10 预收款	25.20						25.20
11 预收款扣除	1.65	6.45	7.20	5.85	4.05		25.20
12 保证金扣除	0.55	2.15	2.40	1.95	1.35		8.40
13 收回保证金					4.20	4.20	8.40
14 现金流入量	34.00	34.40	38.40	31.20	25.80	4.20	168.00
15 设备支出	38.00						38.00
16 现金流出量	45.00	29.25	34.10	27.11	17.79	0.00	153.26
17 现金净流量	-11.00	5.15	4.30	4.09	8.01	4.20	14.74

***NPV*、*IRR* 模型及其运算结果**

百万元

A	B	C	D	E	F	G	H
17 现金净流量	-11.00	5.15	4.30	4.09	8.01	4.20	14.74
18 净现值 *NPV*	4.19						
19 内含报酬率 *IRR*	36%						

公式：

B18：=*NPV*(20%,C17:G17)+B17

B19：=*IRR*(B17:G17)

任何一投资项目净现值的高低，直接取决于其现金净流量的多少及其发生的时间。首先，基于公司较高的声誉和较强的谈判能力，该项目的现金净流量较高，表现为：投资额仅为 11 百万元，而赚取的税后利润却高达 14.74 百万元（税前利润 22 - 所得税 7.26）。其次，从现金净流量的时间形态来看，项目的初期现金流出量相对较少。有趣的是，11 百万元的投资额意味着该项目的营运资金投资为负数。因为，海联公司于 2008 年收到预付款（甲方的预付款）25.20 百万元后，需购买设备 38 百万元，公司需净投资 12.8 百万元，因而，其营运资金需求必然为 1.8 百万元（12.8 百万元 - 11 百万元）。可见，工程合同规定的预收款比率和工程款项结算方法（影响着现金流量的多少和时间形态）对海联公司很有利。值得注意的是，改变预收款比率，其净现值和内含报酬率将大幅降低，如预收款比率为 5% 时，净现值为 -1.04 百万元，*IRR* 为 18%（注：附表 2.3 的模型中，在 B8 单元格删除 0.15 后，再输入 0.05 即可）。故此分析人员认为，该项目有较高的净现值是正常现象。

四、市政工程项目的风险分析

分析该项目的获利能力后，公司依据上述有关资料对该市政工程项目进行了风险分析。具体的风险分析过程如下：

（一）敏感性分析

海联公司对该工程进行分析后认为，影响项目获利能力的关键因素主要有：a. 设备成本可能会较高；b. 每年工程成本可能会更高；c. 可能会损失保证金；d. 甲方可能会推迟付款。为了评价这些因素的可能变动对获利能力的影响，他们以附表 2.3 中 Excel 模型为基本模型（注：为计算净利润，仅需在 A20 单元格内输入“净利润”，并在 B20 单元格内输入公式“ = H5 - H7”即可），一次一个因素地分析其变动对利润、净现值和内含报酬率的影响，即敏感性分析，计算结果见附表 2.6。

附表 2.6　敏感性分析结果

风险因素	新利润 /百万元	利润变化 /%	新 *NPV* /百万元	*NPV* 变化 /%	新 *IRR* /%	*IRR* 变化 /%
（1）设备成本高 5%	13.47	-8.62	2.72	-35.08	29	-7
（2）年工程成本高 5%	11.12	-24.56	1.67	-60.14	26	-10
（3）损失保证金	9.11	-38.20	0.48	-88.54	22	-14
（4）甲方推迟 1 年付款	-5.00	-133.92	-7.03	-267.78	16	-20
注：进行上述各因素的敏感性分析时，需分别对基本模型进行调整						

（1）设备成本高 5% 时，基本 Excel 模型的调整方法：将 B4 单元格内公式改为“ = 38 * 1.05/5”，并拷贝至 C4 ~ F4 单元格；再将 B15 单元格内的数值改为“ = 38 * 1.05”即可。

（2）年工程成本高 5% 时，基本 Excel 模型的调整方法：将 B3 单元格内的数值改为“ = 7 * 1.05”，并对 C4 ~ F4 单元格作相似的调整即可。

（3）损失工程质量保证金时，基本 Excel 模型的调整方法：仅需删除 F13 和 G13 单元格内的公式，即可计算出新 *NPV* 和 *IRR*；为计算新税后利润，需将 B20 单元格年公式改为

“=(H5-H12)*0.67”。

（4）甲方推迟1年付款（所有收入全部推迟1年）时，基本Excel模型的调整方法：先删除B2~F2单元格内数值，然后在C2~G2单元格内分别依次输入“11、43、48、39、27”即可。

从附表2.6可以看出：相对于设备成本而言，该市政工程项目的获利能力对年工程成本的变动更为敏感；四个因素中，甲方推迟1年付款的影响最大，将会使该项目发生严重亏损（仅其净利润为负数）。

海联公司进行敏感性分析后意识到：从严格意义上讲敏感性分析并非风险分析，尽管上述分析有助于了解该合同的获利能力、获利的原因和影响获利能力的主要因素，但为了真正了解该合同的风险，还需评估各因素的未来变动范围、变动发生的机会或概率及其同时发生变动的影响等。经再次调查获悉，设备成本发生变动的可能性极低，基于公司的工程技术能力和经验，损失保证金的可能性微乎其微。为此，仅需对工程成本超支和甲方推迟付款两个因素进行风险分析，即情景分析。

（二）情景分析

海联公司分两个步骤进行情景分析：

（1）基于工程成本可能超支、甲方可能推迟付款这两个因素之间存在的关系，为该市政工程合同建立了风险图，以揭示各种可能出现的情况，见附图2.1。

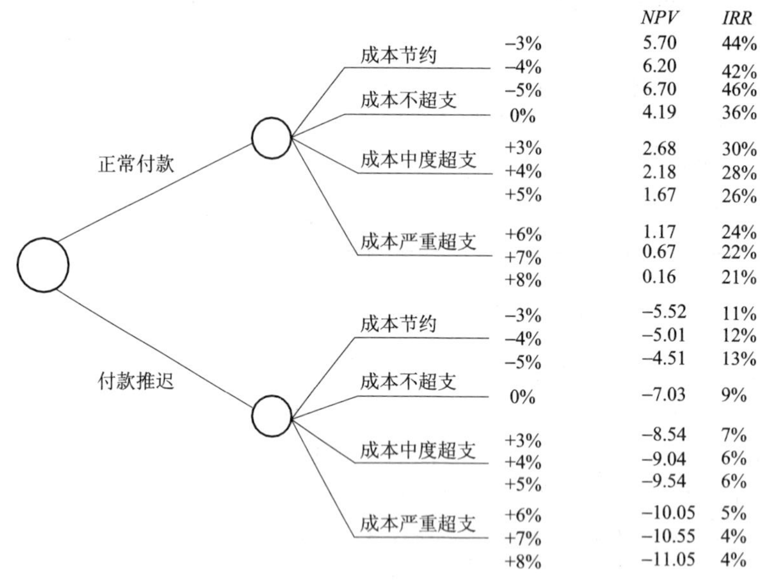

附图2.1 市政工程合同风险图

附图2.1中，*NPV*和*IRR*的计算过程为：

为了确定“甲方推迟付款”和“工程成本超支”两个敏感因素对*NPV*的影响，需对附表2.3中Excel模型进行一些调整，建立两个改进模型。

① 为反映工程成本超支的影响，需在附表2.3模型的第3行插入一行：在A3单元格输入“成本调整”，在B3单元格输入“1”；此外，重新输入工程成本的数值，B4内输入“=

7 * B3”、C4 内输入“ =28 * B3”、D4 内输入“ =31 * B3”、E4 内输入“ =25 * B3”、F4 内输入“ =17 * B3”；作上述调整后，*NPV* 和 *IRR* 不变。修改后的模型称为“改进模型 1”。

② 为反映甲方推迟付款的影响，需以改进模型 1 为基础，建立改进模型 2。具体方法为：在 H 栏上插入一栏，并在 H2 输入“2014 年”；在第 12 行插入一行，在 A12 输入“工程收款”，B12 ~ G12 输入“11、43、0、48、39、27”；删除 B13 ~ G13 内公式，然后在 B13 单元格内输入“ = B12 * $B $9”，并进行“行复制”，即将 B13 内公式拷贝至 C13 ~ G13 单元格；将 B14 内公式改为“ = B12 * $B $10”，并作相似的行复制；删除 F15 内的公式，将 G15 的公式拷贝至 H15；删除 B16 ~ H16 内公式，在 B16 内输入“ = B12 + B11 - B13 - B14 + B15”，然后作行复制（C16 ~ H16）（注：将该模型以另一文件名保存）。完成上述调整后，改进模型 2 的 *NPV* 为 -7.03，*IRR* 为 9%，净利润仍为 14.74 百万元。

以改进模型 1 为基础（正常付款），分别按工程成本的未来可能状况，调整 B3 单元格内的数值，即可求得相应的 *NPV* 和 *IRR*。例如，成本节约 3% 时，将 B3 改为 0.97，可求得 *NPV* 为 5.70，*IRR* 为 42%。同理，以改进模型 2 为基础，通过改变 B3 单元格内数值，可得出甲方推迟付款情况下的 *NPV* 和 *IRR*，模型的运算结果见附图 2.1。

附图 2.1 中给出了 20 种可能情形下的 *NPV* 和 *IRR*，但由于工程成本节约和超支等并未给定准确的取值，而是界定了其取值范围。因此，为了简便起见，仅对其中八种情形，即成本节约（4%）、成本不超支（0%）、成本中度超支（4%）和成本严重超支（7%）等进行分析。表面上看，附图 2.1 中的结果并不理想，八种情形中有四种（甲方推迟付款）的 *NPV* 为负数，且其绝对金额又远远大于其他可能情形（正常付款）的 *NPV*。能否据此认为该市政工程合同的风险极大呢？回答这一问题时，不应只看各种可能情形下 *NPV* 的大小，还需考虑各种可能情形发生的概率。

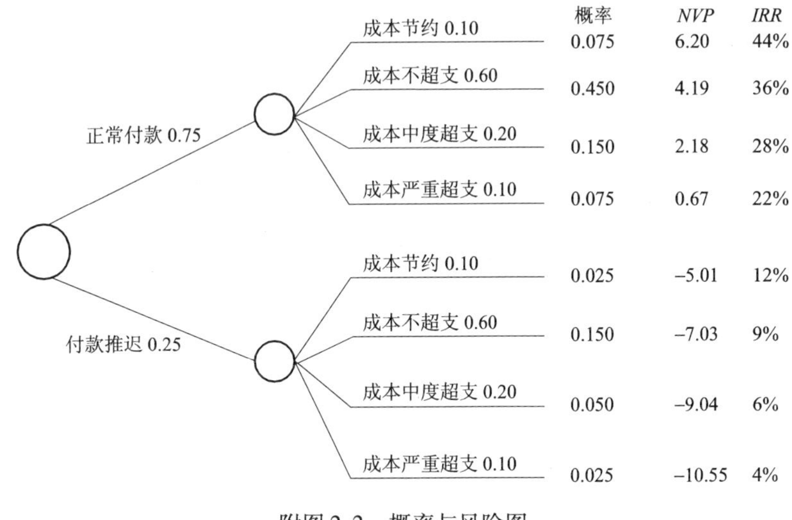

附图 2.2　概率与风险图

（2）根据长期从事工程建设的经验，海联公司认为该工程面临的各种可能情形与过去的工程项目相似，并以有关的统计资料（见本附录的第二部分），推断出各种情形发生的概率：甲方推迟付款为 0.75、成本节约为 0.1、成本不超支为 0.6、成本中度超支为 0.2、成本严重超支为 0.1。八种可能情形发生的概率见附图 2.2。

基于附图2.2中各种可能情形的*NPV*值及其概率，该市政工程项目的预期*NPV*为：

$$E(NPV)=0.075\times6.20+0.450\times4.19+0.150\times2.18+0.075\times0.67+0.025\times(-5.01)+0.150\times(-7.03)+0.050\times(-9.04)+0.025\times(-10.55)=0.83(\text{百万元})$$

标准差 $\sigma_{NPV}=\sqrt{25.7461}=5.07$

变异系数 $V=\dfrac{\sigma_{NPV}}{E\ (NPV)}=\dfrac{5.07}{0.83}=6.11$

从标准差 σ_{NPV} 和变异系数 V 来看，该市政工程项目的风险较大。但海联公司认为：上述结果反映的仅是对甲方推迟付款不作任何反应下的状况，这与实际情况有较大的差别，可以说其低估了该项目的获利能力。

（三）决策树分析

为了进一步了解该项目的获利能力，海联公司研究了甲方推迟付款时公司将作出的反应及其可能结果（见本附录第二部分），并以此为基础，运用决策树分析法重新分析该项目的获利能力，具体分析过程如下：

根据过去经验，公司对甲方推迟付款作出反应后，可能的结果是甲方重新按计划付款或继续推迟付款两种。为此，根据有关资料编制如下决策树分析图，如附图2.3所示。

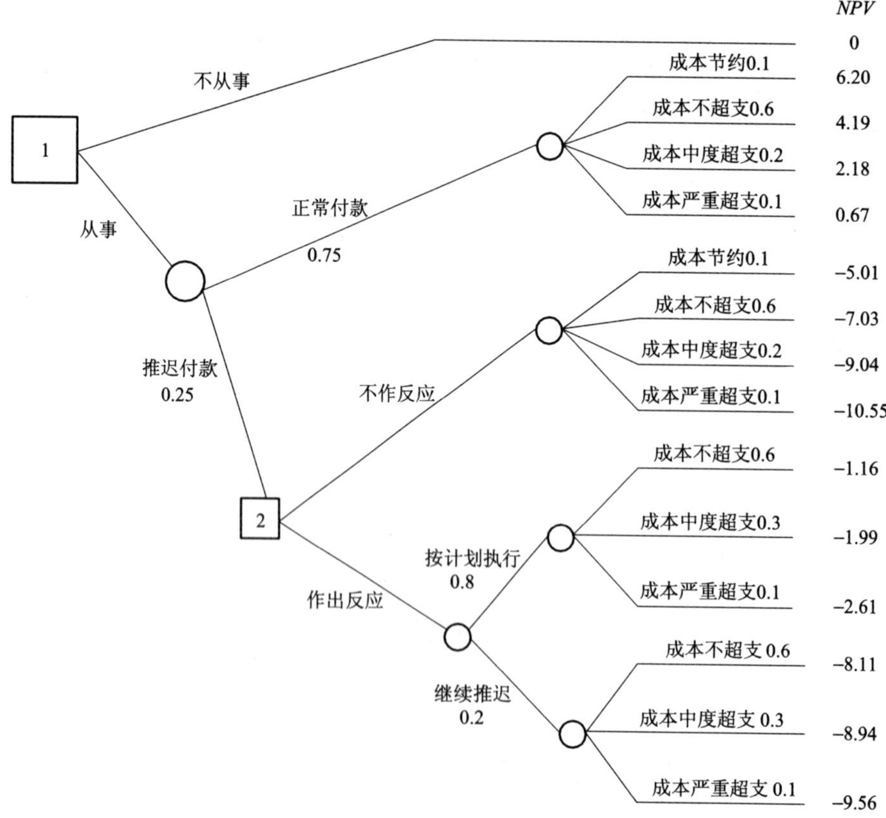

附图2.3　市政工程项目决策树分析图

附图2.3中，在海联公司对甲方推迟付款作出反应、甲方重新按计划付款的三种情形下，*NPV*的计算方法为：

以改进模型2为基础，a. 将E12～F12单元格内的数值改为“60、54”，并删除G12单元格内数值。b. F15内输入公式“=168*$B$10/2”，并删除H15单元格内公式。c. 将D4～F4内数值删除，分别重新输入“5、39和34”。完成上述调整后，Excel模型的*NPV*为-1.16，*IRR*为17%。d. 利用经上述调整的模型，在B3内分别输入相应的成本调整系数(1、1.04和1.07)，即可得出不同情形下的*NPV*值。如输入1.04，求得成本中度超支时的*NPV*为-1.99等。

同理，在甲方继续推迟付款的情形下，也可以改进模型2为基础，首先将E12～G12单元格内的数值改为“15、45和54”；其次将D4～F4内数值删除，再分别重新输入“5、39和34”；最后，在F15内输入公式“=168*$B$10/2”，并删除H15单元格内公式。完成上述调整后，Excel模型的*NPV*为-8.11，*IRR*为8%。最后，利用调整过的模型，在B3内依次输入不同情形下的成本调整系数（1、1.04和1.07），即可得出相应的*NPV*值。

利用附图2.3中资料，分别计算决策点2和决策点1的预期*NPV*。

1. 决策点2的*NPV*分析

不作反应的预期 $NPV = 0.1\times(-5.01)+0.6\times(-7.03)+0.2\times(-9.04)+0.1\times(-10.55) = -7.58$（百万元）

作出反应的预期 $NPV = 0.48\times(-1.16)+0.24\times(-1.99)+0.08\times(-2.61)+0.12\times(-8.11)+0.06\times(-8.94)+0.02\times(-9.56) = -2.94$（百万元）

由于后者大于前者，故甲方推迟付款时，公司应作出强烈的反应。

2. 决策点1的*NPV*分析

不从事该市政工程的预期 $NPV=0$

从事该项目的预期 $NPV = 0.25\times(-2.94)+0.75\times(0.1\times6.2+0.6\times4.19+0.2\times2.18+0.1\times0.67) = 1.99$（百万元）

可见，从事该市政工程项目的预期净现值大于零，因而应从事该工程项目。

基于上述分析，特别是决策树分析，海联公司在一定程度上打消了对甲方推迟付款风险的过分担忧，并于2008年1月正式与甲方签订了市政工程建设合同。

第四篇

利润分配管理与企业并购、重组

利润分配决策或股息决策是企业财务管理的三大基本内容。利润分配管理涉及正确处理利润留存和股息发放之间关系，制定适宜的利润分配策略，以及选择恰当的分派方式等。恰当的利润分配管理，有助于促进公司在分配、筹资和投资的管理上相互协调，确保股东财富或公司价值最大化这一财务管理目标的实现。

本部分将着重探讨企业利润分配的理论和方法。由于利润分配理论是企业财务管理理论中最有争议的理论，在此仅探讨剩余理论、完美市场理论等利润分配无关论，“一鸟在手”论、信号传播论等利润分配相关论和群分理论，并对不同的股息支付政策进行分析。

此外，基于现实中我国企业的资本运营活动越来越多，本部分将对资本运营的主要方式——企业并购和资本重组进行专题分析，着重探讨企业并购的含义及分类、并购的动因、目标企业的价值评估、并购对企业的影响、资本重组的方式等方面。

第十章

利润分配的管理

利润分配管理主要涉及企业对其收益作股息分配，或做留存利润以用于再投资的决策问题。较高的股息分配意味着企业只能留存较少的利润，从而限制企业的发展速度；较低的股息分配意味着投资者的收益下降，影响企业的资金来源。利润分配管理就是要权衡利弊，制定最优的利润分配政策。本章重点讨论利润分配无关论、利润分配相关论、股息支付政策以及利润分配决策中必须考虑的主要因素等。

第一节　利润分配的程序

利润分配不仅对各投资主体近期和长远经济利益有着直接影响，而且与公司投资管理和筹资管理的关系十分密切。为此，进行利润分配时，有必要首先了解公司利润的构成及其分配程序。

一、公司利润的构成

利润分配是对公司经营所实现利润的分配。正确认识公司的税后利润及可供分配的利润，是恰当地进行利润分配的基础。

（一）净利润

净利润是公司在一定期限内（通常为一年）生产经营活动的最终财务成果。净利润的高低，取决于营业利润、营业外收支净额和所得税等因素。它们之间的关系为

$$净利润 = 营业利润 + 营业外收支净额 - 所得税$$

1. 营业利润

营业利润是公司在一定时期内从事生产经营活动所取得的财务成果，是公司净利润的主体。

营业利润是公司从事基本生产经营活动实现的利润，是公司利润的主要源泉，是公司的营业收入扣除营业成本、营业收入应承担的流转税金和扣除期间费用（营业费用、管理费用和财务费用）后的余额。可见，营业利润突出地反映了公司生产经营的成果，是衡量公司管理层经营业绩的重要依据。

2. 营业外收支净额

营业外收支净额是指与公司生产经营活动无直接关系的营业外收入和营业外支出相抵后的余额。其中，营业外收入是与公司生产经营活动没有直接关系的收入，如现金溢余、固定资产盘盈、罚款收入、因债权人原因而无法支付的应付款项等；营业外支出则与公司生产经营活动没有直接关系，即不是公司生产经营的成本费用，但应由公司负担的各项支出，包括固定资产的盘亏和处理损失、自然灾害等造成的非常损失、罚款支出等。

3. 所得税

所得税是公司按照国家有关法律规定缴纳的一种税收，是公司取得净利润必须支付的代价。从1994年起，所得税开始被视为公司生产经营的费用，计入当期损益（注：在此之前，一直将所得税作为利润分配处理）。

（二）可供分配的利润

净利润是进行利润分配的基础，但利润分配时并非直接对净利润进行分配，可供分配的利润才是公司进行利润分配的直接对象。其确定方法为

可供分配的利润 = 净利润 + 年初未分配利润 - 税后利润补亏

1. 年初未分配利润

未分配利润是公司可供分配的利润按照利润分配顺序进行分配后的余额，实际上是未指定用途或未作分配的税后利润，通常可以在以后的年份再作分配。年初未分配利润，就是上一年年末未作分配的利润，它增加了本年度的可供分配利润。

2. 税后利润补亏

按照《公司法》的有关规定，公司的经营亏损可用下一年度的税前利润弥补；下一年度利润不足弥补的，可在5年内延续弥补；5年内仍不足弥补的，以税后利润等弥补亏损。以税后利润弥补亏损，会减少本年度的可供分配利润。

二、利润分配的程序

现实经济生活中，利润分配与公司的财务管理体制密切相关，它会随着公司财务管理体制的变革而作相应的变动。在我国的计划经济体制时期，国家是企业唯一的投资主体，企业在利润分配上主要实行的是“统收统支”，即企业的利润全部上缴国家，而亏损则由国家财政予以补贴，这一分配方式实质上无利润分配管理可言。改革开放以来，随着我国市场经济体制的确立和完善，特别是企业组织公司化和投资主体多元化等改革措施的稳步推进，公司成了自主经营、自负盈亏、自我约束和自我发展的经济实体。各投资主体在承担风险的同时，也拥有了分享公司经营成果的权利。与之相应，在利润分配上也发生了重大变化。目前，根据国家有关法律法规的规定，有限责任公司和股份有限公司的利润分配程序为：

1. 提取法定公积金

盈余公积金，又称留存利润，是公司在资本金之外保留的资金，分为法定公积金和任意公积金两种。提取盈余公积金的目的，是为了增强公司抵御经营风险的能力，满足公司经营的资金需求。此外，盈余公积金也可以用于公司的分红。

法定公积金按可供分配利润的10%提取，当盈余公积金累计达到注册资本的50%以上时可不再提取。法定公积金主要用于弥补公司的经营亏损，或转增公司的资本金；若用于转增资本金，转增后的法定公积金不得低于公司注册资本的25%。

2. 提取任意公积金

任意公积金是公司为了特定的目的、从可供分配的利润中自行提取的资金，其提取比例由公司的董事会决定。提取任意公积金，可能是为了满足公司经营的资金需求；也可能仅仅是为了调节向投资者的分红水平，限制股息的过多发放。对股份有限公司而言，其任意公积金的提取顺序稍有不同，应向优先股股东分红之后再提取。

3. 向投资者分配利润

向投资者分配利润，简称分红，是投资者收益权的直接体现。在提取公积金和公益金之后，公司的可供分配利润即可用于发放股息。分红方案由公司的董事会提出，经股东（大）会审议批准实施。制定分红方案时，必须遵守分配利润的顺序。若公司的董事会或股东（大）会违反上述顺序，制定的分红方案无效，分配的利润须退还公司。值得注意的是，依据《公司法》设立的有限责任公司和股份有限公司的具体分红形式不同：前者按照各投资者拥有的股份比例即投资比例分配利润，而后者则基于“一股一权”原则，按各投资者拥有的股份数量分红（股息）。

向投资者分配利润的基本原则是：当年无利润，一般不得分红。但为了维护股份有限公司股票的信誉，若其当年无利润，在以盈余公积金弥补亏损后，经股东大会特别决议，可按照不超过其股票面值的6%以盈余公积金发放股息，但分配股息后公司法定盈余公积金仍不得低于其注册资本的25%。

例10.1 以海天股份有限公司为例，海天公司董事会研究决定，并经股东大会审议批准：2008年度，海天公司法定盈余公积金的提取比例为10%，任意盈余公积金提取48.60万元（2007年为46.90万元），发放普通股股息388万元（2007年为362万元）。其利润分配的程序见表10.1。

表10.1 海天股份有限公司利润分配表

2008年度　　万元

项　目	本年实际	上年实际
一、净利润	488	456
加：年初未分配利润	6	6
减：税后利润补亏		
二、可供分配的利润	494	461
减：提取法定公积金	49.4	46.1
三、可供投资者分配的利润	444.6	414.9
减：提取任意公积金	48.6	46.9
减：向投资者分配利润	388	362
四、未分配利润	8	6

第二节　利润分配理论与政策

进行利润分配的管理，首先涉及利润留存和股息发放的选择，即可供分配的利润是留存在公司，还是发放给投资者。现实经济生活中，各公司基于不同的利润分配理论，作出了不同的选择，并制定了相应的利润分配政策。

一、利润分配理论

利润分配管理中争议较大的是：利润留存或股息发放的不同选择，是否会影响财务管理目标——股东财富或公司价值最大化的实现。在这一问题上存在着相互对立的观点，形成了三类不同的利润分配理论（注：尽管利润分配理论以股份有限公司为对象，但这些理论同样适用于有限责任公司）。

（一）利润分配无关理论

利润分配无关理论的基本观点是：利润分配上的不同选择不会对公司的价值或股东的财富产生任何影响，因而各公司不存在最优的利润分配政策。这类理论主要有：

1. 剩余理论（Residual Theory）

剩余理论认为：可供投资者分配的利润中，股息的发放水平，取决于公司投资项目的资金需求得到满足后剩余（不需用）利润的多少。只要公司找到了有利可图的投资项目，就应该留存利润，以满足投资项目的资金需求；若有利可图的投资项目较少，其资金需求少于可供投资者分配的利润时，才将不需用的利润作为股息发放。

该理论隐含的假定是，利润分配上的不同选择与股东财富最大化无关，即投资者对目前取得股息或是未来取得资本利得无偏好（注：资本利得是指资产的出售价格高于其购入价格的部分，股东投资的资本利得来自留存利润未来赚取的收益）。只要投资项目的预期报酬率超过留存利润所要求的报酬率，投资者就愿意放弃分红。反之，投资者就会比较喜欢分红。

2. 完美市场理论

完美市场理论，又称 MM 理论（因其倡导人 F. Modigliani 和 H. Miller 而得名）。其观点为：公司的价值或股东的财富，取决于公司资产的基本获利能力及其风险等级；发放股息的多少无关紧要，不影响公司股东的财富，即利润分配上的不同选择，不影响股东权益所要求的报酬率。若发放股息少，投资者可以出售部分股权（股票）；相反，若发放股息多，投资者可以再买入部分股权（或股票）。

该理论基于如下假定：不存在个人或公司所得税；没有筹资成本；利润分配政策不影响公司的资金成本；投资者和公司管理层掌握着相同的投资机会信息等。显然，由于这些假定不太现实，完美市场理论也就难以完全正确。

（二）利润分配相关理论

利润分配相关理论的基本观点为：利润分配上的不同选择影响着股东的财富，公司应尽可能多地发放股息，少留存利润。这类理论包括：

1. “一鸟在手”理论（“Bird in Hand” Theory）

针对MM理论隐含的假定——利润分配与股东权益的必要报酬率无关，美国学者M. Gordon和J. Lintner于20世纪60年代初提出“一鸟在手”理论。该理论认为，投资者偏爱近期的确定股息，而不喜欢未来产生自留存利润的不确定资本利得，这意味着减少发放股息，股东权益所要求的报酬率会升高。因而，公司应尽可能多地发放股息。

2. 信号传递理论（Signalling Theory）

一般而言，公司发放的股息变动后，其股票的价格通常会随之相应地变动。增加股息，股票价格会随之升高；反之，若减少股息，股票价格则随之降低。信号传递理论基于这一实际观察结果，认为投资者偏爱的是股息，而不是资本利得。

（三）“群分”理论（Clientele Theory）

“群分”理论是介于利润分配无关理论和相关理论之间的一种折中理论。该理论认为，不同股东对发放股息或利润留存有不同的偏好；有些股东如退休者和大学偏爱股息，而另一些股东如机构投资者则喜欢资本利得。因此，公司进行利润分配时，应尽可能根据投资者的偏好决定发放股息或留存利润，以吸引投资者。

20世纪60年代以来，西方对这三类理论进行了大量的实证研究。由于种种原因，迄今尚未得出明确一致的结论。因此，三种理论很可能都包含合理的成分。

二、利润分配政策

利润分配政策是指公司向投资者分配现金股息的策略，它决定了投资者可分享公司利润的多寡。现实中，公司采用的利润分配政策大不相同。其中，常用的利润分配政策有剩余股息政策、固定股息额政策、固定支付率政策、低正常股息加额外股息政策、不支付股息政策等。

（一）剩余股息政策

采用剩余股息政策，意味着公司仅将不需用的利润作为股息发放给投资者，其目的在于保持最优的资金结构，使其加权平均资金成本最低。

运用该政策的基本程序为：a. 确定公司的目标或最优资金结构；b. 以最优资金结构为基础，确定公司资本预算所需权益资金的数额；c. 最大限度地利用可供投资者分配的利润满足所需的权益资金数额；d. 满足权益资金的需求后，若有剩余的利润，再将其作为股息发放给投资者。

例10.2 2009年，海天公司可供投资者分配的利润为500万元，2010年的资本预算为350万元，公司的目标资金结构为资产负债比率的50%。因此，在其目标资金结构下，2010年资本预算所需的权益资金为

$$350 \times 50\% = 175 \text{（万元）}$$

公司可供分配的利润在满足这一权益资金需求后，剩余利润为$500 - 175 = 325$（万元），可用于发放股息。由于该公司流通在外的普通股为1 694万股，因此，每股股息为$325 \div 1\,694 = 0.19$（元）。

（二）固定股息额政策

固定股息额政策是指无论公司的盈利水平如何，公司每年都向投资者发放固定数额的股息。只有公司的获利能力大幅增长后，公司才会将股息调整至新的固定水平。

该政策的主要优势在于：稳定的股息有助于树立公司经营稳定的良好形象；对股份有限公司而言，还有助于避免因股息变动而带来的股价波动。但由于该政策下股息发放与公司的盈利水平脱节，盈利水平低时也支付固定股息，可能会导致公司财务状况恶化；此外，该政策还不利于公司保持其目标资金结构。

（三）固定股息支付率政策

在固定股息支付率政策下，公司按照一固定的股息支付率（股息和净利润之比）向其股东发放股息。尽管该政策实现了股息与净利润的密切结合，但由于各年的盈利水平常常波动起伏，导致每年支付的股息极不稳定，从而给人以公司经营不稳定的感觉，不利于树立公司的形象。现实中，各公司很少采用这一政策。

（四）低正常股息加额外股息政策

低正常股息加额外股息政策，意味着通常公司每年仅支付一数额较低的固定股息，仅在净利润较高的年份再根据具体情况向其股东发放数额不固定的额外股息。在这一政策下，公司既能保持股息的稳定，又可以实现股息和净利润的结合。可见，它实际上是介于固定股息额政策和固定股息支付率政策之间的一种折中政策。

（五）不支付股息政策

不支付股息政策是指公司为了满足投资者偏爱资本利得的需求，在较长时期内将全部利润用于公司的发展，而不发放任何股息。在我国，每年都有许多上市公司不发放股息，但这些公司并未采用不支付股息政策，而是由于经营亏损或盈利太少无法支付股息。

三、影响利润分配的因素

对任何公司而言，制定适宜的利润分配政策都是一项重要的财务管理决策，都需要考虑许多因素。通常需考虑的因素有：

（一）法律因素

为了保护债权人和股东的利益，我国的《公司法》和《证券法》等都对公司的利润分配作了一些限制。目前，这类法律限制主要有：

1. 资本保全

公司的资本金和资本公积金体现了公司的经营实力，是保护债权人利益的最后一道防线，绝对不能用于发放股息。

2. 资本积累

为了增强公司抵御经营风险的能力，强化其发展后劲，在向其股东发放股息前，必须提取 10% 的法定盈余公积金。

3. 净利润

股息来自净利润，当年经营无净利润时原则上不得发放股息或股利。

（二）投资者因素

一般而言，任何利润分配政策最终都需由公司股东（大）会审议批准。因此，某些源自股东的因素也会影响政策的选择。这类因素主要有：

1. 股东的相对集中程度

股东数量相对较少的公司中，管理层通常易于了解其股东的股息需求。若大多数股东偏爱股息，公司就可能采用高股息政策；反之，若大多数股东偏爱资本利得，公司采用剩余股息政策的可能性极高。然而，在股东较分散的公司如上市公司，管理层通常难以准确地把握其股东的股息需求，仅可能依据证券市场的反应制定利润分配政策。

2. 控制权

控制权对利润分配政策的影响可能表现为：

（1）选择低股息政策。如果公司发放高股息，其后为了满足投资项目的资金需求，很可能需要筹措新的权益资金。在现有股东无法提供新资金时，就会导致公司的控制权的稀释，从而影响其既得利益。基于这一可能性，他们会倾向于选择低股息政策。

（2）采用高股息政策。在第三者对公司有所图谋时，若管理层采用低股息政策，第三者可能以此为借口，使现有股东认为管理层并未谋求股东利益的最大化，从而取得控制权或管理权。显然，这种可能性的存在又会迫使管理层选择高股息政策。

（三）公司因素

公司自身的经营状况通常也会影响利润分配政策的选择，这主要表现为：

1. 资金需求

公司的投资机会较多时，资金需求会很旺盛。满足这一需求的途径不外乎负债融资、利润留存以及从外部筹措权益资金三种。在负债融资难度较大的前提下，由于留存利润的成本低，其融资难度又明显小于从外部筹措权益资金这一途径。此时，发放较多股息的可能性将会大大降低。

2. 资产的流动性

由于股息是一项现金流出，公司现金充裕，资产流动性较强时，才可能发放较多的股息。快速成长的公司通常获利较多，但这并不意味着其现金多、流动性强；相反，其大部分现金很可能已投放在流动性较差的固定资产上，若再发放较多股息，会使其现金状况进一步恶化。因而，快速成长的公司出于维持其流动性的考虑，往往倾向于选择不发放股息或低股息政策。

3. 筹资能力

现实中，各公司的筹资能力差别极大。一般而言，大公司比小公司的筹资能力强，成立时间较长的公司比新公司更易于筹措资金。公司的筹资能力越强，支付股息的能力就越强，发放较多股息的可能性就越大；反之，公司的筹资能力较差，就可能倾向于留存利润。

（四）其他因素

除上述三类因素外，利润分配时还需考虑：

1. 借款合同约束

借款合同中，常常包含直接或间接限制发放股息的条款。其中，直接的限制包括股息支付率的上限等，而间接的限制包括资产负债比率的上限等。这些限制有助于保护债权人的利益，履行这些条款时自然影响了制定利润分配政策的灵活性。

2. 通货膨胀

通货膨胀时，公司生产经营的成本费用和资产的重置成本都会升高。即使为了维持现有的生产能力，公司也不得不留存较多的利润。

第三节　利润分派方式的选择

利润分派方式，又称分红方式，是公司制定利润分配政策后，向投资者实际支付股息的具体形式。由于不同方式能满足投资者的不同需求，利润分派方式的选择呈现出多样化特征。因此，选择分派方式时，公司不宜盲从，应充分考虑自身的实际情况和不同方式的潜在影响。

一、股息分派程序

正常情况下，公司每年分红一次，但也有少数公司一年分红两次。由于股份有限公司的股东数量多、变换快，为了保证股息（股利）发放的公开、公正和准确，一般需经过以下程序：

1. 宣布日

宣布日即公司决定并宣布发放股利或股息的日期。由于公司和其股东是不同的法律主体，这一日期的作用在于，划分了可分配利润转化为股息的时间界限。宣布日之前，将用做股息的可分配利润仍是所有者权益的一部分，属于公司所有，股东不得要求公司支付；宣布日之后，将分派的股息已构成了公司的一项负债，归公司股东所有，股东有权要求公司予以支付。

2. 股权登记日

股权登记日即决定各股东是否拥有本次所宣布股息所有权的截止日期。凡在该日列于公司股东名册上的股东，有权获得此次发放的股息；而在该日后才列入股东名册的股东，无权取得这次派发的股息。

3. 除息日

除息日又称除权日，是无权取得此次股息的起始日。转让股权（股票）后，办理股东的变更登记（过户）手续需要一定的时日。因而，一般规定股权登记日之前的第四日是除权日。凡在该日或以后取得股权的股东，都将不能获得这次派发的股息。

4. 支付日

支付日即公司实际派发股息的日期。以现金支付股息时，国内上市公司通常将股息款项直接划拨给各地的证券商或证券登记公司，由其代为发放；而其他公司多采用邮寄支票方式发放股息（注：由于有限责任公司的股东数目一般较少，其股息支付程序比较简单，通常仅涉及宣布日和支付日）。

例 10.3 以海天公司为例。2009 年 3 月 25 日，海天股份有限公司董事会发布公告：本公司董事会决定，并经公司股东大会审议批准，2008 年年度发放每股 0.19 元股息，本公司将于 2009 年 4 月 23 日将上述股息支付给 4 月 20 日登记在册的股东。

海天公司的公告表明，2009 年 3 月 25 日为宣布日，股权登记日为 4 月 20 日，除权日为 4 月 17 日，股息支付日为 4 月 23 日。

二、股息分派方式

利润分派的方式有现金股息、股票股息、财产股息和负债股息等多种，但现实中最为常用的方式是现金股息和股票股息（注：有限责任公司可能采用的分红方式有现金股息、财产股息和负债股息，但不可能运用股票股息方式）。

（一）现金股息

现金股息是指公司以现金向其股东发放的股息，是最基本、最常用的分红方式（注：利润分配政策中，对这一分红方式的有关方面已作较多探讨。在此，仅分析其所涉及的现金流量的管理）。

一般而言，公司可供分配的利润多，并不代表公司现金充裕，而发放现金股息却意味着将在较短时间内发生一笔数额较大的现金流出。为此，公司必须将这一现金流量纳入现金预算，妥善安排股息分派所需的现金。此时，常用的策略有两种：若现金股息发放之前有足够的现金流入，公司宜先投资于无风险或风险较小的证券如国库券等，以获取利息收益；如果支付日之前现金流入量不足，但预期现金股息发放后不久将有足够的现金流入量，可先向银行借款发放现金股息。

（二）财产股息和负债股息

财产股息和负债股息是可供公司选择的利润分派方式，但这两种方式存在先天不足，现实中较少运用。

1. 财产股息

财产股息是指公司以其拥有的有价证券、实物资产如产品等作为股息发放的一种分红方式。现实中，公司较少采用该方式。因为：

（1）如果公司准备以有价证券发放股息，它完全可以将有价证券通过证券市场转化为现金，然后再发放现金股息。现实中，大多数公司拥有有价证券的数量不多，通常难以满足发放股息的需求。即使少数公司基于战略目的而拥有较多的有价证券，例如控制有关公司的经营运作等，若将这些证券作为股息发放，亦非明智的选择。

（2）以产品发放股息，存在两种可能：一是该产品销路不好，二是产品销路好。若为第一种可能，股东多不愿意接受；在第二种情况下，公司可销售产品后再发放股息。此外，由于各公司特别是股份有限公司的股东数量多，各股东的具体需求差别较大，发放产品股息难以为他们所接受；而其他财产，如固定资产等根本不能用于股息的发放。

2. 负债股息

负债股息是指以应付票据或公司债券支付股息的一种分红方式。在公司采用固定股息额政策的前提下，基于股息的刚性，公司不得不维持发放现金股息。但由于种种原因，公司可能暂时又缺乏足够的现金用于发放股息。此时，为了满足股东的分红愿望，理论上可以采用负债股息方式。现实中，各公司很少运用这一分红方式。因为，公司如暂时缺乏现金发放股息，可待现金充裕时再另行发放（法律并未规定公司发放股息的时间）。

（三）股票股息

我国上市公司经常采用股票股息这一分派方式，由于它不会影响现有股东的控股权，对国家控股的股份有限公司而言，将始终是一种很有价值的分红方式。

1. 股票股息

股票股息，又称红股，公司以额外的普通股作为股息支付给投资者。由于它既满足了公司股东要求发放股息的愿望，又能将可分配利润用于公司的发展。因而，这一利润分派方式经常为快速成长公司所采用。一般而言，股票股息不会增加公司股东的财富，也不会影响公司的控股权，但会降低每股盈余 *EPS*。

例 10.4　2008 年，天马公司的净利润为 540 万元。公司董事会决定：提取法定公积金和任意公积金 10% 和 8% 后，每 10 股普通股送红股 3 股（注：过去每股分红 0.3 元）。送红股前，每股市价为 13 元；送红股后，每股市价为 11 元。送股前后公司的股东权益和 *EPS* 见表 10.2。

表 10.2　天马公司送红股前后的股东权益

万元

	送红股前	送红股后
股东权益：		
股本（每股面值 1 元）	1 500	1 950
资本公积	400	400
盈余公积	350	449
未分配利润	550	1
股东权益总额	2 800	2 800
每股盈余 *EPS*	0.367	0.282

2. 股票股息的评价

对公司的股东而言，其价值可能在于：

（1）未来现金股息。若公司未来利润能维持在原先水平，股东将有可能分得更多的现金股息。例如上例中，2009 年天马公司的每股盈余仍为 0.367 元，并发放现金股息 0.3 元/股，则 2008 年送股前的股票可分得现金股息 0.39 元/股。

（2）即期资本利得。发放股票股息后，股票价格可能会上升（填权），也可能会下降（贴权）。其升降取决于许多因素，如红股的相对比例、证券市场是牛市还是熊市等。只要股票市价下降不多，其股票总值就可能增加。本例中，送股后每股市价 11 元，相当于送股前每股市价 14.3 元，走出了填权行情。

对公司而言，其有利作用主要表现为：投资者可能认为公司有较多有利可图的投资项目，公司未来潜力很大。因此，有助于树立公司的良好形象。但值得注意的是：公司发放股票股息，可能仅仅是由于公司缺乏现金，并没有获利能力较强的投资项目。

三、股票分割和股票回购

股票分割和股票回购不属于分红方式，但由于其实际效果类似于分红所产生的效果，故在此一并予以分析。

（一）股票分割

股票分割是公司迅速降低其股票市价的一种策略，其实际效果与公司发放股票股息相似。因而，常被认为是股票股息的一种替代方式。

1. 股票分割

股票分割是指将公司面值较高的股票分拆为面值较低的股票。同股票股息相似，股票分割不会增加公司的股东权益，也不会改变其股权的构成，仅仅是增加了普通股的数量。但它与股票股息的不同在于，股票股息是股息的一种，需缴纳所得税（目前，股票股息的计税依据为红股的面值，税率为20%），而股票分割不需缴纳所得税。公司进行股票分割的动机常常是为了降低其股票市价，提高其股票的流通性（注：证券市场上存在一种未被证实的看法：若一股票的价格超过100元，即使其价值并未被高估，投资者在心理上也可能会认为其价格偏高，从而导致其投资者的数量大幅减少）。

上例中，假定2008年，天马公司董事会决定在提取公积金和公益金后，每10股普通股分割为13股。股票分割前，每股*EPS*为0.367元，与发放红股前相同；分割后，*EPS*为0.282元，与发放股票股息后的*EPS*相同。分割前后的股东权益总额均为2 800万元。

2. 股票分割的评价

从股东的角度而言，其价值表现为：

（1）即期的资本利得。股票分割常常是一项“利好”信息，意味着公司管理层认为公司的未来利润将大幅增加，从而导致分割后股价的下降幅度低于分割的比例，即上例中分割后的股票市价可能会高于11元。

（2）未来的现金股息。进行股票分割后，若公司将来发放的股息并未同比例地降低，从而使投资者实际受益，如每股分得现金股息0.39元（参见对股票股息的评价）。

从公司的角度看，股票分割有助于树立良好的公司形象，公司将有很大的发展，未来的利润将大幅增加，但公司的形象归根到底取决于其未来的盈利水平。由于股票分割将使每股盈余*EPS*大幅度降低，若公司的未来利润并未上升，公司的股票反而可能从绩优股变为垃圾股，公司的形象将蒙受巨大损失。

（二）股票回购

公司进行股票回购与发放现金股息产生的结果很相似，通常认为是现金股息的替代发放方式。

1. 股票回购

股票回购是指公司出于多种目的购回其流通在外普通股的行为，所购回的公司股票称为“库藏股”（注：库藏股是股东权益的减项，没有收益权）。若其目的为分配利润，则会被视作现金股息的替代方式。

当一个公司缺乏有利可图的投资机会、资金过剩时，将这些资金发放给投资者是明智的选择。发放给股东的方式有两种：一是发放现金股息；二是股票回购，减少流通股数量。在不存在所得税的前提下，两种方式不存在差别。现实中，股息收入需缴纳 20% 的所得税，而股票的资本利得目前暂未征税，使得股票回购比现金股息对股东价值更大。

2. 股票回购的评价

从股东角度看，股票回购有利有弊。其有利的一面表现为：一般投资者认为，只有公司管理层确信其股票价格被低估时，才会采取回购行动。因此，投资者多视回购为“利好”信息，从而导致股票价格上涨。其不利的一面是：若公司的回购出价过高，对剩下的股东不利。因为，如果一公司的股票交易并不活跃，回购大量股票可能会导致其股价被严重高估。当公司停止回购时，股价又会快速下跌，从而使剩下的股东难以享有回购带来的利益。可见，现金股息较为可靠，而回购带来的资本利得具有较高的不确定性。

从公司的角度看，回购带来的利益可能是：

(1) 公司可在短时间内大幅度调整其资金结构，特别是资产负债比率过低时，可迅速使其资金结构趋向合理。

(2) 保持过剩资金的灵活性。公司的过剩资金既可用于发放现金股息，又可进行股票回购。若公司认为其资金过剩只是暂时现象，采用股票回购方式较为适宜。因为公司需要资金时，可将库藏股重新在证券市场上出售。而发放现金股息，不仅需重新筹措资金，同时由于股息具有刚性（即只能增加、不能降低），导致公司未来发放现金股息的压力增大。

其不利影响主要表现为：

(1) 回购可能表明公司缺乏有利可图的投资机会，公司未来的发展可能较慢，这对投资者而言是一项“利空”消息。

(2) 回购还可能被国家证券管理部门视为操纵股价，从而招致极严厉的行政和经济处罚。因而，股票不宜直接在证券市场上购回。相应地，采用直接出价从其股东手中购回的方式，能有效地避免这一风险。

第十一章

企业并购与资本重组

资本运营是以股东财富最大化为目的，对企业可支配的资源和生产要素进行优化配置或不断地与其他企业的资本进行流动与重组，以实现企业自有资本不断增值的一系列经济行为的总称。企业资本运营的方式多种多样，最主要的方式有企业兼并、企业收购和资本重组等。

第一节　企业并购概述

企业并购作为企业资本扩张与战略调整的产物，是市场经济条件下企业发展的必然规律，也是企业资本集中的必然要求和主要实现形式。在当今市场经济条件下，受追逐资本增值最大化的内在动力和市场竞争这一外在压力的共同影响，企业常常会利用并购的方式实现企业经营发展的战略目标。企业通过并购实现低成本扩张，进行资源优化配置，实现生产和资本的集中，获取协同效应，提高竞争能力，分散经营风险，对提高企业的资源利用效率，完成产业结构的调整和升级具有深远影响。

一、并购及其分类

（一）并购的内涵

并购是兼并（Merger）和收购（Acquisition）的合称，通常用 M&A 表示。兼并和收购，本质上都是企业产权的有偿转让，即企业的所有权或产权按照市场规则实现让渡和转移。由于其产生的动因及其在经济运行中的影响基本一致，因此，通常将兼并和收购统称为并购。

兼并（Merger）在《大英百科全书》（The Encyclopedia Britannica）的解释为："指两家或更多的独立企业合并组成一家企业，通常由一家占优势的企业吸收一家或更多的企业。"一般地，兼并可分为狭义和广义两种。狭义的兼并通常是指吸收合并；而广义的兼并包括吸收合并和新设合并。

吸收合并是指一家或多家企业被另一家企业吸收，兼并方继续保留其合法身份，目标企业则不再作为一个独立的经营实体而存在。例如，若 A 公司吸收合并 B 公司后，B 公司的法定地位消失，A 公司继续合法存在，并且吸收 B 公司的全部资产和负债。

新设合并是指两个或两个以上的企业组成一个新的实体，原来的企业都不再以独立的经营实体而存在。例如，若 A、B 两个公司进行新设合并，则 A、B 公司将不复存在，而是组成新的 C 公司。

收购（Acquisition）是指企业用现金、债券或股票购买另一家企业的股票或资产，以取得对该企业的控制权，但被收购公司的独立法人资格继续存在。收购的形式一般有两种：股权收购和资产收购。收购股权是收购一家企业的股份，收购方成为被收购方的股东，因而要承担被收购企业的债权和债务；收购资产则仅是一般资产的买卖行为，由于收购目标企业资产时并未收购其股份，从而，收购方无须承担其债务。例如，2005 年，联想收购 IBM 全球 PC 业务，2009 年，中石化收购 Addax 石油公司。

企业兼并主要有以下四种形式：a. 承担债务式，即兼并方以承担被兼并方债务为条件接收其资产；b. 购买式，即兼并方出资购买被兼并方企业的资产；c. 吸收股份式，即被兼并企业的所有者将被兼并企业的净资产作为股金投入兼并方，成为兼并方企业的一个股东；d. 控股式，即一个企业通过购买其他企业的股权以达到控股的目的。

（二）并购的类型

按不同的划分标准，企业并购可以划分为许多不同的类型。

1. 按照并购双方的产业特征划分

（1）横向并购，是同类企业为扩大规模所进行的并购。其优点是可以发挥经营管理上的协同效应，迅速扩大生产经营规模，实现低成本扩张，如 2005 年阿里巴巴并购雅虎中国。

（2）纵向并购，是从事同类产品的不同生产过程或经营环节相互联系的企业之间或者具有纵向协作关系的企业之间的并购。其优点是使生产、流通等环节密切配合，缩短生产周期，降低采购成本，改善经济效益等。如对原材料生产厂家的并购，对产品用户的并购等。纵向并购从并购方向上来看，可分为前向并购和后向并购。

（3）混合并购是企业与其供、产、销均无直接关系的其他企业之间的并购。混合并购通常是为了扩大经营范围或经营规模。混合并购又有三种形式：a. 产品扩张型，是指对生产经营相关产品的企业进行的并购；b. 市场扩张型并购，是指一个企业为扩大其竞争地位而开拓新的地区，并购生产同类产品的企业；c. 纯粹的混合并购，是对那些与自身业务毫无联系的企业进行的并购，如 2000 年网络商“美国在线”并购传媒娱乐公司“时代华纳”。

2. 按支付方式划分

（1）现金购买式并购，是指并购企业用现金作为支付手段，购买目标企业的部分或全部资产或股权的行为。

（2）股份交易式并购，是指并购企业以本企业发行的股票，换取目标企业的部分或全部资产或股权而实现的并购。

（3）承担债务式并购，在被并购企业不抵债或资产债务相等的情况下，并购方以承担被并购方部分或全部债务为条件，取得被并购方的资产所有权和经营权。

（4）综合并购，是指并购企业以现金、股票、认股权证、可转换债券等构成的不同组合作为支付方式而实现的并购。

3. 按并购双方是否友好协商划分

（1）善意并购，通常是指并购企业事先与目标企业双方友好协商确定并购诸项事宜的并购。这种方式有利于降低并购的风险和成本，但由于需要双方协商一致，因此，并购过程耗费的时间较长。

（2）敌意并购，是指并购企业不顾目标企业的抗拒而强行进行的并购。这种并购的优点在于：并购企业完全处于主动地位，不用被动地权衡各方利益，而且并购行动时间短，能有效控制并购成本。但敌意并购风险较大，所以要求并购企业制订严密的并购行动计划并能快速实施。

4. 按是否通过证券交易所划分

（1）要约并购，指并购企业通过证券市场交易，持有目标企业的股份达到其已发行股份的30%时，依法向该企业所有股东发出公开收购要约，并按照符合法律规定的价格收购股权证券的行为。要约并购直接在股票市场中进行，受到市场规则的严格限制，风险较大，但自主性强，敌意并购多采取要约并购的方式。

（2）协议并购，指并购企业不通过证券市场交易，直接与目标企业以协议方式进行的收购股权证券的行为。协议并购有利于降低并购行为的风险与成本，但谈判过程中的契约成本较高。善意并购一般都采取协议并购。

5. 其他主要的并购类型

（1）杠杆收购（Leverage Buy-Out，简称LBO），是企业并购的一种特殊形式。本质上，杠杆收购是举债收购，其债务以目标企业的资产作为担保，即以目标企业的未来现金流作为偿债的资金来源。杠杆收购具有高负债、高收益、高风险、高难度等特性。在西方，杠杆收购已有了成熟的资本结构模式，最常见的模式是倒金字塔模式：最上层为优先债，是对企业资产有最高求偿权的一级银行贷款，约占收购资金60%；第二层是次级债，由无担保债券、可转换债券和垃圾债券构成，约占30%；第三层是收购企业的自有资金，包括优先股和普通股，约占10%。杠杆收购在我国还没有被广泛接受，但在实践中曾出现过这种收购模式。

（2）管理层收购（Management Buy-Outs，简称MBO），是管理层对其所管理的目标企业的杠杆收购。在我国，监管部门对管理层收购一直持谨慎态度。2003年4月，财政部发出在国有企业及国有控股的大企业中暂停MBO的规定。

二、并购的动因

市场经济条件下，企业的任何经济行为都以股东财富最大化为目标。显然，企业的并购行为也不例外，其目的也是为了实现企业的财务管理目标。此外，企业的并购还可能源于其面临的市场竞争压力。在大多数情况下，企业并非仅出于单一的目的进行并购，而是综合平衡多种因素后采取的行动。

1. 谋求协同效应

协同效应是指两个公司并购后，其实际价值得以增加的现象。因为两个公司并购后，在生产经营、行政管理、原料采购、产品推销等方面的活动都可以协调统一，节约人财物的耗费。协同效应突出表现在三个方面。

（1）经营协同效应。即1+1>2的效应，是指企业通过并购后，其总体效应大于两个独立企业的效益之和。获取经营协同效应的一个重要前提是产业中存在规模经济，且在并购前尚未达到规模经济。规模经济效益具体表现在两个层次：一是生产规模经济。企业通过并购可调整其资源配置，使其达到最佳经济规模的要求，有效地解决由专业化引起的生产流程分离，从而获得稳定的原材料来源渠道，进而降低生产成本，扩大市场份额；二是企业规模经济。通过并购将多个工厂置于同一企业领导之下，可带来一定规模经济，表现为节省管理费用、节约营销费用、扩大企业规模、增强抵抗风险能力等。

（2）管理协同效应。如果企业有一支高效率的管理团队，其管理能力超过管理该企业的需要，但由于管理团队只能以团队方式产生效率，企业不能通过解聘释放其能量，那么该企业就可并购因缺乏管理人才而效率低下的企业，通过提高管理水平和效率而获利。

（3）财务协同效应。主要是指企业并购带来的种种财务效益，主要表现在以下三个方面：一是降低资本成本。一般情况下，合并后企业整体的偿债能力比合并前各单一企业的偿债能力强，而且还可降低资本成本，并有效地实现资本在并购企业与被并购企业之间低成本再配置：二是合理避税。税法的规定对企业财务决策有重要影响，由于各种优惠政策的存在，不同企业的税率差别较大，在并购中采取恰当的财务处理方法可以达到合理避税的效果。如税法一般包括亏损递延条款，允许亏损企业向后递延其亏损，以抵消以后年度的盈余；同时一些国家税法对不同资产适用不同的税率，企业可利用这些规定，通过并购行为及相应的财务处理实现合理避税；三是预期效应。预期效应指因并购导致投资者改变对企业的预期，进而对股票价格产生影响的现象。在预期效应的影响下，企业并购往往伴随着强烈的股价波动，形成股票投机机会。投资者对投机利益的追求反过来又会刺激企业并购的发生。

2. 实现战略重组、开展多元化经营

企业通过进入相关程度较低的不同行业，可以分散风险、稳定收入来源、增强企业资产的安全性。一些企业集团在一行业发展到一定规模和程度后，常常会拓展其经营领域，进行多元化投资经营。混合并购可以帮助企业迅速实现这一目标，以获取更为广阔的获利空间。尤其是当企业面临环境变化而调整其战略时，并购可以使企业低成本地迅速进入被并购企业所在的快速增长行业，并在很大程度上保持被并购企业的市场份额及各种资源，从而保证企业持续不断的盈利能力。

3. 扩大生产经营规模，降低成本费用

通过并购，企业规模得到扩大，能够实现规模效应。规模效应能够带来资源的整合和充分利用，降低管理、原料、生产等各个环节的成本，从而降低总成本。

4. 提高市场份额，提升行业战略地位

对大企业而言，伴随生产能力的提高和销售网络的完善，其市场份额将会有比较大的提升，从而有助于确立企业在行业中的领导地位。

5. 取得廉价的生产原料，降低成本，增强企业的竞争力

并购后，企业的规模扩大，原料采购量增大，企业在原料采购谈判中地位得以增强，从而为企业获得廉价的原料提供了可能。同时，高效的管理和人力资源的充分利用等也有助于企业降低劳动力成本，进而提高企业的整体竞争力。

6. 实施品牌战略，提高企业知名度

品牌是价值的动力。同一种产品，甚至是同样质量的产品，名牌产品的价值远远高于普通产品。并购能够有效地提高品牌知名度，提高企业产品的附加值。

此外，为实现公司发展的战略，企业还常常可以通过并购取得先进的生产技术、管理经

验、经营网络、专业人才等各类资源。并购活动收购的不仅是企业的资产，而且获得了被收购企业的人力资源、管理资源、技术资源和销售资源等。这些都有助于从根本上提升企业的整体竞争力，对实现公司的发展战略有很大帮助。

第二节　目标企业的价值评估

企业并购中，并购方选择目标企业、确定交易价格都需要对目标企业进行价值评估。企业价值评估就是要对目标企业的资产状况和经营成果进行详细的审查鉴定，并在一定条件下通过市场模拟进行科学的测算，根据并购方的动因与目的以及目标企业的具体情况，采取不同的评估方法，确定目标企业的价值。

一、现金流量贴现法

并购中，传统的企业估值理论主要是现金流贴现理论。该理论的基本方法是以企业的未来现金流量为基础，采用适当的贴现率将其折算为现值，以确定被评估企业的价值。相应地，传统的企业估值理论涉及三方面内容：企业未来现金流量的预测模型、折现率估算的资本成本模型和企业价值的估算模型。

（一）未来现金流量的预测模型

自由现金流量是指在并购后，目标企业为维持持续经营而进行固定资产投资和营运资本投资之后，可实际用于对所有投资者进行收益分配的现金流量。传统的企业估值方法中，首先要对目标企业在未来预测期内产生的现金流量进行预测，预测自由现金流量最常用的有拉巴波特模型、权益自由现金流量模型和企业自由现金流量模型三种方法。

1. 拉巴波特模型（Rappaport Model）

拉巴波特认为，并购中目标企业价值评估方法与一般企业价值评估方法在本质上是一致的，都是用未来一段时间内目标企业的预期现金流以某一贴现率贴现后的现值，与该企业的初期现金投资（即并购支出）相比较，当该现值大于投资额时，此并购才是可接受的。

拉巴波特建立的自由现金流量预测模型为

$$CF_t = S_{t-1}(1+g_t)P_t(1-T_t) - (S_t - S_{t-1})(F_t + W_t)$$

式中，CF_t 是自由现金流量；S_t 是年销售额；g_t 为销售额年增长率；P_t 为销售利润率；T_t 为所得税税率；F_t 为销售额每增加1元所需追加的固定资本投资；W_t 为销售额每增加1元所需追加的营运资本投资；t 为预测期内某一年度。

从上述模型可知，自由现金流量实质上就是企业税后净利润与企业追加投资净额之差。CF_t 的大小影响着企业价值，CF_t 越大，企业价值越大；反之，就越小。

拉巴波特现金流量预测模型从销售收入的角度来估算企业未来现金流量，但由于收入的变化并不能准确地反映企业的价值，因此存在很大的局限性，实务中一般较少使用。

2. 权益自由现金流量模型（Free Cash Flow to Equity，FCFE）

权益自由现金流量模型是以股东可以获得的未来收益为基础来计算现金流量的。其中，股东仅是指企业的普通股股东。假设因债务引起的净现金流入和利息、优先股股利支出之和为 B，则权益自由现金流量模型公式为

$$FCFE = EBIT(1-T)+D+B-\Delta WC-I$$

式中，$EBIT$ 为息税前利润；T 为所得税税率；D 为广义的折旧（折旧加非现金支出）；B 为债务的增加和本金的归还，以及利息、优先股股利的支付引起的净现金流量之和；ΔWC 为该年增加的流动资本投资；I 为该年的投资额（包括固定资产、无形资产和其他长期资产上的资本支出）。

权益自由现金流量模型没有考虑债权人和优先股股东的利益，因而不能完整地反映企业价值。企业价值评估中，同时考虑了债权人和优先股股东利益的现金流量预测方法是企业自由现金流量模型。

3. 企业自由现金流量模型（Free Cash Flow to Firm，FCFF）

假定企业没有营业外收入或支出，用税后净利润（或称净收入 NI）加折旧（简记为 D，它还包括无形资产摊销及其他非现金费用）就可以得到自由现金流量的主要构成部分—从经营中获得的现金流量；其次，自由现金流量还应包括资本成本部分。所以，用经营性现金流量再加上税后利息支出（或更普遍的财务费用，用 f 表示）就可以得到企业自由现金流量 $FCFF$。此方法中自由现金流量的计算公式为

$$\text{自由现金流量} = \text{经营利润} \times (1-\text{所得税率}) + \text{折旧和其他非现金支出} - \text{增加的流动资本支出} - \text{资本支出额}$$

即

$$FCFF = NI + D + f(1-T) - \Delta WC - I$$

或者

$$FCFF = EBIT(1-T) + D - \Delta WC - I$$

式中，$EBIT$ 为息税前利润；T 为所得税税率；ΔWC 为该年增加的流动资本投资；I 为该年的投资额（包括固定资产、无形资产和其他长期资产上的资本支出）。

企业自由现金流量方法计算得到的是企业真正的税后经营现金流量，可以反映企业的整体价值。尽管资本结构影响企业的加权平均成本，从而影响企业的价值，但企业的自由现金流量 $FCFF$ 与资本结构无关。

（二）资本成本预测模型

在传统的企业估值方法中，通常用加权平均资本成本（Weighted Average Cost of Capital，WACC）作为贴现率来计算企业的价值。它既表明筹资者为筹措资本所付出的代价，也表明投资者对其投入资本要求的最低报酬。加权平均资本成本可看做是个别资本成本的加权平均，也可看成是权益资本成本和债务资本成本的加权平均。

当资本成为个别资本时，$WACC$ 为各种资本成本占总资本的比重与其资本成本的乘积之和，其计算公式如下

$$WACC = \sum K_j W_j$$

式中，K_j 为第 j 种筹资方式下的个别资本成本；W_j 为第 j 种个别资本占全部资本的比重（权数）。

当资本成本由权益资本成本和债务资本成本组成时，计算加权平均资本成本（$WACC$）

的一般模型为

$$WACC=\frac{S}{S+B+P}\cdot r_S+\frac{B}{S+B+P}\cdot r_B\cdot(1-T_C)+\frac{P}{S+B+P}\cdot r_P$$

式中，r_S 为普通股资本成本；S 为普通股的市场价值；r_B 为债务的资本成本；B 为债务的市场价值；P 为优先股的市场价值；r_P 为优先股的股利率；T_C 为企业所得税率。

模型中大部分参数都可以从企业财务报告中获得，但有两个参数 r_S 和 r_B 需要进行估算。对 r_S 的估算有两种基本模型：资本资产定价模型和套利定价理论。

1. 资本资产定价模型（Capital Asset Pricing Model，CAPM）

资本资产定价模型诞生于20世纪60年代初期。在研究了证券收益之间的相互依存关系后，J. Lintner 和 William F. Sharpe 分别提出用以确定单一证券期望收益的 CAPM 理论。该模型表明，证券的期望收益与其贝塔系数呈线性正相关关系。

2. 套利定价理论（Arbitrage Pricing Theory，APT）

20世纪70年代，罗斯提出的套利定价理论是区别于资本资产定价模型的证券期望收益理论。套利定价理论认为，风险不仅仅是证券收益与市场组合收益之间的标准化协方差或证券的 β 系数，还应考虑多种相关影响因素的重要程度。多因素模型的公式为

$$R=\bar{R}+\beta_1F_1+\beta_2F_2+\beta_3F_3+\cdots+\beta_kF_k+\varepsilon=\bar{R}+\sum_{i=1}^{k}\beta_iF_i+\varepsilon$$

式中，R 为证券的实际收益；$\bar{R}$ 为证券的期望收益；F_i 为第 i 种系统风险源；β_i 为第 i 种系统风险因素的贝塔系数；ε 为收益的非系统风险。

当把所有的系统风险因素综合成一种风险因素时，即单一因素收益模型或市场模型

$$R=\bar{R}+\beta(R_M-\bar{R}_M)+\varepsilon=\alpha+\beta R_M+\varepsilon$$

式中，$\alpha=\bar{R}-\beta\bar{R}_M$。

（三）企业价值的估算模型

传统的企业估值理论主要是贴现理论，就是将企业未来产生的净现金流贴现成现值以估算企业的价值。并购企业的目的在于获取未来收益，所以目标企业估价应该以持续经营观点来预测未来现金流量，并按企业加权平均资本折为现值。

贴现现金流量模型是将企业未来预测期内的现金流量按照一定贴现率贴现，折算为当前时点的现值以评估企业的价值。现金流量贴现法的一般评估方法为

$$PV=\sum_{t=1}^{n}\frac{CF_t}{(1+r)^t}+\frac{F}{(1+r)^n}$$

式中，PV 代表待评估资产的价值，在此表示目标企业的价值；CF_t 是资产在第 t 年产生的自由现金流量；r 是贴现率；n 是资产存续的时间；F 是企业最后出售或清算的现金流。

例 11.1 假定A公司拟在2004年年初收购目标企业B公司。经测算，收购后有6年的自由现金流量。2003年B公司的销售额为250万元，收购后前5年的销售额每年增长10%，第6年的销售额保持第5年的水平。销售利润率（含税）为5%，所得税税率为25%，固定资本增长率和营运资本增长率分别为19%和6%，加权资本成本为12%，求目标企业的价值。

根据上述资料，整理并计算可得如下结果（见表11.1）

表 11.1　B 公司未来 6 年自由现金流量预测（拉巴波特模型）

万元

年　　份	2004	2005	2006	2007	2008	2009
销售额	275.00	302.50	332.75	366.03	402.63	402.62
销售利润	13.75	15.13	16.64	18.30	20.13	20.13
所得税	3.44	3.78	4.16	4.58	5.03	5.03
增加固定资本	4.75	5.23	5.75	6.32	6.95	0
增加营运资本	1.50	1.65	1.82	2.00	2.20	0
自由现金流量	4.06	4.47	4.92	5.41	5.95	15.10

$$PV=\frac{4.06}{(1+12\%)}+\frac{4.47}{(1+12\%)^2}+\frac{4.92}{(1+12\%)^3}+\frac{5.41}{(1+12\%)^4}+\frac{5.95}{(1+12\%)^5}+\frac{15.10}{(1+12\%)^6}$$
$$=25.15\text{（万元）}$$

因此，若 A 公司能以 25.15 万元或更低的价格购买 B 公司，则这一并购活动从价格上讲是合理的，或者说，通过上述估值分析，可以确定并购方能接受的最高成交价格。

贴现现金流量法是企业价值评估中使用最为广泛的一种方法，能够客观地反映目标企业现有资源的盈利潜力，理论上较合理，易于被接受；适用面较广，它不仅适用于上市公司，也适用于非上市公司。它从企业整体获利能力出发，通过将企业未来现金流量贴现为现时价值，以确定企业的价值。贴现现金流量方法具有坚实的理论基础，是目前最成熟的评估方法，当与其他估价模型一同使用时，贴现现金流量法所得出的结果往往是检验其他方法合理与否的基本标准。贴现现金流量方法适用的前提条件是：a. 企业具有持续获利能力，并且企业预期收益能够可靠地预测；b. 与企业预期收益有关的协同价值能够估测，并可以量化。但在企业估值实务中有两个棘手的问题难以解决，一个是未来收益的预测，一个是贴现率的确定，而这些因素的微小变化都会影响评估结果，从而使得其操作的难度较大。

二、资产价值基础法

资产价值基础法是以目标企业的资产为评估依据，进而推算目标企业价值的一种估价方法。这种方法的关键是选择合适的资产价值标准，据此确定目标企业的资产价值，然后扣除总负债，就可以确定目标企业的股权价值。依据资产价值标准的不同，目前国际上通行的资产价值评估标准主要有以下五种：

1. 账面价值法

账面价值是指会计核算中账面记载的资产价值。例如，对普通股而言，资产负债表所揭示的某时点企业所拥有的资产总额减去其负债总额即为公司的账面价值，再减去优先股价值，即为普通股价值。这种估价方法不考虑现时资产市场价格的波动，也不考虑资产的收益状况，因而是一种静态的估价标准。现实中，当目标企业出现经营困难时，并购方可以账面价值法的评估结果作为并购价格。

2. 市场价值法

市场价值法也称为现行市价法，是以证券市场上证券的市场价格直接作为目标企业价值的一种估价方法。该法利用股票市场的供求关系，依据公平竞争原则，在市场均衡条件下直接形成目标企业的股权价值。市场价值法通常将股票市场上与目标公司经营业绩相似的公司最近平均实际交易价格作为估算参照物，或以公司资产和其市值之间的关系为基础对目标企业进行估值。

现行市价法直接以目标企业的市场价值作为估算价值，因此只适用于上市公司。显然，这种方法的准确应用有赖于发达、成熟和有效的证券市场。

3. 重置成本法

企业资产的重置成本是指以目前的价格水平重新建造一个与被评估资产完全相同或类似资产的成本，它可以高于或低于账面价值。重置成本法是根据资产全新状态下的重置成本，减去该项资产的有形损耗和无形损耗（即已使用期间的累计折旧）确定资产的净值，并以此作为目标企业价值的一种估价方法。这种方法立足于现在时点，但未考虑资产的未来收益状况，不适用于并购投资决策，仅适用于并购者以获得资产为动机的并购行为。

4. 清算价值法

清算价值是在企业作为一个整体已丧失生存能力情况下，把企业的实物资产逐个分离而单独出售的资产价值。清算价值法是通过估算目标企业的净清算收入来估算其价值的一种估价方法。清算净收入是通过估算出售企业所有部门和全部资产所得到的收入，再扣除企业的全部债务所得到的，是目标企业的可能变现价格。即

并购价格 = 变现的资产收入 - 清算费用 - 税金 - 偿还负债和优先股的支出

清算价值法以已丧失生存能力的目标企业为一个整体进行价值估算，因此它只适用于陷入困境、“先破产后兼并”的目标企业的价值估算。

5. 续营价值法

假设目标企业仍然会持续经营，以未来的收益能力为基础来评估目标企业价值的方法。

资产价值基础法所需数据主要源于目标企业的资产负债表，它从静态的角度出发进行评估，其方法最为简单，也最容易操作，应用最为广泛，但它们的适用范围不尽相同。例如，若并购的目的在于获得某项特殊资产，那么以清算价值或重置成本会更适合。

需要说明的是，无论采用何种价值评估方法所确定的目标企业价值，仅是并购中确定并购支付价格的主要参考依据，最终确定的成交价应该是多种因素综合作用的结果。

三、市盈率模型法

市盈率模型法，也称收益法，是根据目标企业的收益和市盈率来确定企业价值的一种评估方法。因为市盈率的含义非常丰富，它可能暗示着企业股票的未来收益水平、投资者投资于企业的期望收益、企业投资的预期回报等。市盈率模型法的估价模型为

目标企业价值 = 目标企业的预计收益指标 × 标准市盈率

应用市盈率模型法对目标企业估值时一般考虑以下因素。

1. 确立目标企业的预计收益指标

一般情况下，可以应用如下三种方法估计目标企业的收益：

（1）采用目标企业最近一年的税后利润。该标准最贴近目标企业的目前状况；

（2）采用目标企业最近三年的税后利润平均值。该指标可消除企业经营的波动性，较适合于经营活动具有明显周期性的目标企业；

（3）假设并购后发生协同效应，并购后的目标企业和并购企业有相同的资本收益率，

据此可推算出税后利润。其公式为

目标企业税后利润 = 目标企业的资本额 × 并购企业的资本收益率

显然，该标准更加注重目标企业被并购后的未来收益状况，更适用于并购决策。

2. 选择标准市盈率

市盈率是企业价值与预计未来年收益之比，通常等于每股市价与每股收益之比。一般而言，该指标反映了投资者为取得公司的获利能力而愿意付出的代价，即高的市盈率表明投资者对该上市公司的前景抱乐观态度，认为该公司股票未来的预期投资收益可能会迅速增长，因此愿意支付更多的投资成本。相应地，预期收益增长率快的公司，其股票的市盈率就较高；反之，前途暗淡的公司，其股票的市盈率就较低。

通常可选择的标准市盈率有三种：a. 并购时点目标企业的市盈率；b. 目标企业所处行业的平均市盈率；c. 与目标企业具有可比性的企业的市盈率。

选择标准时，必须确保在风险和成长性方面的可比性。值得注意的是，该标准应当是目标企业并购后的风险、成长性结构，而不应仅仅是历史数据。同时，由于难以完全准确地把握市盈率与风险、成长性之间的关系，实际应用中通常需要依据预期的结构对上述标准加以调整。

例 11.2 A 公司拟横向兼并同行业的 B 公司，假设双方公司的长期负债利率均为 8%，所得税税率均为 25%。A 公司按现行会计政策对 B 公司的财务数据进行调整后，双方的基本情况如下：

（1）该行业同类上市公司的市盈率为 16 倍，B 公司最近一年的税后利润为 80 万元，若选用目标企业最近一年的税后利润作为预计收益指标，则

B 公司的价值 $V_B = 80 \times 16 = 1\ 280$（万元）

（2）该行业同类上市公司的市盈率为 16 倍，B 公司近三年税后利润的平均值为 75 万元，若选用目标企业近三年税后利润的平均值作为预计收益指标，则

B 公司的价值 $V_B = 75 \times 16 = 1\ 200$（万元）

（3）A 公司的资本收益率（资本收益率 = 息税前利润 ÷（长期负债 + 股东权益））为 18.5%，B 公司的资本额为 1 500 万元，利息和所得税合计为 146.25 万元，市盈率仍为 16 倍。假定目标企业并购后能获得与并购企业同样的资本收益率，以目标企业并购后税后利润作为预计收益指标，则

并购后 B 公司的资本收益 $= 1\ 500 \times 18.5\% = 277.5$（万元）

并购后 B 公司的税后利润 $= 277.5 - 146.25 = 131.25$（万元）

B 公司的价值 $V_B = 131.25 \times 16 = 2\ 100$（万元）

采用市盈率法估算目标企业价值，是以投资为出发点，着眼于未来经营收益，较适用于通过证券市场进行并购的情况。然而，收益指标的选择具有主观性，并且我国资本市场尚不完善，合理的市盈率难以确定，因此使用此法时需慎重。

实际应用中，企业千差万别，企业价值的评估方法也远远不止以上几种。尽管价值评估的方法容易掌握，但是当真正去评估一个特定目标企业的价值时，可能会发现多种方法看似适合，但又不完全适合，从而陷入了方法选择的困境。此时，宜把注意力集中于目标企业及其环境特点，挑选出能够真正影响企业价值的因素，有创造性地选择评估方法，确定企业的价值，为并购决策提供依据。

第三节　并购的财务分析

并购的财务分析是对企业并购带来的风险、成本与效益分析。企业并购是一项战略投资，只有并购带来的效益大于成本，企业并购才有价值。

一、企业并购的风险分析

企业并购是促进企业发展的一种重要方式，其目的主要是改善企业资源配置、提高资源利用效率，从而实现股东财富的最大化。然而，任何并购交易中都可能存在风险，只有对并购交易的风险有充分的认识和了解，才能有效地加以防范。

企业并购中，常见的风险主要包括：

1．营运风险

营运风险是指并购完成后，并购方可能无法使整个企业产生管理协同效应、经营协同效应、市场份额协同效应及财务协同效应，且难以实现规模经济或管理知识的共享。相反，企业并购后，新公司有可能因规模过大而产生规模不经济，甚至进而导致整个企业的经营业绩受影响而降低。

2．财务风险

并购财务风险是指由企业并购中各项财务活动引发的不确定性，如财务状况恶化或经营损失等。企业并购需要大量的资金，其资金来源包括企业自有资金和企业的外部融资。不管采用何种融资方式，企业都会面临一定的并购风险。并购财务风险主要来自四个方面：目标企业的价值评估风险、融资风险、流动性风险、杠杆收购的偿债风险等。

3．信息风险

并购活动中，信息非常重要，信息的充分与否决定着企业并购成本的高低。然而，市场中存在着信息不对称，及时、真实的信息可以降低信息不对称，促使市场交易更加公平。

4．反并购风险

企业并购活动中，并非所有的目标企业都会持支持态度，有的会采取不合作态度，尤其在面临敌意并购时，目标企业甚至可能会不惜一切代价实施反并购策略，这种反并购活动无疑会给并购方带来相当大的风险。

5．法律风险

法律风险是指因不同国家法律的差异或国内法律变动等引发的企业并购活动的风险。企业若在并购中操作不当，可能会因违反市场准入限制和反不正当竞争法等有关法律规定而招致诉讼或遭受失败。在我国，《证券法》《公司法》《上市公司收购管理办法》等都对企业并购作出了规定。

6．体制风险

在我国国有企业资本营运过程中，相当一部分的企业并购行为都是由政府部门强行撮合而成的。尽管大规模的并购活动离不开政府的支持和引导，但并购活动毕竟应是企业基于激烈市场竞争而自主选择的一种战略行为，属于市场行为。若政府依靠行政手段控制企业并购，不仅背离市场原则，也难以达到预期效果，而且往往会给并购企业带来风险。

总之，并购风险非常复杂和广泛，还面临着交易风险、企业文化风险、并购后的整合风险等。在并购活动中，企业应谨慎操作，尽量避免不必要的风险，将风险化解在并购的各个环节中。

二、企业并购的成本分析

企业并购的成本不只是一个普通的财务成本概念，而是由于并购而产生的一系列代价的总和。这些成本不仅包括并购过程发生的成本，也包括并购以后的整合成本；既包括并购产生的有形成本，也包括无形成本。一般来说，企业并购中应考虑的成本项目主要有：

1. 并购完成成本

并购完成成本是指并购活动本身所产生的直接成本和间接成本。直接成本是指直接用于并购目标企业而支付的资金成本，而间接成本包括债务成本、交易成本和更名成本等。

债务成本，是指在承担债务式并购、杠杆并购等情况下，并购开始时并不直接支付并购费用，但需为偿还原有债务而支付的本息，如银行借款和利息等。

交易成本，是指并购过程中发生的搜寻、策划、谈判、文本制定、资产评估、法律鉴定、公证、顾问等中介费用；若发行股票，还要支付申请费、承销费等。

更名成本，是指并购成功后，并购企业支付的重新注册费、工商管理费、土地转让费、公告费等。

2. 整合与营运成本

整合与营运成本是指并购后为维持被并购企业健康发展而支付的营运成本，包括整合改制成本和注入资金成本。

整合改制成本，是取得目标企业的控制权后对被并购企业进行重组或整合，如调整人事结构、改善经营方式、整合经营战略和产业结构以及重建销售网络等发生的成本。一般而言，并购后的整合改制成本通常涉及配备新的领导班子、安置多余人员、剥离非经营性资产、派遣人员进驻、淘汰无效设备、人员培训等方面的支出。

注入资金成本，是指并购企业向目标企业注入优质资产、投入启动资金、为新企业打开市场而增加的广告和网点设置等方面的支出。

3. 并购机会成本

并购机会成本是指企业因选择并购行为而放弃投资其他项目的收益。一般来说，企业并购的机会成本越大，其并购行为的相对收益越小或相对损失越大。

4. 并购退出成本

并购退出成本是指企业因并购失败而退出并购过程或并购后的整合过程而发生的成本。并购退出成本的高低，是退出成败的关键。

三、企业并购的效益分析

并购收益是指并购后新企业的价值大于并购前各企业价值总和的差额。只有当企业的并购收益大于并购成本时才具有经济上的可行性。一般地，企业并购的效益分析常常涉及净现值分析、并购对企业盈余和股票市场价值的影响等。

（一）净现值分析

净现值分析是对并购的收益现值与成本现值的比较。并购活动中，并购方的支付方式有现金和股票。尽管在不同的并购方式下，净现值分析的方法不同，但分析的立足点都是企业的价值。

假定A公司拟并购B公司，设并购前A公司的价值为V_A，并购前B公司的价值为V_B，并购后形成的新公司的价值为V_{AB}，并购的收益为V，则

$$V = V_{AB} - V_A - V_B$$

只有当$V>0$时，并购才具有协同效应，才具有经济上的可行性。

一般情况下，并购方为取得目标企业的控制权，通常以大于目标企业价值V_B的价格P_B进行购买，这个价值差额称为并购溢价P。并购溢价反映了获得目标企业控制权的价值，它由目标企业的发展前景、股价走势和并购双方的协商能力来决定。若F为并购费用，包括评估费、咨询费、谈判支出等，则并购成本C就等于并购溢价加上并购费用。

$$C = F + P = F + P_B - V_B$$

由上式可知，并购成本也等于并购完成成本（$F + P_B$）减去目标企业并购前的价值（V_B）；并购净收益（NV）为并购收益减去并购成本后的余额，即

$$\begin{aligned} NV &= V - C = V_{AB} - V_A - V_B - (F + P_B - V_B) \\ &= V_{AB} - V_A - P_B - F \end{aligned}$$

上式表明，并购净收益为并购后新公司的价值减去并购完成成本（$F + P_B$）及并购前并购方价值的余额。显然，并购净收益反映的是并购方公司价值的增值，即并购后并购方的价值（$V_{AB} - P_B$）减去其并购前的价值，再减去并购费用后的余额。

只有当$NV>0$，并购才在经济上可行。值得注意的是，净现值分析也为并购价格提供了一个可接受的上限。并购价格的上限是使$NV=0$时的购买价格，即$P_B = V_{AB} - V_B - F$。此时，并购产生的协同效应被并购支付的溢价与并购费用所抵消，并购方从并购中的获利为零。

（二）并购对企业盈余的影响

理论上，并购必会对企业的每股收益、每股市价产生潜在影响。一般而言，企业并购的决策通常需考虑并购对股票价格的影响，而并购对股票价格的影响又取决于并购对每股收益的影响。为此，评估企业并购方案的可行性时，应考虑并购对后续企业每股盈余的影响。

在换股并购中，并购前后并购方的每股收益的计算公式为

$$\text{并购前的每股收益} = \frac{\text{净利润}}{\text{股票股数}}$$

$$\text{并购后的每股收益} = \frac{\text{合并净利润}}{\text{原有股票股数} + \text{新发行股票数}}$$

式中，新发行股票数 = 目标企业的股票数 × 股票交换比率。股票交换比率通常是根据双方的股票价格确定，其计算公式如下

$$\text{股票交换比率} = \frac{\text{目标企业股票作价}}{\text{并购方股票市价}}$$

例11.3 假设A公司拟以股票互换方式并购B公司，并购时双方的财务资料如表11.2所示。

表 11.2　A、B 两公司的相关财务资料

项　目	A 公司	B 公司
净利润/万元	3 000	800
股票数量/万股	1 500	640
每股收益/元	2	1.25
每股价格/元	30	16
市盈率	18	10

若 B 公司同意将其股票每股作价 17.25 元，并以 A 公司股票进行交换，则股票交换率为 17.25/30，或者说 A 公司每 0.575 股换取 B 公司的 1 股。此时，A 公司需发行 640 × 0.575 = 368（万股）股票，才能并购 B 公司所有股份。

假定并购后两公司收益能力不变，则并购后的每股收益如表 11.3 所示。

表 11.3　并购后 A 公司的每股收益

项　目	A 公司
并购后净利润/万元	3 800
股票数量/万股	1 868
每股收益/元	2.03

由表 11.3 可知，A 公司实施并购后每股收益将提高 0.03 元，但原 B 公司股东的每股收益却有所损失。在现行股票交换比率下，原 B 公司股东持有 B 公司 1 股股票相当于 A 公司 0.575 股，而并购后 B 公司股东的每股收益变成 2.03 × 0.575 = 1.17（元），损失了 1.25 − 1.17 = 0.08（元）。

若 B 公司股票的作价提高到 22.5 元，即 B 公司的市盈率也为 18 倍，则交换率是 22.5/30，即约 0.75 股 A 公司股票交换 B 公司 1 股股票。此时，A 公司需发行 480 万股股票才能并购 B 公司所有股份，则并购后的每股收益如表 11.4 所示。

表 11.4　并购后 A 公司的每股收益

项　目	A 公司
并购后净利润/万元	3 800
股票数量/万股	1 980
每股收益/元	1.92

表 11.4 显示，在新的股票交换比率下，A 公司并购 B 公司后每股收益降低了 2 − 1.92 = 0.08（元），但原 B 公司股东的每股收益为 1.92 × 0.75 = 1.44（元），较并购前提高了 1.44 − 1.25 = 0.19（元）。

并购时每股收益的增减取决于两个因素：市盈率的差异、两个公司总盈余规模的相对比例。相对于并购方而言，目标企业的股票作价越高，股票交换率越高，则需发行的新股越

多。一般而言，若并购后股份数的增加幅度大于收益增加幅度，则并购后的每股收益将下降；反之，每股收益将增加。

（三）并购对股票市场价值的影响

在并购过程中，股票市价的交换比率是谈判的核心。公开上市的股票，其价格在一定程度上反映了投资者对该企业内在价值的判断。因此，其股价可以反映该企业的获利能力、股利、企业风险、资本结构、资产价值及其他相关因素。股票市价的交换比率为

$$\text{股价交换比率}=\frac{\text{目标企业的每股作价}}{\text{目标企业每股市价}}$$

$$=\frac{\text{并购方的每股市价}\times\text{股票交换率}}{\text{目标企业每股市价}}$$

若这一比率大于1，则表示并购对目标企业的股东有利，企业因被并购而获利；反之，目标企业的股东会遭受损失。

例11.4 若A企业每股股价为50元，B企业每股股价为20元。假设A企业拟以其0.4股交换B企业1股，则此时股价交换比率为：$50\times0.4\div20=1$。

上例中，A、B两企业以市价1:1的比率对换。在不考虑其他因素的情况下，A、B两企业均未能从并购中获利。若A、B两企业的交换比率不是1:1，则必有一方获利，另一方受损。从并购行为来看，由于其目的就是为了获取并购协同效应，即“1+1>2”的效应，只有提高并购后公司的预期每股盈余，并购双方才能从并购中获利。

第四节 资本重组

资本重组，是通过运用产权重组、兼并、收购、合资和托管等多种方式对两个或两个以上企业现有的各类资源进行的重新组合。

在国外，资本重组主要是用现金或证券购买其他企业的资产或股权以获得该企业的经营权等相关权利的行为。所谓兼并，《大美百科全书》（Encyclopedia American）对兼并一词进行了界定：法律上，兼并是指两个或两个以上的企业组织组合为一个企业组织，一个厂商继续存在，其他厂商丧失其独立身份，唯有剩下的厂商保留其原有名称和章程，并取得其他厂商的资产。而收购，是一家企业用现金、债券或股票购买另一家企业的部分或全部资产或股权，以获得对该企业的控制权。兼并与收购的区别在于，前者是指兼并企业依然合法存在，而被兼并企业的法定地位消失；后者则意味着被收购企业的法人地位并未消失，只是收购方拥有了对被收购方的控制权。但从某种意义上说，兼并与收购又有互相重叠，收购可以看做是一种广义的兼并行为。

在国内，资本重组主要是不同企业之间存量资本的重新组合。由于资本重组只是改变了资本在不同企业之间的分布，其本身并不能增加社会的资本总量。近几年来，我国出现了规模宏大的资本重组活动，但从国外资本重组的经验看，成功率一般仅在30%左右，为此，对资本重组宜慎之又慎。

一、资本重组的必要性

现实经济中，资本重组的动因可能源自资本配置不合理、企业发展不均衡、资本管理体制滞后等，以及由此产生的资本低成本流动、资源高效益配置的要求。

1. 资本在不同部门之间配置的不合理

社会化大生产中，不同部门之间存在着广泛的社会分工和密切的相互联系，它们互为市场，互相提供需求和供给。因此，各部门资本只有保持合理的比例，社会产品才能全部实现，生产中消耗的各种生产要素才能从价值形态和物质形态两方面得到补偿，再生产也才能正常进行下去。但现实中，由于种种原因，资本闲置和浪费现象却大量存在，正是这些闲置和浪费现象为改善社会的资本配置提供了可能。

2. 资本重组有助于促进资源的优化配置

市场经济中，资本重组对资源优化配置的影响主要表现在规模经济效应上。规模经济来源于大规模生产的优越性，如分工的深化促使了生产率提高，管理费用和营销费用的降低；一体化与多样化策略有助于市场突变时企业抗击风浪、保持生存等等。现实中，企业很少仅靠自身的积累去实现规模经济，更多的情形是通过资本重组，借助于兼并收购等方式，迅速集中大量资本，在短期内实现大规模的经营扩张。例如，全国啤酒市场在进入 20 世纪 90 年代后，出现了供过于求的状况。为了获取市场份额，各生产商配合其他竞争手段，大幅降价，结果导致企业利润下滑，后继发展乏力。1996 年，全国平均每吨啤酒销售收入为 2 159 元，1997 年为 1 998 元，1998 年为 1 903 元。其结果是，产销量增长的同时，利润并没有同步增长，很多小啤酒厂甚至连续出现亏损。20 世纪 90 年代后期以及 21 世纪初期，在优化资源配置专项政策的扶持下，国内的几大啤酒集团踏上了大举收购兼并之路。2002 年，国内前十大啤酒生产商已占全国市场份额的 42.9%，比 2001 年提高 5.8%。2003 年，我国啤酒行业的集中度进一步提高，前十名啤酒集团所占市场份额上升至 52%，前三名啤酒集团产量已占全国总产量的 31.6%。

3. 资本重组有助于提高资本运行效率和质量

一般而言，资本重组有助于较快地组织和培育起一批真正有市场竞争力的跨地区、跨行业、跨所有制的大型企业集团，从根本上改变以往我国企业资本运行效率低、运行质量低和公司治理结构失衡等问题，更加灵活地调动和支配企业资产。以汽车制造为例，南京汽车集团有限公司（以下简称南汽）是我国特大型汽车骨干生产企业，现有资产总额 120 亿元，主要生产依维柯、跃进、菲亚特、新雅途等品牌 400 多个品种汽车，年综合生产能力 20 万辆。在 20 世纪 90 年代起的中国汽车业中外合资浪潮中，南汽一次次错过了机会，导致其产销量远远落后于国内其他汽车龙头企业，被挤出了中国汽车行业的“3+9”格局，处于被边缘化的境地。在这一背景下，南汽一直寻找机会进行资本重组。2005 年 4 月 7 日，英国罗孚汽车集团宣布破产，南汽抓住机会，以约 5 078 万英镑的价格击败实力均高于自己的竞争对手——上汽和英国 Project Kimber 财团等。通过此次资本重组，南汽获得了两个汽车发动机工厂、一个柴油机发动机厂、三个车型整车厂以及变速箱厂、注铝厂和相关科研设备等。借助于罗孚汽车集团的技术优势、品牌优势、营销渠道和网络优势，南汽在英国长桥的罗孚工厂里生产 5 款新车，在长桥或英国的另一个地点生产跑车和豪华轿车，小轿车和发动机则在国内生产，南汽预计其汽车产销量和营业收入都得到大幅提高。

二、资本重组的内容与方式

现实中，资本重组有着丰富的内容和多种多样的方式，通常主要有：

1. 产权重组

产权重组是对现有产权进行重新组合，使各类产权主体的权利、义务、责任、收益等进一步清晰化。具体而言，产权重组可能涉及企业单项要素的产权交易，如企业闲置资产、专利、注册商标等产权的交易；也可能涉及企业的部分产权交易，如企业部分股权的出售和企业部分产权的出售；还可能涉及企业整体产权交易，如企业出售全部股份、企业整体出售等。在国外，企业的资本重组，其实质是企业的产权重组。但在我国，产权重组则主要是现有企业控制权的重新确定和调整以及相应利益与风险的重新分配和承担等。

2. 兼并收购

企业兼并是两个或两个以上的企业组织组合为一个企业，一个企业继续存在，其他企业丧失其独立身份，仅剩下的企业保留其原有名称和章程，并取得其他企业的资产。收购则是一家企业用现金、债券或股票购买另一家企业的部分或全部资产或股权，以获得对该企业的控制权。本质上，兼并和收购是一企业通过产权交易取得其他企业一定程度的控制权，包括资产所有权、经营管理权等，以实现一定经济目标的经济行为。在一定意义上，收购可以视为控股式兼并。由于兼并和收购具有共同点，都是企业之间的产权交易行为，因此常将两者合称为企业并购。例如，联想是我国最大的 PC 制造商，在国内 PC 市场上，联想占有 26.8% 的份额，营业额 30 亿美元；联想在亚太地区也居第一位，占有 12.6% 的市场份额。为实现国际化战略的突破，开辟巨大的国际市场空间，2001 年联想开始实施国际化战略。在此之前，尽管联想已在国外建立了 7 个办事处，并通过与英特尔、微软等跨国公司开展人才项目合作，进而将部分产品到国外销售，但海外业务占整个营业收入的比重不超过 3% 。在进入国际市场的尝试中，发现其品牌在国外许多地方被注册，而且其品牌进入高端市场的成本极高。2003 年 4 月，联想在全球范围内更换商标；2004 年，联想以 8 000 万美元获得 2008 年奥运会 TOP 赞助商门票；同年 12 月，联想以 17.5 亿美元（6.6 亿元现金，5 亿元支付 IBM 净负债，配发 6 亿普通股）并购 IBM 的 PC 业务；2005 年 5 月 1 日，并购完成；8 月 10 日，并购项目开始盈利，迈出了成功的第一步。并购后，联想拥有 2 万多员工，130 亿美元营业额，出货量在全球市场份额占到 37.5% ，位居全球第三位。借助于 IBM 在国际市场采购、制造、设计、销售优势，联想弥补了在品牌、全球管理和高端技术方面的不足，加快了国际化战略的布局和实施。

3. 合资合作

合资是两个或两个以上企业、组织或个人进行联合，通过共同投资、共同参与管理并共同承担风险而组成一个独立的、具有法人地位的公司，从事商品或服务的生产或销售，从而实现共同的目的。资本重组不仅可以在国内企业之间进行，而且还可以与国外企业的资本进行组合。例如，2001 年 2 月 8 日，两个国际性大公司—德国克虏伯钢铁股份公司、中国上市公司 50 强之一的鞍钢新轧股份有限公司，双方合资建设了具有世界先进水平的镀锌板生产线。该项目在大连经济技术开发区振鹏工业区兴建，占地 14 万平方米，总投资近 1.8 亿美元，是国内钢铁行业中最大的中外合资项目之一，也是鞍钢第一条中外合资钢材深加工生产线，该项目的产品旨在满足国内汽车工业，特别是轿车生产的需求，成为高市场占有率和高进口替代的标志性产品。

4. 企业租赁

租赁是所有者或出租人将自己的资产如厂房、机器设备、土地等出租给承租人使用，而承租人则支付相关的费用。企业租赁是企业所有者与经营者之间通过签订合同，将企业的经营管理权出租给承租者，承租者按合同规定交纳租金的一种资本运营方式。一般而言，通过企业租赁，有助于充分利用企业的现有资源，提高资本的利用效率。例如，1989—1990 年间，东方航空公司和上海航空公司相继从国外租赁 10 余架大型飞机，这不仅节约了大笔外汇资金，而且还降低了公司的运营成本和经营风险。

5. 企业托管

企业托管，是企业法人财产权以契约形式部分或全部的让渡，即作为委托方的企业财产权法人主体，通过一定的契约规定，在一定期限内按一定条件将本企业法人财产的部分或全部让渡给受托方，从而实现财产经营权和处置权的有条件转移，并以此达到企业资产保值、增值的目的。尽管企业托管的目的不同，但现实中企业托管多与企业经营状况不佳有关，为此，企业托管的意义相应地表现为：一是有利于资不抵债企业、经营亏损企业和经营困境企业实现资本重组和优化资源配置；二是有利于龙头企业实现跨地区、跨行业的资本重组，实现大规模降低成本，获取规模经济效应；三是有利于减少因企业长期陷入困境而导致的抵触情绪，减轻因剧烈变动而引起的社会动荡。

附录3　综合案例分析

——高科实业股份有限公司

进入21世纪以来，公司面临着越来越复杂的经营环境，这主要表现为：技术发展迅速、产品更新换代速度加快、同行业公司之间的竞争愈来愈激烈等。为了使公司在竞争中立于不败之地，常用的策略是不断开发新产品，并以恰当的营销组合适时地将其投入市场。与之相应，如何运用财务管理理论和方法为公司战略经营服务，也成了财务管理中特别关心的问题。

现实中，尽管新产品/市场决策由一系列复杂的战略决策组成，是公司总体战略规划的一部分，但由于财务分析有助于了解这一决策的内在价值，因而在这一长期复杂决策过程的各个阶段，财务分析仍是一种十分重要的分析工具。

一般而言，新产品/市场决策过程分为四个阶段：

（1）竞争地位评估阶段。在这一阶段，管理层鉴于公司市场地位的变化或潜在变化，计划以新产品强化其竞争优势。

（2）新产品构思或设想阶段。该阶段中，公司充分发挥广大员工的创造性，根据市场需求和技术的发展变化趋势，提出新产品构思或设想，并付诸研究开发。

（3）新产品投入生产阶段。在该阶段，公司将为研究开发成功的新产品准备生产设施，并与供应商建立供应关系。

（4）新产品投放市场阶段。这一阶段中，公司将针对不同的目标市场及用户需求的特征，选择与之相应的营销组合，将新产品适时地投放市场，满足用户的需求。在不同的决策阶段，公司管理层面临的问题不同，财务分析的重点和方法也就会有所差别。例如，在第一阶段，管理层需考虑是否有必要开发新产品，为此，财务分析的重点在于现有产品能否为公司带来令人满意的利润等；又如第三个阶段中，管理层考虑的是应不应该生产已开发成功的新产品，因而，财务分析的重心是新产品能否产生足够的现金，以弥补其开发成本和生产成本。可见，在新产品/生产决策的不同阶段，财务分析的内容和重点都会有所不同。从新产品/生产决策的整个过程看，在第一、二阶段中进行财务分析至关重要，但此时却面临着较高的不确定性，决策带有较强的主观色彩。为简便起见，附录3将以高科实业股份有限公司（简称“高科公司”）为例，探讨第三、四阶段中财务分析的实际过程。

高科公司是一家大型工业企业，专门从事工业制冷设备的生产和销售。公司现有二个以氟利昂作制冷剂的产品系列：

（1）大型制冷设备系列。在大型制冷设备市场，用户多为大型工业企业，公司主要通过其销售子公司直接向用户提供产品。由于公司生产的设备质量高、性能稳定，很受用户欢迎，并为公司带来了很高的利润，其市场份额约占国内大型制冷设备市场的15%。

（2）中型制冷设备系列。中型制冷设备市场上，用户多为中小型工业企业，由于用户数量较多，公司主要靠中间商而非其销售子公司销售产品。一直以来，中型制冷设备仅是公司的附带产品，其利润占公司总利润的比重较低。

近年来，国内大型制冷设备市场的增长放慢，而且短期内前景很不乐观。同时，随着外国产品的进入，市场竞争愈演愈烈，导致公司利润以较大幅度下降。经市场调查后，公司管理层认为应向下拓展市场，生产、销售中型制冷设备，而不是在大型或超大型制冷设备市场上进行更深的市场渗透。此外，基于社会各界日益增强的环保意识，管理层将长期目标定为向大中型制冷设备市场提供无氟设备。为此，经过公司技术部门2年的研制开发，于2007年6月成功地研制了一种中型无氟制冷设备（简称“COOLER6或C6”）。相对于公司现有的中型制冷设备而言，C6的性能更可靠、对环境无危害且维护成本更低。由于公司管理层一直希望借助于C6摆脱目前困境，因而特别关心C6的市场营销，并要求公司有关部门进行必要的调查研究。

公司市场部对C6进行了市场研究，其结论如下：

（1）据估计，2008年，中型制冷设备国内市场的全年总容量为5 780台，该市场的年增长率估计为3%。

（2）该市场中，需要无氟制冷设备的用户占11%，即635台，该销售量在大公司和中小公司之间平均分配。目前，高科公司通过中间商向中小型公司提供设备，拥有的市场份额为10%；依靠子公司提供设备给大公司，所占市场份额为13%。

（3）由于无氟制冷设备能降低维护成本，其他不要求无氟的用户也可能运用无氟制冷设备。为此，需要公司从事大型的宣传活动。若宣传活动成功，C6的潜在市场会逐渐上升至整个市场的19%，即公司花费17百万元从事宣传活动（平均分配于2008年和2009年），C6的市场区域份额会上升为14%（2008年）、16.5%（2009年）、19%（2010年及其以后）；新增用户50%为中小企业，另一半将为大企业。

（4）若不从事宣传活动。此时，高科公司借助于定价策略可改变C6的市场规模，见附表3.1。

附表3.1　定价策略对市场规模的影响（不从事宣传活动）

%

高于目前同类产品价格的百分比	C6市场规模的估计
10（销售价格32 140元）	12
15（销售价格33 600元）	11
25（销售价格36 520元）	9
35（销售价格39 443元）	7

若从事宣传活动，二者之间的关系如附表3.2所示。

附表3.2　定价策略对市场规模的影响（从事宣传活动）

%

高于目前同类产品价格的百分比	C6额外市场规模的估计（2010年）
10（销售价格32 140元）	12
15（销售价格33 600元）	8
25（销售价格36 520元）	5
35（销售价格39 443元）	2

（5）市场部建议不从事宣传活动，C6通过销售子公司投放市场；并认为宜将C6的价格定在高于目前同类产品15%的水平上；此外，公司无须考虑竞争对手推出同类产品的可能，因为，唯一可能推出类似产品的竞争对手比公司的市场份额小（市场份额为4:6）。

估计单位生产成本时，工程部门测算了投入期（生产500台）结束时的单位成本，并估计出生产初期的单位成本。为谨慎起见，将后一成本估计数（17 013元）用于获利能力的研究。其具体构成见附表3.3。

附表 3.3 生产成本的构成

元

单位成本的构成	100台	500台
直接材料	12 151	11 168
间接材料（2.7%）	328	302
直接人工	786	786
间接人工	924	924
=生产成本	14 189	13 180
+（生产线）制造费用（生产成本10%）*	1 419	1 318
=单位成本1	15 608	14 498
包装、运输成本（9%）	1 405	1 305
=单位成本2	17 103	15 803
注：*制造费用中不包含生产设备的折旧		

公司财务部对C6的获利能力进行了研究，结果如下：

（1）销售量假定。2008年，C6的市场容量为635台；2008年以后，市场的年增长率为3%。假定高科公司的市场份额为100%（不存在竞争对手）。假定市场渗透过程是渐进的，2008年为22.5%，2009年为50%，2010年为75%，2010年及其以后各年均为100%。

（2）价格假定。据估计，2008年C6的国内平均市场价格为33 600元（用户价格），整个获利能力的研究以2008年的收入和成本为基础。

（3）成本。生产成本在2008年每台17 013元的基础上确定，但其中未考虑物价上涨的影响。2008年，生产100台C6的单位成本为17 013元，其中包括直接材料、间接材料、直接人工、间接人工、制造费用（生产成本的10%）、包装和运输成本（总成本的9%）。与其他产品相比，由于C6的产量较小，不准备由其负担公司的管理费用，即总公司的营业成本为其生产成本。销售子公司的直接营业成本估计为其营业收入的20%，不准备由其负担销售子公司的管理费用。此外，公司的所得税税率为33%，年折旧率为20%。

（4）营运资金需求。估计收款期限为3个月，工厂的存货为3个月的生产成本（不包括包装和运输成本），销售公司的存货为3个月的生产成本（包括包装和运输成本）。尽管材料货款的支付滞后3个月，为谨慎起见，获利能力研究未考虑任何应付账款。

（5）资本支出。资本支出仅包括生产设备支出4.46百万元（于2007年年底至2008年年初发生），2006—2007年发生的研究开发支出为5百万元，但由于其已经发生，属于沉没成本，决策时不予以考虑。

（6）获利能力的计算。尽管C6的预期寿命期为10年，但高科公司惯例上仅计算新产品寿命期前5年的内含报酬率。在2007年，公司尚未有正式的最低报酬率制度，但同C6相似项目的报酬率至少为20%，可将其视为2007年的风险调整折现率或资金成本。

综上所述，2007年年底，高科公司已就C6的市场营销策略逐步形成了共识：即应推出C6；其目标市场为需要无氟设备的用户，因而无须从事宣传活动；C6的价格应高于目前同类氟利昂设备价格的15%；产品依靠销售子公司，不通过中间商。

高科公司财务部评价C6产品获利能力的具体过程为：a. 基于前面的各种假定，建立Excel模型；b. 运用模型的运算结果，提出有关C6获利能力的评估报告。有关Excel模型及其运算结果见附表3.4和附表3.5。

附表 3.4　Excel 模型

A	B	C	D	E	F	G	H	I
1	2007	2008	2009	2010	2011	2012	2013	合计
2 市场增长率			0.03	0.03	0.03	0.03		
3 市场总容量/台		5 780	= C3 * (1 + D2)	= D3 * (1 + E2)	= E3 * (1 + F2)	= F3 * (1 + G2)		
4 C6 市场区域份额/%		0.11	0.11	0.11	0.11	0.11		
5 渗透率/%		0.225	0.5	0.75	1	1		
6 销售量/台		= C3 * C4 * C5	= D3 * D4 * D5	= E3 * E4 * E5	= F3 * F4 * F5	= G3 * G4 * G5		
7 单价/千元		33.6	33.6	33.6	33.6	33.6		
8 营业收入/百万元		= C6 * C7/1 000	= D6 * D7/1 000	= E6 * E7/1 000	= F6 * F7/1 000	= G6 * G7/1 000		
9 单位成本/千元		17.013	17.013	17.013	17.013	17.013		
10 营业成本/千元		= C6 * C9/1 000	= D6 * D9/1 000	= E6 * E9/1 000	= F6 * F9/1 000	= G6 * G9/1 000		
11 营业费用率		0.2	= C11	= D11	= E11	= F11		
12 营业费用		= C8 * C11	= D8 * D11	= E8 * E11	= F8 * F11	= G8 * G11		
13 折旧		= $B $26/5	= $B $26/5	= $B $26/5	= $B $26/5	= $B $26/5		
14 税前利润		= C8 - C10 - C12 - C13	= D8 - D10 - D12 - D13	= E8 - E10 - E12 - E13	= F8 - F10 - F12 - F13	= G8 - G10 - G12 - G13		
15 累计税前利润		= C14	= C15 + D14	= D15 + E14	= E15 + F14	= F15 + G14		
16 所得税		= IF(C15 <0,0, 0.33 * C15)	= IF(D15 <0,0, IF(C15 <0,0.33 * D15,0.33 * D14))	= IF(E15 <0,0, IF(D15 <0,0.33 * E15,0.33 * E14))	= IF(F15 <0,0, IF(E15 <0,0.33 * F15,0.33 * F14))	= IF(G15 <0,0, IF(F15 <0,0.33 * G15,0.33 * G14))		
17 净利润		= C14 - C16	= D14 - D16	= E14 - E16	= F14 - F16	= G14 - G16		= SUM(C17: G17)
18 收款期限		3	3	3	3	3		
19 期末应收账款		= C8/12 * C18	= D8/12 * D18	= E8/12 * E18	= F8/12 * F18	= G8/12 * G18		

续表

A		B	C	D	E	F	G	H	I
1		2007	2008	2009	2010	2011	2012	2013	合计
20	期初应收账款		0	= C19	= D19	= E19	= F19		
21	存货期限(生产)		3	3	3	3	3		
22	存货期限(销售)		3	3	3	3	3		
23	期末存货		= (C10/1.09)/12 * C21 + (C10/12) * C22	= (D10/1.09)/12 * D21 + (D10/12) * D22	= (E10/1.09)/12 * E21 + (E10/12) * E22	= (F10/1.09)/12 * F21 + (F10/12) * F22	= (G10/1.09)/12 * G21 + (G10/12) * G22		
24	期初存货		0	= C23	= D23	= E23	= F23		
25	营运资金收回							= G19 + G23	
26	资本支出	4.64							
27	现金净流量	=-B26	= C13 + C17 - C19 + C20 - C23 + C24 + C25 - C26	= D13 + D17 - D19 + D20 - D23 + D24 + D25 - D26	= E13 + E17 - E19 + E20 - E23 + E24 + E25 - E26	= F13 + F17 - F19 + F20 - F23 + F24 + F25 - F26	= G13 + G17 - G19 + G20 - G23 + G24 + G25 - G26	= H13 + H17 - H19 + H20 - H23 + H24 + H25 - H26	= SUM(B27:H27)
28	折现率	0.2							
29	净现值 *NPV*		= *NPV*(B28, C27:H27) + B27						
30	内含报酬率 *IRR*		= *IRR*(B27:H27)						

附表3.4中，建立Excel模型的方法为：

(1)理论上，任何一投资项目寿命期内的税后利润合计数，应与其现金净流量的合计数相等，故I14应等于I24；

(2)在D3单元格输入“= C3 * (1 + D2)”，然后作行拷贝，即拷贝至E3 ~ G3；

(3)第五行的“渗透率”，是指C6产品的潜在用户成为实际购买者的百分比；

(4)在C6单元格输入“= C3 * C4 * C5”，然后复制至D6 ~ G6；

(5)分别在C8、C10单元格内输入公式“= C6 * C7/1 000”和“= C6 * C9/1 000”，再作行拷贝；

(6)其他各行的输入复制(拷贝)方法大体相似。

附表3.5　Excel模型运算结果

百万元

A	B	C	D	E	F	G	H	I
1	2007	2008	2009	2010	2011	2012	2013	合计
2　市场增长率			0.03	0.03	0.03	0.03		
3　市场总容量/台		5 780.00	5 953.40	6 132.00	6 315.96	6 505.44		
4　C6市场区域份额/%		0.11	0.11	0.11	0.11	0.11		
5　渗透率/%		0.23	0.50	0.75	1.00	1.00		
6　销售量/台		143.06	327.44	505.89	694.76	715.60		
7　单价/千元		33.60	33.60	33.60	33.60	33.60		
8　营业收入/百万元		4.81	11.00	17.00	23.34	24.04		
9　单位成本/千元		17.013	17.013	17.013	17.013	17.013		
10　营业成本/千元		2.43	5.57	8.61	11.82	12.17		
11　营业费用率		0.20	0.20	0.20	0.20	0.20		
12　营业费用		0.96	2.20	3.40	4.67	4.81		
13　折旧		0.93	0.93	0.93	0.93	0.93		
14　税前利润		0.48	2.30	4.06	5.93	6.13		
15　累计税前利润		0.48	2.79	6.85	12.78	18.91		
16　所得税		0.16	0.76	1.34	1.96	2.02		
17　净利润		0.32	1.54	2.72	3.97	4.11		12.67
18　收款期限		3	3	3	3	3		
19　期末应收账款		1.20	2.75	4.25	5.84	6.01		
20　期初应收账款		0.00	1.20	2.75	4.25	5.84		
21　存货期限（生产）		3	3	3	3	3		
22　存货期限（销售）		3	3	3	3	3		

续表

A	B	C	D	E	F	G	H	I
1	2007	2008	2009	2010	2011	2012	2013	合计
23 期末存货		1.17	2.67	4.13	5.67	5.84		
24 期初存货		0.00	1.17	2.67	4.13	5.67		
25 营运资金收回							11.85	
26 资本支出	4.64							
27 现金净流量	-4.64	-1.12	-0.58	0.70	1.77	4.69	11.85	12.67
28 折现率	0.20							
29 净现值 *NPV*		1.14						
30 内含报酬率 *IRR*		24%						

管理层对公司各部门提交的报告进行了研究，并认为基本上可以考虑C6项目的投产，但同时也对上述研究报告中所作的各种假定有一些疑虑。为了对C6作更客观、公正的评价，特地从外部聘请了两名财务管理顾问，由他们负责进行更为深入的分析研究，并将综合内外人员提交的研究报告作出最终决策（注：财务管理顾问的研究过程及其结果见附录4）。

2007年11月初，财务管理顾问提交了研究报告；同年11月底，高科实业股份有限公司决定生产无氟中型制冷设备（C6），并于2008年2月正式投放市场。

附录4　案例高级分析

——高科公司案例

高科公司两位财务管理顾问的分析过程分为两个阶段：首先，对各部门的研究报告（见附录3）进行了分析，并研究了相关的 Excel 模型（附录 3 中附表 3.4）；其次，基于较为客观的假定，建立更为完善的 Excel 模型，并提出了相应的建议。

一、基本模型的评估

第一阶段中，财务管理顾问进行研究分析后提出了如下问题：

(1) 将研究期限定为 5 年是否正确？

有关人员的解释是，5 年以后的现金流量具有较高的不确定性，距目前越远，不确定性越高。因而，选择 5 年作为研究期限。财务顾问则认为，尽管现实很可能如此，但由于计算 *NPV* 的折现过程将反映这一风险，故宜以 C6 的预期寿命作为研究期限。

(2) 无视通货膨胀的影响合适吗？

有关人员的解释是：C6 的用户是各类企业，通货膨胀率变动将同时影响 C6 的收入和成本，因而，可以合理地认为通胀的影响是中性的。此外，折现率已包含 5% 的预期通胀率。鉴于有关人员的合理解释，财务管理顾问接受了这一假定。

(3) 否认应付账款对营运资金需求的影响是否合适？

为谨慎起见，内部研究报告假定不考虑应付账款的影响。财务管理顾问认为，由于外购材料占生产成本的比重很大，既然考虑了应收账款和存货的影响，就不宜忽视应付账款的影响。

(4) 营业费用的计算方法符合实际吗？

现实中，大部分营业费用通常为变动费用，但固定费用部分所占比重有时也很大，如在产品投放市场初期，公司可能将支付巨额的广告费等。为此，财务管理顾问并不赞成这一假定（营业费用为各年营业收入的 20%）。

(5) 假定存货周转率始终维持不变是否适宜？

尽管有关人员并未对此作出解释，财务管理顾问认为：C6 投产初期，为适应需求的不确定性，高科公司很可能需要大量准备存货。但随着对用户需求特征的了解，存货很可能降低至较低水平。此外，存货的确定应以未来的营业收入为基础，而不是目前的营业售收入。

(6) 研究期限内单位生产成本维持不变这一假定适宜吗？

内部研究报告中，假定单位生产成本维持不变，等于 17 013 元。但财务管理顾问认为：据附表 3.2 资料显示，它仅是生产 100 台设备的平均成本，实际单位成本很可能随产量的增加而降低（注：进一步的分析涉及经验曲线效应，详见下一部分）。

(7) 不考虑竞争及其影响真的可行吗？

财务管理顾问认为，制冷设备行业是一成熟行业，高科公司的竞争对手必将对 C6 作出反应，除非竞争对手计划退出该行业。

（8）初始 Excel 模型中的市场渗透率假定合理吗？

市场渗透率的高低，决定了产品销量曲线的形态。财务管理顾问认为，从市场寿命周期理论来看，市场渗透率的估计很可能不合适（注：进一步的分析涉及市场寿命周期曲线，详见下一部分）。

（9）假定不会发生蚕食是否符合现实？

内部研究报告中，假定 C6 的销售不会对公司现有中型制冷设备的销量产生影响。财务管理顾问则认为：制冷设备行业作为一成熟行业，全新用户的数量有限；C6 投放市场后，高科公司现有中型制冷设备的销量将不可避免地降低。

二、模型的改进

针对上述问题，财务管理顾问先后与公司有关部门进行了多次讨论，并在许多方面达成了共识（注：为简便起见，将讨论结果直接纳入相关问题的进一步分析部分），并最终建立了较为完善的 Excel 模型。

（一）一次修正一个问题

为了确定各问题或不完善之处对 *NPV* 的影响，财务管理顾问以附录 3 中 Excel 模型为出发点，依次对不完善之处进行了分析评价，并逐个确定了相应的改进方法。

1. 将研究期限扩展至 10 年

与公司有关人员讨论后形成的共识是：尽管 C6 开始投入市场时，由于需要满足营运资金的需求，初期的现金流量并不诱人，但为了对决策进行更好的评估，有必要在 C6 的整个寿命期（10 年）内进行分析。

扩展研究期限的方法是：

（1）在现有 Excel 模型（见附录 3）的 H 栏上插入 5 栏，并分别在各栏输入相应年份。

（2）除第 13、25、26、28、29 和 30 行外，其余各行作行拷贝，即将 G 栏单元格拷贝至 H ~ L 栏单元格，如 G2 单元格拷贝至 H2 ~ L2 单元格。

（3）将 M25 内公式修正为“ = L19 + L23”，N17 内公式修正为“ = SUM（C17:L17）”。经上述修正后，模型运算结果应为：*NPV* = 4.72，*IRR* = 31%，累计净利润（N17）或累计现金净流量（N27）为 38.54。

财务管理顾问将研究期限扩展至 10 年后，以修正过的 Excel 模型作为基本模型（简称基本模型 1），再逐个改进其他不完善之处。

2. 通货膨胀的处理

财务管理顾问认为：内部人员的看法大体可接受，但基本模型 1 对通货膨胀的处理并不一致，即一方面假定收入和成本项目的价格水平固定不变，另一方面又在折现率内包含 5% 通货膨胀率；为了保证处理方法的一致性，有两种方法可供选择：a. 收入和成本项目的价格水平年增长 5%，但维持折现率 20% 不变；b. 收入和成本项目的价格水平不变，但从折现率中扣除 5% 通胀率。

由于第二种方法更易于实施，仅需将基本模型 1 中 B28 折现率数值修正为 1.20 ÷ 1.05 - 1 = 14.29% 即可。修正后的 *NPV* 为 9.33，比基本模型 1 的 *NPV* 大 97.67%（注：尽管两种方法得出的 *NPV* 有所不同，为了保持模型的简洁性，财务管理顾问采用了第二种方法）。

3. 引入应付账款的影响

以基本模型 1 为基础，财务管理顾问引入应付账款影响的具体过程为：

（1）在第 25 行上插入 3 行后，A25 内输入“付款期限”，C25 内输入“3”，并将 C25 复制至 D25 ~ L25 单元格内（以下简称行拷贝）。

（2）第 26 行中，A26:“期末应付账款”；C26：“ = (C10 + C23 - C24) * 12.151/17.013/12 * C25”，然后行拷贝（D26 ~ L26），其中，12.151 为 C6 的直接材料成本。

（3）第 27 行中输入 A27：期初应付账款；C27：0；D27： = C26，并行拷贝至 L27。

（4）将 M28 修正为：“ = L19 + L23 - L26”。

（5）将 C30 修正为：“ = C13 + C17 - C19 + C20 - C23 + C24 + C26 - C27 + C28 - C29”，并行拷贝至 M30。

经上述修正后，模型运算结果为：*NPV* = 5.98，*IRR* = 35%，累计现金净流量 = 38.54；修正后的 *NPV* 增加 26.70%。

4. 改进营业费用的计算方法

财务管理顾问同公司市场部研究后认为：营业费用平均为营业收入的 20%。其中，一半为变动成本，主要是销售人员的工资；另一半是推出成本，主要发生于 C6 寿命期的前三年（各年金额相等）。此外，即使采用不同的定价策略，推出成本也不会变化；在此情形下，双方同意仅考虑两种水平的固定推出成本，一种是从事宣传活动时的固定营业费用，另一种是不从事宣传活动时的固定营业费用。

基于上述看法，财务管理顾问对基本模型 1 作了如下修正：

（1）在第 12 行上插入二个空行。

（2）A11 改为“变动成本率”，即变动营业费用和营业收入的比率；C11 改为“0.10”。

（3）在 N11 内输入计算累计营业费用的公式“ = @ SUM(C8:M8) * 0.20”。

（4）以第 12 行计算变动营业费用，A12：“变动营业费用”；C12：“ = C11 * C8”，行拷贝至 L12。

（5）A13：“固定推出成本”或“固定营业费用”；C13：“ = $N $11/6”，并拷贝至 D13 和 E13 内。

（6）将 A14 修正为“总营业费用”；C14 改为“ = C12 + C13”，行拷贝至 L14。

（7）在 N14 单元格内输入公式“ = @ SUM(C14:M14)”，以保证总营业费用未发生变化。

修正后模型的运算结果为：*NPV* = -1.38，*IRR* = 18%；修正后的 *NPV* 降低 -129.24%。

5. 存货周转率及其计算方法的修正

经与公司生产部和市场部多次分析探讨后，财务管理顾问对存货期限的估计数作了修改（见附表 4.1）。并认为应以未来营业收入为基础进行估计。为此，需对基本模型 1 进行一些修改：

附表 4.1　存货周转天数的估计

天

项　目	2008 年	2009 年	2010 年及以后各年
生产	3	2	1
营业	3	2	2

（1）修正存货的估计方法，改为按下一年营业收入进行计算。

将C23单元格公式修改为“=((D10/1.09)/12*C21)+(D10/12*C22)”，并行复制至L23即可。修正后应检查2006年的期末存货是否为0，*NPV*是否为4.32，比基本模型1小8.47%。

（2）修正生产领域和销售领域的存货期限估计数，修正后*NPV*为5.73，比基本模型1大21.40%。

6. 分析经验曲线的影响

基本模型1中，假定单位生产成本始终为17 013元，由于规模经济效应的存在（见附表3.2），自2010年起，单位成本将变为15 083元。其结果是*NPV*为6.40，比基本模型1大35.60%。

通过与公司技术部和生产部深入研讨C6的特性，财务管理顾问得出的结论是：C6的材料和装配适用85%的经验曲线，但由于C6并非一种全新产品，C6的累积产量从100台增加至500台时，其材料的经验效应仅提高43%，也可以认为2008年前已生产了830台。此外，C6的装配成本也适用于85%的经验曲线，估计累积产量从100台增加至500台时，其经验效应仅提高17%，也可以认为2008年前生产了约2 200台（注：经验曲线效应见附录4后注1）。

为反映经验曲线效应，对基本模型1进行了如下调整：

（1）第9行上插入4个空行。

（2）第9行中，A9：输入“累积销售量”；C9：输入公式“=C6”；D9：输入“=C9+D6”，并行拷贝至L9。

（3）由于生产成本为年平均数，应以年中生产产品的单位成本来计算。第10行中，A10：输入“年中累积销售量”；C10：输入公式“=C9/2”；D10：输入=“(C9+D9)/2”，并行拷贝至L10。

（4）基于目前产量为100台，在第11行中，A11：输入“单位材料成本”；

C11：输入公式“=12.151*((C10+830)/930)^-0.234”，然后行复制至L11。模型运算结果见附表4.2。

附表4.2　单位材料成本

元

项　目	2008	2009	2010	2011	2012	2013	2014	2015	2016	2017
11　单位材料成本	12.24	11.59	10.78	9.98	9.34	8.86	8.48	8.16	7.89	7.65

（5）基于目前产量为100台，在第12行中，A12：输入“单位包装运输成本”；C12：输入公式“=(17.013-12.151)*((C10+2 200)/2 300)^-0.234”，然后行拷贝至L12。模型运算结果见附表4.3。

附表4.3　单位包装运输成本

元

项　目	2008	2009	2010	2011	2012	2013	2014	2015	2016	2017
12　单位包装运输成本	4.88	4.77	4.60	4.40	4.22	4.06	3.93	3.82	3.71	3.62

（6）修正C13内计算公式，C13：“=C11+C12”，然后行拷贝至L13。

引入经验曲线效应后，Excel模型的*NPV*为9.98，比基本模型1增加111.44%。

7. 竞争的引入

尽管基本模型1中已假定竞争对手不会推出与C6类似的产品，但财务管理顾问认为制冷设备行业是一成熟行业，不考虑竞争因素很不现实。与公司市场部和技术部进行的探讨表明：高科公司的一家主要竞争对手可能会推出类似产品。少部分销售人员认为，早在2008年就可能推出类似产品；在此情形中，整个寿命期内C6的市场份额均为0.6。大部分销售人员认为，竞争对手很可能于2012年推出类似产品；在此情形中，高科公司C6的市场份额2012年为0.8，2012—2017年间为0.6。

此外，市场部还分析了竞争对手的潜在定价策略：a. 可能将价格定在C6的价格水平上；b. 可能采取更具进攻性的定价策略。在此情形中，C6的价格难以超过其成本的175%。大多数销售人员认为，若公司采取进攻性措施，例如宣传活动和低销售价格等，发生价格战的可能性极高。

基于上述看法，财务管理顾问将竞争引入模型的具体过程为：

基本模型1中，a. 在第6行上插入一行，A6：“市场份额”；C6：“1”，并拷贝至G6；H6：“0.8”；I6：“0.6”，并复制至L6；b. 修正C7内销售量计算公式：“ =C3 * C4 * C5 * C6”，然后行拷贝至L7。

引入竞争因素后，新模型的*NPV*为3.48，比基本模型1降低了26.27%。

8. 引入更现实的市场渗透系数

运用产品寿命周期理论和高科公司过去推出可比产品的经验，对C6销售量的预测进行进一步分析后，财务管理顾问认为应考虑如下渗透系数（具体分析过程见本附录后注2），见附表4.4。

附表4.4 市场渗透系数

年份	2008	2009	2010	2011	2012	2013	2014	2015	2016	2017
渗透系数	0.3	0.5	0.7	1	1	1	1	1	0.7	0.5

为了使各年的销售量预测更合理，财务管理顾问将上述渗透系数引入基本模型1第5行。新模型的*NPV*为4.36，比基本模型1减少了7.63%。

9. 考虑蚕食的存在

基本模型1中，假定C6的推出不会对公司的现有产品产生任何不利影响，即不会发生蚕食现象。财务管理顾问认为这一假定很不现实。为了搞清这一问题，顾问与公司市场部进行了多次深入会谈，得出的结论如下：C6市场区域中，50%用户为中小型企业，目前高科公司通过中间商为其服务；另外50%用户为大公司，高科公司依靠其销售子公司提供服务。就第一个区域而言，高科公司的市场份额为10%，每台设备的税前利润估计为4 000元；在第二区域内，公司的市场份额为13%，单位产品的税前利润约为8 000元。若公司从事宣传活动，将很可能在第一、二市场区域内发生蚕食，但最终在2012年后将不再发生蚕食现象。

为了便于将蚕食的影响纳入模型，财务管理顾问假定：高科公司现有用户购买C6的比例不会超过公司目前的市场份额。对基本模型1的具体修正过程为：

（1）第31行中，A31：“大用户比例”；C31：“0.50”，然后行拷贝（范围D31~G31）。

（2）第32行中，A32：“大用户市场份额”；C32：“0.13”，行拷贝（范围D32~G32）。

（3）第33行中，A33：“小用户市场份额”；C33：“0.50”，行拷贝（范围D33~G33）。

（4）第34行中，A34：“大用户单位利润”；C34：“8.00”，行拷贝（范围D34~G34）。

（5）第35行中，A35：“小用户单位利润”；C35：“4.00”，行拷贝（范围D35~G35）。

（6）第36行中，A：“蚕食利润（损失）”；C36：“=((C6*C31*C32*C34)+(C6*(1-C31)*C33*C35))/1 000”，行拷贝（范围D36~L36）。

（7）修正第14行税前利润计算公式，将C14改为“=C8-C10-C12-C13-C36”，并行拷贝至L14。

完成上述修改后，新模型的 *NPV* 为4.11，较基本模型1的 *NPV* 降低12.92%。

（二）综合模型的建立

尽管上述改进对高科公司制定C6的市场营销策略很有价值，但由于分析方法固有的局限性，即每次仅改进一个不完善之处，无法分析各改进之处的综合影响；此外，建立模型的目的是为了分析问题和解决问题；就高科公司而言，是为了评价可能的市场营销策略的合理性。为此，财务管理顾问对上述所作改进进行了综合，建立了综合Excel模型（见附表4.1）。具体方法为：从考虑蚕食影响的模型为基础，按如下顺序综合其他七个方面所作的改进：a. 寿命周期对渗透系数的影响；b. 竞争因素的引入；c. 经验曲线效应对单位生产成本的影响；d. 存货周转率及其计算基础；e. 营业费用的合理确定；f. 考虑应付账款的影响；g. 通货膨胀下折现率的调整等。这一顺序正好与前面的顺序相反，当然也可以采用其他顺序。

按上述顺序建立的综合模型（简称基本模型2）包括了财务管理顾问所作的所有改进，该模型的 *NPV* 为6.35。

三、市场营销策略的评价

基于附表4.1中Excel模型，财务管理顾问分别对营销组合策略进行了分析，并得出了相应的结论。为简便起见，在此仅揭示对市场定位和定价策略的评价过程。

附表3.1表明：高科公司的市场定位、定价策略直接影响着C6市场区域规模的大小、营业费用和单位销售价格的高低。

1. 定价策略与市场区域规模之间关系分析

附录3表明，C6的价格高于现有产品价格的百分比（简称价格高幅）和无氟制冷设备市场规模之间存在着线性关系（注：仅需作一折线图即可看出），见附表4.5。

附表4.5　定价策略与市场区域规模之间关系

%

价格高幅	10	15	25	35
区域规模	12	11	9	7

二者之间关系的方程式（注：简单线性回归分析即可得出）为：

$$\text{市场区域规模 } Y = -0.2X(\text{价格高幅}) + 14$$

2. 宣传活动、价格和市场区域规模之间关系分析

从事宣传活动时，价格高幅（%）和额外市场区域规模（%）之间（2010年）存在着一定关系，见附表4.6。

附表4.6　宣传活动、价格和市场区域规模之间关系

%

价格高幅	10	15	25	35
额外的市场规模	12	8	5	2

简单的数学分析表明：15% 的价格高幅是一转折点，因而，从事宣传活动时，价格高幅与额外市场区域规模之间关系的方程式为：

（1）当价格高幅 X 大于 15% 时，

$$额外市场区域规模\ Y^* = -0.3X + 12.5$$

（2）当价格高幅 X 小于 15% 时，

$$额外市场区域规模\ Y^* = -0.8X + 20$$

3. 2008—2009 年间三者之间关系分析

价格高幅、市场区域规模和宣传活动之间关系见附表 4.7。

附表 4.7　价格高幅、市场区域规模和宣传活动之间关系

无宣传活动	宣传活动
$Y = -0.2X + 14$	若 $X < 15, Y = -0.2X + 14 + (-0.8X + 20)$ 若 $X > 15, Y = -0.2X + 14 + (-0.3X + 12.5)$

但上述关系不适用于 2008—2009 年。例如，选择 15% 价格高幅时，2008 年市场区域规模为 14%，2009 年为 16.5%，2010 年方为 19%，相应的额外市场区域规模分别为 3%、5.5% 和 8%。假定无论选择何种价格高幅，其与额外市场区域规模间的关系不变。因此，2008—2009 年的区域规模将为

$$2008\ 年区域规模 = 2010\ 年区域规模 \times \frac{3}{8}$$

$$2009\ 年区域规模 = 2010\ 年区域规模 \times \frac{5.5}{8}$$

上述关系也可以用方程式表示：从事宣传活动时，

	2008 年	2009 年
$X < 15$	$Y = -0.2X + 14 + \frac{3}{8}(-0.8X + 20)$	$Y = -0.2X + 14 + \frac{5.5}{8}(-0.8X + 20)$
$X > 15$	$Y = -0.2X + 14 + \frac{3}{8}(-0.3X + 12.5)$	$Y = -0.2X + 14 + \frac{5.5}{8}(-0.3X + 12.5)$

4. 宣传活动与营业费用之间关系分析

如果高科公司决定 C6 瞄准更广阔的市场，并因此而从事宣传活动，则其固定营业费用会更高，2008 年和 2009 年均需支出 8.5 百万元，这将是额外的固定营业费用。由于其目标市场定位更广泛，这必然要求进行更多的促销活动，基本模型 2 中的固定营业费用也会升高。

5. 改进基本模型 2，分析市场定位和市场定价策略

财务管理顾问修正模型的具体过程为：

（1）在第 1 行上插入二个空行。A1：“宣传活动（YES = 2，NO = 1）”；

G1：输入数值“2”。

（2）A2：“价格高幅”；C2：“15”；D2：“ = C2”，行拷贝至 L2。

（3）修改第 7 行市场区域份额的计算公式

C7：“ = (-0.2 * C2 + 14 + IF($G $1 = 2,3/8 * IF(C2 < 15, -0.8 * C2 + 20, -0.3 * C2 + 12.5),0))/100”；

附表 4.8　综合 Excel 模型

百万元

A	B	C	D	E	F	G	H	I	J	K	L	M	N
1	2007	2008	2009	2010	2011	2012	2013	2014	2015	2016	2017	2018	合计
2 通涨率		0.05											
3 市场增长率			0.03	0.03	0.03	0.03	0.03	0.03	0.03	0.03	0.03		
4 市场总容量/台		5 780	=C4*(1+D3)	=D4*(1+E3)	=E4*(1+F3)	=F4*(1+G3)	=G4*(1+H3)	=H4*(1+I3)	=I4*(1+J3)	=J4*(1+K3)	=K4*(1+L3)		
5 C6 市场区域份额/%		0.11	0.11	0.11	0.11	0.11	0.11	0.11	0.11	0.11	0.11		
6 渗透率/%		0.3	0.5	0.7	1	1	1	1	1	0.7	0.5		
7 市场份额		1	1	1	1	1	0.8	0.6	0.6	0.6	0.6		
8 销售量/台		=C4*C5*C6*C7	=D4*D5*D6*D7	=E4*E5*E6*E7	=F4*F5*F6*F7	=G4*G5*G6*G7	=H4*H5*H6*H7	=I4*I5*I6*I7	=J4*J5*J6*J7	=K4*K5*K6*K7	=L4*L5*L6*L7		
9 单价/千元		=33.6*(1+$C $2)	=C9*(1+$C $2)	=D9*(1+$C $2)	=E9*(1+$C $2)	=F9*(1+$C $2)	=G9*(1+$C $2)	=H9*(1+$C $2)	=I9*(1+$C $2)	=J9*(1+$C $2)	=K9*(1+$C $2)		
10 营业收入/百万元		=C8*C9/1 000	=D8*D9/1 000	=E8*E9/1 000	=F8*F9/1 000	=G8*G9/1 000	=H8*H9/1 000	=I8*I9/1 000	=J8*J9/1 000	=K8*K9/1 000	=L8*L9/1 000		
11 累积销售量		=C8	=C11+D8	=D11+E8	=E11+F8	=F11+G8	=G11+H8	=H11+I8	=I11+J8	=J11+K8	=K11+L8		
12 年中累积销售量		=C11/2	=(C11+D11)/2	=(D11+E11)/2	=(E11+F11)/2	=(F11+G11)/2	=(G11+H11)/2	=(H11+I11)/2	=(I11+J11)/2	=(J11+K11)/2	=(K11+L11)/2		
13 单位材料成本		=12.151*((C12+830)/930)^-0.234	=12.151*((D12+830)/930)^-0.234	=12.151*((E12+830)/930)^-0.234	=12.151*((F12+830)/930)^-0.234	=12.151*((G12+830)/930)^-0.234	=12.151*((H12+830)/930)^-0.234	=12.151*((I12+830)/930)^-0.234	=12.151*((J12+830)/930)^-0.234	=12.151*((K12+830)/930)^-0.234	=12.151*((L12+830)/930)^-0.234		
14 单位包装运输成本		=(17.013-12.151)*((C12+2 200)/2 300)^-0.234	=(17.013-12.151)*((D12+2 200)/2 300)^-0.234	=(17.013-12.151)*((E12+2 200)/2 300)^-0.234	=(17.013-12.151)*((F12+2 200)/2 300)^-0.234	=(17.013-12.151)*((G12+2 200)/2 300)^-0.234	=(17.013-12.151)*((H12+2 200)/2 300)^-0.234	=(17.013-12.151)*((I12+2 200)/2 300)^-0.234	=(17.013-12.151)*((J12+2 200)/2 300)^-0.234	=(17.013-12.151)*((K12+2 200)/2 300)^-0.234	=(17.013-12.151)*((L12+2 200)/2 300)^-0.234		

续表

A	B	C	D	E	F	G	H	I	J	K	L	M	N
1	2007	2008	2009	2010	2011	2012	2013	2014	2015	2016	2017	2018	合计
15　单位生产成本/千元		=(C13+C14)*(1+$C $2)^(C1-$B $1)	=(D13+D14)*(1+$C $2)^(D1-$B $1)	=(E13+E14)*(1+$C $2)^(E1-$B $1)	=(F13+F14)*(1+$C $2)^(F1-$B $1)	=(G13+G14)*(1+$C $2)^(G1-$B $1)	=(H13+H14)*(1+$C $2)^(H1-$B $1)	=(I13+I14)*(1+$C $2)^(I1-$B $1)	=(J13+J14)*(1+$C $2)^(J1-$B $1)	=(K13+K14)*(1+$C $2)^(K1-$B $1)	=(L13+L14)*(1+$C $2)^(L1-$B $1)		
16　营业成本/千元		=C8*C15/1 000	=D8*D15/1 000	=E8*E15/1 000	=F8*F15/1 000	=G8*G15/1 000	=H8*H15/1 000	=I8*I15/1 000	=J8*J15/1 000	=K8*K15/1 000	=L8*L15/1 000		
17　变动成本率		0.1	=C17	=D17	=E17	=F17	=G17	=H17	=I17	=J17	=K17		=SUM(C10:M10)*0.2
18　变动营业费用		=C17*C10	=D17*D10	=E17*E10	=F17*F10	=G17*G10	=H17*H10	=I17*I10	=J17*J10	=K17*K10	=L17*L10		
19　固定营业费用		=$N $17/6	=$N $17/6	=$N $17/6									
20　营业费用		=C18+C19	=D18+D19	=E18+E19	=F18+F19	=G18+G19	=H18+H19	=I18+I19	=J18+J19	=K18+K19	=L18+L19		=SUM(C20:M20)
21　折旧		=$B $37/5	=$B $37/5	=$B $37/5	=$B $37/5	=$B $37/5							
22　税前利润		=C10-C16-C20-C21-C47	=D10-D16-D20-D21-D47	=E10-E16-E20-E21-E47	=F10-F16-F20-F21-F47	=G10-G16-G20-G21-G47	=H10-H16-H20-H21-H47	=I10-I16-I20-I21-I47	=J10-J16-J20-J21-J47	=K10-K16-K20-K21-K47	=L10-L16-L20-L21-L47		
23　累计税前利润		=C22	=C23+D22	=D23+E22	=E23+F22	=F23+G22	=G23+H22	=H23+I22	=I23+J22	=J23+K22	=K23+L22		
24　所得税		=IF(C23<0,0,0.33*C23)	=IF(D23<0,0,IF(C23<0,0.33*D23,0.33*D22))	=IF(E23<0,0,IF(D23<0,0.33*E23,0.33*E22))	=IF(F23<0,0,IF(E23<0,0.33*F23,0.33*F22))	=IF(G23<0,0,IF(F23<0,0.33*G23,0.33*G22))	=IF(H23<0,0,IF(G23<0,0.33*H23,0.33*H22))	=IF(I23<0,0,IF(H23<0,0.33*I23,0.33*I22))	=IF(J23<0,0,IF(I23<0,0.33*J23,0.33*J22))	=IF(K23<0,0,IF(J23<0,0.33*K23,0.33*K22))	=IF(L23<0,0,IF(K23<0,0.33*L23,0.33*L22))		
25　净利润		=C22-C24	=D22-D24	=E22-E24	=F22-F24	=G22-G24	=H22-H24	=I22-I24	=J22-J24	=K22-K24	=L22-L24		=SUM(C25:L25)

续表

A	B	C	D	E	F	G	H	I	J	K	L	M	N
1	2007	2008	2009	2010	2011	2012	2013	2014	2015	2016	2017	2018	合计
26 收款期限		3	3	3	3	3	3	3	3	3	3		
27 期末应收账款		=C10/12*C26	=D10/12*D26	=E10/12*E26	=F10/12*F26	=G10/12*G26	=H10/12*H26	=I10/12*I26	=J10/12*J26	=K10/12*K26	=L10/12*L26		
28 期初应收账款		0	=C27	=D27	=E27	=F27	=G27	=H27	=I27	=J27	=K27		
29 存货期限（生产）		3	2	1	1	1	1	1	1	1	1		
30 存货期限（销售）		3	2	2	2	2	2	2	2	2	2		
31 期末存货		=(D16/1.09)/12*C29+(D16/12)*C30	=(E16/1.09)/12*D29+(E16/12)*D30	=(F16/1.09)/12*E29+(F16/12)*E30	=(G16/1.09)/12*F29+(G16/12)*F30	=(H16/1.09)/12*G29+(H16/12)*G30	=(I16/1.09)/12*H29+(I16/12)*H30	=(J16/1.09)/12*I29+(J16/12)*I30	=(K16/1.09)/12*J29+(K16/12)*J30	=(L16/1.09)/12*K29+(L16/12)*K30	=(M16/1.09)/12*L29+(M16/12)*L30		
32 期初存货		0	=C31	=D31	=E31	=F31	=G31	=H31	=I31	=J31	=K31		
33 付款期限		3	3	3	3	3	3	3	3	3	3		
34 期末应付账款		=(C10+C31-C32)*12.151/17.013/12*C33	=(D10+D31-D32)*12.151/17.013/12*D33	=(E10+E31-E32)*12.151/17.013/12*E33	=(F10+F31-F32)*12.151/17.013/12*F33	=(G10+G31-G32)*12.151/17.013/12*G33	=(H10+H31-H32)*12.151/17.013/12*H33	=(I10+I31-I32)*12.151/17.013/12*I33	=(J10+J31-J32)*12.151/17.013/12*J33	=(K10+K31-K32)*12.151/17.013/12*K33	=(L10+L31-L32)*12.151/17.013/12*L33		
35 期初应付账款		0	=C34	=D34	=E34	=F34	=G34	=H34	=I34	=J34	=K34		
36 营运资金收回												=L27+L31-L34	
37 资本支出	4.64												
38 现金净流量	=-B37	=C21+C25-C27+C28-C31+C32+C34-C35+C36-C37	=D21+D25-D27+D28-D31+D32+D36-D37	=E21+E25-E27+E28-E31+E32+E36-E37	=F21+F25-F27+F28-F31+F32+F36-F37	=G21+G25-G27+G28-G31+G32+G36-G37	=H21+H25-H27+H28-H31+H32+H36-H37	=I21+I25-I27+I28-I31+I32+I36-I37	=J21+J25-J27+J28-J31+J32+J36-J37	=K21+K25-K27+K28-K31+K32+K36-K37	=L21+L25-L27+L28-L31+L32+L36-L37	=M21+M25-M27+M28-M31+M32+M36-M37	=SUM(B38:M38)

续表

A	B	C	D	E	F	G	H	I	J	K	L	M	N
1	2007	2008	2009	2010	2011	2012	2013	2014	2015	2016	2017	2018	合计
39 折现率	=(1.2/1.05*(1+C2))-1												
40 净现值 *NPV*		=*NPV*(B39,C38:M38)+B38											
41 内含报酬率 *IRR*		=*IRR*(B38:M38)											
42 大用户比例		0.5	0.5	0.5	0.5	0.5							
43 大用户市场份额		0.13	0.13	0.13	0.13	0.13							
44 小用户市场份额		0.1	0.1	0.1	0.1	0.1							
45 大用户单位利润		8	8	8	8	8							
46 小用户单位利润		4	4	4	4	4							
47 蚕食利润(损失)		=((C8*C42*C43*C45)+(C8*(1-C42)*C44*C46))/1 000	=((D8*D42*D43*D45)+(D8*(1-D42)*D44*D46))/1 000	=((E8*E42*E43*E45)+(E8*(1-E42)*E44*E46))/1 000	=((F8*F42*F43*F45)+(F8*(1-F42)*F44*F46))/1 000	=((G8*G42*G43*G45)+(G8*(1-G42)*G44*G46))/1 000							

D7：复制 C7 单元格内公式，但将其中“3/8”改为“5.5/8”；

E7：复制 D7 单元格内公式，将其中“5.5/8 *”删除，然后行拷贝至 L7。

（4）完成上述修正后，市场区域份额见附表 4.9。

附表 4.9　市场区域份额计算结果

2008	2009	2010	2011	2012	2013	2014	2015	2016	2017
0.14	0.17	0.19	0.19	0.19	0.19	0.19	0.19	0.19	0.19
若从事宣传活动（G1 = 2），价格高幅为 0（C2 = 0）时，市场区域份额应为：									
2008	2009	2010	2011	2012	2013	2014	2015	2016	2017
0.22	0.28	0.34	0.34	0.34	0.34	0.34	0.34	0.34	0.34

（5）改变第 11 行销售价格的计算公式

C11：“ = 33.6 * （1 + $C $4）/1.15 * （1 + G2/100）”，然后行复制至 L11。

（6）修改第 21 行中固定营业费用的计算方法

C21：“ = IF（$G $1 = 1，6.63，8.96 + 8.5）”，将 C21 复制至 D21；

E21：“ = IF（$G $1 = 1，6.63，8.96）”。

检验：作上述修正后，新模型的 *NPV* 为 −3.69。

依据改进后的模型，财务管理顾问分析了不同备择方案的结果，见附图 4.1。

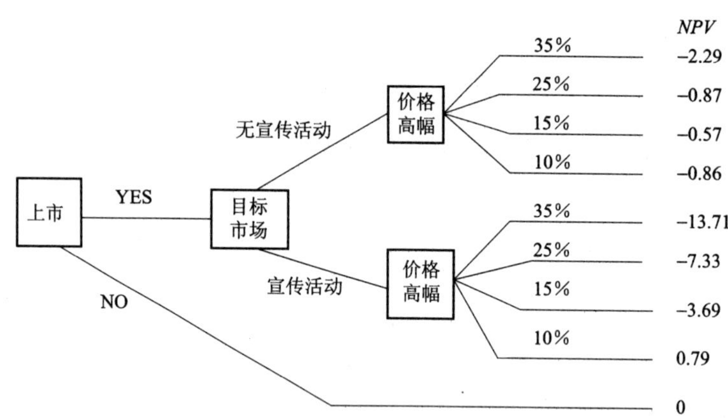

附图 4.1　备择方案的评价

从附图 4.1 可以看出，如高科公司采取内部研究报告建议的市场营销策略，C6 产品将无利可图；较为明智的市场营销策略为：C6 产品宜瞄准更广阔的目标市场，靠宣传活动促销，价格不宜高于目前同类产品的售价（注：若价格高幅为 0，且从事宣传活动时，C6 的 *NPV* 将为 6.18）。此外，以基本模型 2 为基础，财务管理顾问还进一步分析了竞争策略的引入，以及生产风险等条件下的市场营销策略等。综观对市场营销策略的各种分析，财务管理顾问得出了大体相同的结论（注：篇幅所限，在此从略）；2007 年 11 月初，财务管理顾问基于分析结论提交了研究报告。

注 1：经验曲线及其效应

从会计角度看，成本可分为固定成本（即成本总额不随产量水平变化而变化的成本）

和变动成本（成本总额随产量高低而成比例变动的成本）。假定二总成本与产量之间是线性的，则生产总成本可表示为：

$$总成本\ Y = 固定成本\ a + 单位变动成本\ b \times 产量\ X$$

依据附表3.2资料可以得出：生产100台设备的总成本为1 701 300元，生产500台设备的总成本为7 901 500元；并可进而估计出 a = 151 250元、b = 15 500.5元，即 Y = 151 250 + 15 500.5X。

变动成本和固定成本的划分反映了规模经济效应，规模扩大的最终结果是单位生产成本接近于单位变动成本。

从战略角度看，生产成本上存在经验曲线效应。这一效应是指随着累积产量的增加，单位成本会降低，而且没有最低限。研究表明：累积产量每增加一倍，单位生产成本将降低一个固定百分比。例如，若经验曲线效应为80%，累积产量每增加一倍，单位生产成本会降低20%（从100%至80%、80%再至64%……）。产生经验曲线效应的原因主要在于，随着累积产量的增加，人们积累了更多的经验，从而，生产效率更高、资源利用效率更高、工作组织更好、产品生产更加标准化以及生产流程更加科学化等。可见，经验曲线效应并不能自发产生，需充分调动广大员工的积极性才能实现，比如开展学习“邯钢经验”等活动。此外，一个新产品可能受益于现有产品的经验，从而使公司难以取得更多的额外经验，导致单位生产成本无法迅速下降。

经验曲线的函数为：

$$Y = \frac{1}{X^n}$$

式中，Y = 未来单位成本/目前单位成本；X = 未来累积产量/目前累积产量。

n 为经验参数，经验率与经验参数 n 之间的关系见附表4.10。

附表4.10　经验率与经验参数之间关系

经验率/%	90	85	80	75	70	65	60	50
经验参数 n	0.152	0.234	0.322	0.415	0.515	0.621	0.737	1.00

本案例中为0.234，故经验曲线为 $Y = \frac{1}{X^{0.234}}$

注2：产品寿命周期与市场渗透系数

寿命周期理论认为：各产品都有自身的寿命周期，其发展会先后经过投入期、成长期、成熟期和衰退期四个阶段。尽管难以预测各阶段的持续时间，以及寿命周期情形的准确形状，但它有助于管理层明确各不同阶段的机会和问题，并相应地制定行之有效的发展战略和市场营销策略。理论上，常用的寿命周期曲线有钟罩形曲线（年营业收入）和S形曲线（累计营业收入）两种。

财务管理顾问与市场部作深入探讨后认为，寿命周期理论适用于公司的产品。公司过去可比产品在引入期的资料表明：累计营业收入遵循S形曲线，Fisher & Pry模型是这些数据的良好拟合线，因而，决定以Fisher & Pry模型估计C6的市场渗透系数。

Fisher & Pry模型有两种表述方法

$$\frac{dF}{dt} = b \times F \times (1 - F)$$

式中，F 为在给定时刻，新产品采用者的累计百分比；

$\frac{dF}{dt}$为在一给定时刻，将成为新产品采用者的百分比；

b 为一个行业的相关系数，且

$$F = \int \frac{dF}{dt} = \frac{1}{1 + e^{-b(t-t_0)}}$$

式中，t 为自引入期起的时间；

t_0为一半市场转向新产品的时间。

以过去可比产品的资料为基础，运用回归分析方法估计出了 b 和 t_0的最佳拟合值，$b=1.2$，$t_0=2.76$（即推出新产品两年零八个月后，一半潜在市场已转向新产品）；同时，以 b 和 t_0的拟合值为依据，得出 C6 的市场渗透系数如下：当 $b=1.2$、$t_0=2.76$ 时，2008—2010 年间 F 分别为 0.12、0.31 和 0.60。若将这些系数应用于 2008—2010 年间的总销售量（增长率为 0 时，基本模型 1 的预测数为 1 574 台），可计算出各年的累计销售量为：2008 年 187 台，2009 年 487 台，2010 年 941 台。相应于年销售量，它们分别为无氟制冷设备市场区域（无增长）的 0.29、0.47 和 0.71。因此，财务管理顾问决定修正市场渗透系数。修正后的渗透系数为：2008 年 0.30、2009 年 0.50、2010 年 0.70。

由于产品寿命周期曲线是一条对称曲线，同时基于公司尽早放弃衰退产品的政策，对 2011—2017 年间渗透系数的估计分别为：1，1，1，1，1，0.7 和 0.3。

同理，若公司从事宣传活动，并高价销售（C6 的价格比现有产品高 15%），由于 C6 市场区域份额将发生变化，市场渗透系数也会随之变化。2008—2017 年间，各年的渗透系数将为 0.22，0.43，0.70，1，1，1，1，1，1 和 1（具体计算过程从略）。

附录 5　时间价值系数表

附录 5.1　复利终值系数表

期数	1%	2%	3%	4%	5%	6%	7%	8%	9%	10%	11%	12%	13%
1	1. 010 0	1. 020 0	1. 030 0	1. 040 0	1. 050 0	1. 060 0	1. 070 0	1. 080 0	1. 090 0	1. 100 0	1. 110 0	1. 120 0	1. 130 0
2	1. 020 1	1. 040 4	1. 060 9	1. 081 6	1. 102 5	1. 123 6	1. 144 9	1. 166 4	1. 188 1	1. 210 0	1. 232 1	1. 254 4	1. 276 9
3	1. 030 3	1. 061 2	1. 092 7	1. 124 9	1. 157 6	1. 191 0	1. 225 0	1. 259 7	1. 295 0	1. 331 0	1. 367 6	1. 404 9	1. 442 9
4	1. 040 6	1. 082 4	1. 125 5	1. 169 9	1. 215 5	1. 262 5	1. 310 8	1. 360 5	1. 411 6	1. 464 1	1. 518 1	1. 573 5	1. 630 5
5	1. 051 0	1. 104 1	1. 159 3	1. 216 7	1. 276 3	1. 338 2	1. 402 6	1. 469 3	1. 538 6	1. 610 5	1. 685 1	1. 762 3	1. 842 4
6	1. 061 5	1. 126 2	1. 194 1	1. 265 3	1. 340 1	1. 418 5	1. 500 7	1. 586 9	1. 677 1	1. 771 6	1. 870 4	1. 973 8	2. 082 0
7	1. 072 1	1. 148 7	1. 229 9	1. 315 9	1. 407 1	1. 503 6	1. 605 8	1. 713 8	1. 828 0	1. 948 7	2. 076 2	2. 210 7	2. 352 6
8	1. 082 9	1. 171 7	1. 266 8	1. 368 6	1. 477 5	1. 593 8	1. 718 2	1. 850 9	1. 992 6	2. 143 6	2. 304 5	2. 476 0	2. 658 4
9	1. 093 7	1. 195 1	1. 304 8	1. 423 3	1. 551 3	1. 689 5	1. 838 5	1. 999 0	2. 171 9	2. 357 9	2. 558 0	2. 773 1	3. 004 0
10	1. 104 6	1. 219 0	1. 343 9	1. 480 2	1. 628 9	1. 790 8	1. 967 2	2. 158 9	2. 367 4	2. 593 7	2. 839 4	3. 105 8	3. 394 6
11	1. 115 7	1. 243 4	1. 384 2	1. 539 5	1. 710 3	1. 898 3	2. 104 9	2. 331 6	2. 580 4	2. 853 1	3. 151 8	3. 478 5	3. 835 9
12	1. 126 8	1. 268 2	1. 425 8	1. 601 0	1. 795 9	2. 012 2	2. 252 2	2. 518 2	2. 812 7	3. 138 4	3. 498 5	3. 896 0	4. 334 5
13	1. 138 1	1. 293 6	1. 468 5	1. 665 1	1. 885 6	2. 132 9	2. 409 8	2. 719 6	3. 065 8	3. 452 3	3. 883 3	4. 363 5	4. 898 0
14	1. 149 5	1. 319 5	1. 512 6	1. 731 7	1. 979 9	2. 260 9	2. 578 5	2. 937 2	3. 341 7	3. 797 5	4. 310 4	4. 887 1	5. 534 8
15	1. 161 0	1. 345 9	1. 558 0	1. 800 9	2. 078 9	2. 396 6	2. 759 0	3. 172 2	3. 642 5	4. 177 2	4. 784 6	5. 473 6	6. 254 3
16	1. 172 6	1. 372 8	1. 604 7	1. 873 0	2. 182 9	2. 540 4	2. 952 2	3. 425 9	3. 970 3	4. 595 0	5. 310 9	6. 130 4	7. 067 3
17	1. 184 3	1. 400 2	1. 652 8	1. 947 9	2. 292 0	2. 692 8	3. 158 8	3. 700 0	4. 327 6	5. 054 5	5. 895 1	6. 866 0	7. 986 1
18	1. 196 1	1. 428 2	1. 702 4	2. 025 8	2. 406 6	2. 854 3	3. 379 9	3. 996 0	4. 717 1	5. 559 9	6. 543 6	7. 690 0	9. 024 3
19	1. 208 1	1. 456 8	1. 753 5	2. 106 8	2. 527 0	3. 025 6	3. 616 5	4. 315 7	5. 141 7	6. 115 9	7. 263 3	8. 612 8	10. 197 4
20	1. 220 2	1. 485 9	1. 806 1	2. 191 1	2. 653 3	3. 207 1	3. 869 7	4. 661 0	5. 604 4	6. 727 5	8. 062 3	9. 646 3	11. 523 1

续表

期数	14%	15%	16%	17%	18%	19%	20%	25%	30%	35%	40%
21	15.667 6	18.821 5	22.574 5	27.033 6	32.323 8	38.591 0	46.005 1	108.420	247.065	545.769	1 171.36
22	17.861 0	21.644 7	26.186 4	31.629 3	38.142 1	45.923 3	55.206 1	135.525	321.184	736.789	1 639.90
23	20.361 6	24.891 5	30.376 2	37.006 2	45.007 6	54.648 7	66.247 4	169.407	417.54	994.66	2 295.86
24	23.212 2	28.625 2	35.236 4	43.297 3	53.109 0	65.032 0	79.496 8	211.758	542.80	1 342.80	3 214.20
25	26.461 9	32.919 0	40.874 2	50.657 8	62.668 6	77.388 1	95.396 2	264.698	705.64	1 812.78	4 499.88
26	30.166 6	37.856 8	47.414 1	59.269 7	73.949 0	92.091 8	114.475	330.872	917.33	2 447.25	6 299.83
27	34.389 9	43.535 3	55.000 4	69.345 5	87.259 8	109.589	137.371	413.590	1 192.53	3 303.78	8 819.76
28	39.204 5	50.065 6	63.800 4	81.134 2	102.967	130.411	164.845	516.988	1 550.29	4 460.11	12 347.7
29	44.693 1	57.575 5	74.008 5	94.927 1	121.501	155.189	197.814	646.235	2 015.38	6 021.15	17 286.7
30	50.950 2	66.211 8	85.849 9	111.065	143.371	184.675	237.376	807.794	2 620.00	8 128.55	24 201.4
31	58.083 2	76.143 5	99.585 9	129.946	169.177	219.764	284.852	1 009.74	3 405.99	10 973.5	33 882.0
32	66.214 8	87.565 1	115.520	152.036	199.629	261.519	341.822	1 262.18	4 427.79	14 814.3	47 434.8
33	75.484 9	100.700	134.003	177.883	235.563	311.207	410.186	1 577.72	5 756.13	19 999.3	66 408.7
34	86.052 8	115.805	155.443	208.123	277.964	370.337	492.224	1 972.15	7 482.97	26 999.0	92 972.2
35	98.100 2	133.176	180.314	243.503	327.997	440.701	590.668	2 465.19	9 727.86	36 448.7	130 161
40	188.884	267.864	378.721	533.869	750.378	1 051.67	1 469.77	7 523.16	36 118.9	163 437	700 038
45	363.679	538.769	795.444	1 170.48	1 716.68	2 509.65	3 657.26	22 958.9	134 107	732 858	3 764 971
50	700.233	1 083.66	1 670.70	2 566.22	3 927.36	5 988.91	9 100.44	70 064.9	497 929	3 286 158	*
55	1 348.24	2 179.62	3 509.05	5 626.29	8 984.84	14 291.7	22 644.8	213 821	1 848 776	*	*
60	2 595.92	4 384.00	7 370.20	12 335.4	20 555.1	34 105.0	56 347.5	652 530	6 864 377	*	*

* >9 999 999

附录 5.2 复利现值系数表

期数	1%	2%	3%	4%	5%	6%	7%	8%	9%	10%	11%	12%	13%
1	0.990 1	0.980 4	0.970 9	0.961 5	0.952 4	0.943 4	0.934 6	0.925 9	0.917 4	0.909 1	0.900 9	0.892 9	0.885 0
2	0.980 3	0.961 2	0.942 6	0.924 6	0.907 0	0.890 0	0.873 4	0.857 3	0.841 7	0.826 4	0.811 6	0.797 2	0.783 1
3	0.970 6	0.942 3	0.915 1	0.889 0	0.863 8	0.839 6	0.816 3	0.793 8	0.772 2	0.751 3	0.731 2	0.711 8	0.693 1
4	0.961 0	0.923 8	0.888 5	0.854 8	0.822 7	0.792 1	0.762 9	0.735 0	0.708 4	0.683 0	0.658 7	0.635 5	0.613 3
5	0.951 5	0.905 7	0.862 6	0.821 9	0.783 5	0.747 3	0.713 0	0.680 6	0.649 9	0.620 9	0.593 5	0.567 4	0.542 8
6	0.942 0	0.888 0	0.837 5	0.790 3	0.746 2	0.705 0	0.666 3	0.630 2	0.596 3	0.564 5	0.534 6	0.506 6	0.480 3
7	0.932 7	0.870 6	0.813 1	0.759 9	0.710 7	0.665 1	0.622 7	0.583 5	0.547 0	0.513 2	0.481 7	0.452 3	0.425 1
8	0.923 5	0.853 5	0.789 4	0.730 7	0.676 8	0.627 4	0.582 0	0.540 3	0.501 9	0.466 5	0.433 9	0.403 9	0.376 2
9	0.914 3	0.836 8	0.766 4	0.702 6	0.644 6	0.591 9	0.543 9	0.500 2	0.460 4	0.424 1	0.390 9	0.360 6	0.332 9
10	0.905 3	0.820 3	0.744 1	0.675 6	0.613 9	0.558 4	0.508 3	0.463 2	0.422 4	0.385 5	0.352 2	0.322 0	0.294 6
11	0.896 3	0.804 3	0.722 4	0.649 6	0.584 7	0.526 8	0.475 1	0.428 9	0.387 5	0.350 5	0.317 3	0.287 5	0.260 7
12	0.887 4	0.788 5	0.701 4	0.624 6	0.556 8	0.497 0	0.444 0	0.397 1	0.355 5	0.318 6	0.285 8	0.256 7	0.230 7
13	0.878 7	0.773 0	0.681 0	0.600 6	0.530 3	0.468 8	0.415 0	0.367 7	0.326 2	0.289 7	0.257 5	0.229 2	0.204 2
14	0.870 0	0.757 9	0.661 1	0.577 5	0.505 1	0.442 3	0.387 8	0.340 5	0.299 2	0.263 3	0.232 0	0.204 6	0.180 7
15	0.861 3	0.743 0	0.641 9	0.555 3	0.481 0	0.417 3	0.362 4	0.315 2	0.274 5	0.239 4	0.209 0	0.182 7	0.159 9
16	0.852 8	0.728 4	0.623 2	0.533 9	0.458 1	0.393 6	0.338 7	0.291 9	0.251 9	0.217 6	0.188 3	0.163 1	0.141 5
17	0.844 4	0.714 2	0.605 0	0.513 4	0.436 3	0.371 4	0.316 6	0.270 3	0.231 1	0.197 8	0.169 6	0.145 6	0.125 2
18	0.836 0	0.700 2	0.587 4	0.493 6	0.415 5	0.350 3	0.295 9	0.250 2	0.212 0	0.179 9	0.152 8	0.130 0	0.110 8
19	0.827 7	0.686 4	0.570 3	0.474 6	0.395 7	0.330 5	0.276 5	0.231 7	0.194 5	0.163 5	0.137 7	0.116 1	0.098 1
20	0.819 5	0.673 0	0.553 7	0.456 4	0.376 9	0.311 8	0.258 4	0.214 5	0.178 4	0.148 6	0.124 0	0.103 7	0.086 8

续表

期数	14%	15%	16%	17%	18%	19%	20%	25%	30%	35%	40%
21	0. 063 8	0. 053 1	0. 044 3	0. 037 0	0. 030 9	0. 025 9	0. 021 7	0. 009 2	0. 004 0	0. 001 8	0. 000 9
22	0. 056 0	0. 046 2	0. 038 2	0. 031 6	0. 026 2	0. 021 8	0. 018 1	0. 007 4	0. 003 1	0. 001 4	0. 000 6
23	0. 049 1	0. 040 2	0. 032 9	0. 027 0	0. 022 2	0. 018 3	0. 015 1	0. 005 9	0. 002 4	0. 001 0	0. 000 4
24	0. 043 1	0. 034 9	0. 028 4	0. 023 1	0. 018 8	0. 015 4	0. 012 6	0. 004 7	0. 001 8	0. 000 7	0. 000 3
25	0. 037 8	0. 030 4	0. 024 5	0. 019 7	0. 016 0	0. 012 9	0. 010 5	0. 003 8	0. 001 4	0. 000 6	0. 000 2
26	0. 033 1	0. 026 4	0. 021 1	0. 016 9	0. 013 5	0. 010 9	0. 008 7	0. 003 0	0. 001 1	0. 000 4	0. 000 2
27	0. 029 1	0. 023 0	0. 018 2	0. 014 4	0. 011 5	0. 009 1	0. 007 3	0. 002 4	0. 000 8	0. 000 3	0. 000 1
28	0. 025 5	0. 020 0	0. 015 7	0. 012 3	0. 009 7	0. 007 7	0. 006 1	0. 001 9	0. 000 6	0. 000 2	0. 000 1
29	0. 022 4	0. 017 4	0. 013 5	0. 010 5	0. 008 2	0. 006 4	0. 005 1	0. 001 5	0. 000 5	0. 000 2	0. 000 1
30	0. 019 6	0. 015 1	0. 011 6	0. 009 0	0. 007 0	0. 005 4	0. 004 2	0. 001 2	0. 000 4	0. 000 1	*
31	0. 017 2	0. 013 1	0. 010 0	0. 007 7	0. 005 9	0. 004 6	0. 003 5	0. 001 0	0. 000 3	0. 000 1	*
32	0. 015 1	0. 011 4	0. 008 7	0. 006 6	0. 005 0	0. 003 8	0. 002 9	0. 000 8	0. 000 2	0. 000 1	*
33	0. 013 2	0. 009 9	0. 007 5	0. 005 6	0. 004 2	0. 003 2	0. 002 4	0. 000 6	0. 000 2	0. 000 1	*
34	0. 011 6	0. 008 6	0. 006 4	0. 004 8	0. 003 6	0. 002 7	0. 002 0	0. 000 5	0. 000 1	*	*
35	0. 010 2	0. 007 5	0. 005 5	0. 004 1	0. 003 0	0. 002 3	0. 001 7	0. 000 4	0. 000 1	*	*
40	0. 005 3	0. 003 7	0. 002 6	0. 001 9	0. 001 3	0. 001 0	0. 000 7	0. 000 1	*	*	*
45	0. 002 7	0. 001 9	0. 001 3	0. 000 9	0. 000 6	0. 000 4	0. 000 3	*	*	*	*
50	0. 001 4	0. 000 9	0. 000 6	0. 000 4	0. 000 3	0. 000 2	0. 000 1	*	*	*	*
55	0. 000 7	0. 000 5	0. 000 3	0. 000 2	0. 000 1	0. 000 1	*	*	*	*	*
60	0. 000 4	0. 000 2	0. 000 1	0. 000 1	*	*	*	*	*	*	*

* <0. 000 0

附录 5.3　年金终值系数表

期数	1%	2%	3%	4%	5%	6%	7%	8%	9%	10%	11%	12%	13%
1	1. 000 0	1. 000 0	1. 000 0	1. 000 0	1. 000 0	1. 000 0	1. 000 0	1. 000 0	1. 000 0	1. 000 0	1. 000 0	1. 000 0	1. 000 0
2	2. 010 0	2. 020 0	2. 030 0	2. 040 0	2. 050 0	2. 060 0	2. 070 0	2. 080 0	2. 090 0	2. 100 0	2. 110 0	2. 120 0	2. 130 0
3	3. 030 1	3. 060 4	3. 090 9	3. 121 6	3. 152 5	3. 183 6	3. 214 9	3. 246 4	3. 278 1	3. 310 0	3. 342 1	3. 374 4	3. 406 9
4	4. 060 4	4. 121 6	4. 183 6	4. 246 5	4. 310 1	4. 374 6	4. 439 9	4. 506 1	4. 573 1	4. 641 0	4. 709 7	4. 779 3	4. 849 8
5	5. 101 0	5. 204 0	5. 309 1	5. 416 3	5. 525 6	5. 637 1	5. 750 7	5. 866 6	5. 984 7	6. 105 1	6. 227 8	6. 352 8	6. 480 3
6	6. 152 0	6. 308 1	6. 468 4	6. 633 0	6. 801 9	6. 975 3	7. 153 3	7. 335 9	7. 523 3	7. 715 6	7. 912 9	8. 115 2	8. 322 7
7	7. 213 5	7. 434 3	7. 662 5	7. 898 3	8. 142 0	8. 393 8	8. 654 0	8. 922 8	9. 200 4	9. 487 2	9. 783 3	10. 089	10. 405
8	8. 285 7	8. 583 0	8. 892 3	9. 214 2	9. 549 1	9. 897 5	10. 260	10. 637	11. 028	11. 436	11. 859	12. 300	12. 757
9	9. 368 5	9. 754 6	10. 159	10. 583	11. 027	11. 491	11. 978	12. 488	13. 021	13. 579	14. 164	14. 776	15. 416
10	10. 462	10. 950	11. 464	12. 006	12. 578	13. 181	13. 816	14. 487	15. 193	15. 937	16. 722	17. 549	18. 420
11	11. 567	12. 169	12. 808	13. 486	14. 207	14. 972	15. 784	16. 645	17. 560	18. 531	19. 561	20. 655	21. 814
12	12. 683	13. 412	14. 192	15. 026	15. 917	16. 870	17. 888	18. 977	20. 141	21. 384	22. 713	24. 133	25. 650
13	13. 809	14. 680	15. 618	16. 627	17. 713	18. 882	20. 141	21. 495	22. 953	24. 523	26. 212	28. 029	29. 985
14	14. 947	15. 974	17. 086	18. 292	19. 599	21. 015	22. 550	24. 215	26. 019	27. 975	30. 095	32. 393	34. 883
15	16. 097	17. 293	18. 599	20. 024	21. 579	23. 276	25. 129	27. 152	29. 361	31. 772	34. 405	37. 280	40. 417
16	17. 258	18. 639	20. 157	21. 825	23. 657	25. 673	27. 888	30. 324	33. 003	35. 950	39. 190	42. 753	46. 672
17	18. 430	20. 012	21. 762	23. 698	25. 840	28. 213	30. 840	33. 750	36. 974	40. 545	44. 501	48. 884	53. 739
18	19. 615	21. 412	23. 414	25. 645	28. 132	30. 906	33. 999	37. 450	41. 301	45. 599	50. 396	55. 750	61. 725
19	20. 811	22. 841	25. 117	27. 671	30. 539	33. 760	37. 379	41. 446	46. 018	51. 159	56. 939	63. 440	70. 749
20	22. 019	24. 297	26. 870	29. 778	33. 066	36. 786	40. 995	45. 762	51. 160	57. 275	64. 203	72. 052	80. 947

续表

期数	14%	15%	16%	17%	18%	19%	20%	25%	30%	35%	40%
21	104.77	118.81	134.84	153.14	174.02	197.85	225.03	429.68	820.22	1 556.5	2 925.9
22	120.44	137.63	157.41	180.17	206.34	236.44	271.03	538.10	1 067.3	2 102.3	4 097.2
23	138.30	159.28	183.60	211.80	244.49	282.36	326.24	673.63	1 388.5	2 839.0	5 737.1
24	158.66	184.17	213.98	248.81	289.49	337.01	392.48	843.03	1 806.0	3 833.7	8 033.0
25	181.87	212.79	249.21	292.10	342.60	402.04	471.98	1 054.8	2 348.8	5 176.5	11 247
26	208.33	245.71	290.09	342.76	405.27	479.43	567.38	1 319.5	3 054.4	6 989.3	15 747
27	238.50	283.57	337.50	402.03	479.22	571.52	681.85	1 650.4	3 971.8	9 436.5	22 047
28	272.89	327.10	392.50	471.38	566.48	681.11	819.22	2 064.0	5 164.3	12 740	30 867
29	312.09	377.17	456.30	552.51	669.45	811.52	984.07	2 580.9	6 714.6	17 200	43 214
30	356.79	434.75	530.31	647.44	790.95	966.71	1 181.9	3 227.2	8 730.0	23 222	60 501
31	407.74	500.96	616.16	758.50	934.32	1 151.4	1 419.3	4 035.0	11 350	31 350	84 703
32	465.82	577.10	715.75	888.45	1 103.5	1 371.2	1 704.1	5 044.7	14 756	42 324	118 585
33	532.04	664.67	831.27	1 040.5	1 303.1	1 632.7	2 045.9	6 306.9	19 184	57 138	166 019
34	607.52	765.37	965.27	1 218.4	1 538.7	1 943.9	2 456.1	7 884.6	24 940	77 137	232 428
35	693.57	881.17	1 120.7	1 426.5	1 816.7	2 314.2	2 948.3	9 856.8	32 423	104 136	325 400
40	1 342.0	1 779.1	2 360.8	3 134.5	4 163.2	5 529.8	7 343.9	30 089	120 393	466 960	*
45	2 590.6	3 585.1	4 965.3	6 879.3	9 531.6	13 203	18 281	91 831	447 019	*	*
50	4 994.5	7 217.7	10 436	15 090	21 813	31 515	45 497	280 256	*	*	*
55	9 623.1	14 524	21 925	33 090	49 910	75 214	113 219	855 281	*	*	*
60	18 535	29 220	46 058	72 555	114 190	179 495	281 733	*	*	*	*

* >999 999

附录 5.4 年金现值系数表

期数	1%	2%	3%	4%	5%	6%	7%	8%	9%	10%	11%	12%	13%
1	0. 990 1	0. 980 4	0. 970 9	0. 961 5	0. 952 4	0. 943 4	0. 934 6	0. 925 9	0. 917 4	0. 909 1	0. 900 9	0. 892 9	0. 885 0
2	1. 970 4	1. 941 6	1. 913 5	1. 886 1	1. 859 4	1. 833 4	1. 808 0	1. 783 3	1. 759 1	1. 735 5	1. 712 5	1. 690 1	1. 668 1
3	2. 941 0	2. 883 9	2. 828 6	2. 775 1	2. 723 2	2. 673 0	2. 624 3	2. 577 1	2. 531 3	2. 486 9	2. 443 7	2. 401 8	2. 361 2
4	3. 902 0	3. 807 7	3. 717 1	3. 629 9	3. 546 0	3. 465 1	3. 387 2	3. 312 1	3. 239 7	3. 169 9	3. 102 4	3. 037 3	2. 974 5
5	4. 853 4	4. 713 5	4. 579 7	4. 451 8	4. 329 5	4. 212 4	4. 100 2	3. 992 7	3. 889 7	3. 790 8	3. 695 9	3. 604 8	3. 517 2
6	5. 795 5	5. 601 4	5. 417 2	5. 242 1	5. 075 7	4. 917 3	4. 766 5	4. 622 9	4. 485 9	4. 355 3	4. 230 5	4. 111 4	3. 997 5
7	6. 728 2	6. 472 0	6. 230 3	6. 002 1	5. 786 4	5. 582 4	5. 389 3	5. 206 4	5. 033 0	4. 868 4	4. 712 2	4. 563 8	4. 422 6
8	7. 651 7	7. 325 5	7. 019 7	6. 732 7	6. 463 2	6. 209 8	5. 971 3	5. 746 6	5. 534 8	5. 334 9	5. 146 1	4. 967 6	4. 798 8
9	8. 566 0	8. 162 2	7. 786 1	7. 435 3	7. 107 8	6. 801 7	6. 515 2	6. 246 9	5. 995 2	5. 759 0	5. 537 0	5. 328 2	5. 131 7
10	9. 471 3	8. 982 6	8. 530 2	8. 110 9	7. 721 7	7. 360 1	7. 023 6	6. 710 1	6. 417 7	6. 144 6	5. 889 2	5. 650 2	5. 426 2
11	10. 368	9. 786 8	9. 252 6	8. 760 5	8. 306 4	7. 886 9	7. 498 7	7. 139 0	6. 805 2	6. 495 1	6. 206 5	5. 937 7	5. 686 9
12	11. 255	10. 575	9. 954 0	9. 385 1	8. 863 3	8. 383 8	7. 942 7	7. 536 1	7. 160 7	6. 813 7	6. 492 4	6. 194 4	5. 917 6
13	12. 134	11. 348	10. 635	9. 985 6	9. 393 6	8. 852 7	8. 357 7	7. 903 8	7. 486 9	7. 103 4	6. 749 9	6. 423 5	6. 121 8
14	13. 004	12. 106	11. 296	10. 563	9. 898 6	9. 295 0	8. 745 5	8. 244 2	7. 786 2	7. 366 7	6. 981 9	6. 628 2	6. 302 5
15	13. 865	12. 849	11. 938	11. 118	10. 380	9. 712 2	9. 107 9	8. 559 5	8. 060 7	7. 606 1	7. 190 9	6. 810 9	6. 462 4
16	14. 718	13. 578	12. 561	11. 652	10. 838	10. 106	9. 446 6	8. 851 4	8. 312 6	7. 823 7	7. 379 2	6. 974 0	6. 603 9
17	15. 562	14. 292	13. 166	12. 166	11. 274	10. 477	9. 763 2	9. 121 6	8. 543 6	8. 021 6	7. 548 8	7. 119 6	6. 729 1
18	16. 398	14. 992	13. 754	12. 659	11. 690	10. 828	10. 059	9. 371 9	8. 755 6	8. 201 4	7. 701 6	7. 249 7	6. 839 9
19	17. 226	15. 678	14. 324	13. 134	12. 085	11. 158	10. 336	9. 603 6	8. 950 1	8. 364 9	7. 839 3	7. 365 8	6. 938 0
20	18. 046	16. 351	14. 877	13. 590	12. 462	11. 470	10. 594	9. 818 1	9. 128 5	8. 513 6	7. 963 3	7. 469 4	7. 024 8

续表

期数	14%	15%	16%	17%	18%	19%	20%	25%	30%	35%	40%
21	6.687 0	6.312 5	5.973 1	5.664 8	5.383 7	5.126 8	4.891 3	3.963 1	3.319 8	2.851 9	2.497 9
22	6.742 9	6.358 7	6.011 3	5.696 4	5.409 9	5.148 6	4.909 4	3.970 5	3.323 0	2.853 3	2.498 5
23	6.792 1	6.398 8	6.044 2	5.723 4	5.432 1	5.166 8	4.924 5	3.976 4	3.325 4	2.854 3	2.498 9
24	6.835 1	6.433 8	6.072 6	5.746 5	5.450 9	5.182 2	4.937 1	3.981 1	3.327 2	2.855 0	2.499 2
25	6.872 9	6.464 1	6.097 1	5.766 2	5.466 9	5.195 1	4.947 6	3.984 9	3.328 6	2.855 6	2.499 4
26	6.906 1	6.490 6	6.118 2	5.783 1	5.480 4	5.206 0	4.956 3	3.987 9	3.329 7	2.856 0	2.499 6
27	6.935 2	6.513 5	6.136 4	5.797 5	5.491 9	5.215 1	4.963 6	3.990 3	3.330 5	2.856 3	2.499 7
28	6.960 7	6.533 5	6.152 0	5.809 9	5.501 6	5.222 8	4.969 7	3.992 3	3.331 2	2.856 5	2.499 8
29	6.983 0	6.550 9	6.165 6	5.820 4	5.509 8	5.229 2	4.974 7	3.993 8	3.331 7	2.856 7	2.499 9
30	7.002 7	6.566 0	6.177 2	5.829 4	5.516 8	5.234 7	4.978 9	3.995 0	3.332 1	2.856 8	2.499 9
31	7.019 9	6.579 1	6.187 2	5.837 1	5.522 7	5.239 2	4.982 4	3.996 0	3.332 4	2.856 9	2.499 9
32	7.035 0	6.590 5	6.195 9	5.843 7	5.527 7	5.243 0	4.985 4	3.996 8	3.332 6	2.856 9	2.499 9
33	7.048 2	6.600 5	6.203 4	5.849 3	5.532 0	5.246 2	4.987 8	3.997 5	3.332 8	2.857 0	2.500 0
34	7.059 9	6.609 1	6.209 8	5.854 1	5.535 6	5.248 9	4.989 8	3.998 0	3.332 9	2.857 0	2.500 0
35	7.070 0	6.616 6	6.215 3	5.858 2	5.538 6	5.251 2	4.991 5	3.998 4	3.333 0	2.857 1	2.500 0
40	7.105 0	6.641 8	6.233 5	5.871 3	5.548 2	5.258 2	4.996 6	3.999 5	3.333 2	2.857 1	2.500 0
45	7.123 2	6.654 3	6.242 1	5.877 3	5.552 3	5.261 1	4.998 6	3.999 8	3.333 3	2.857 1	2.500 0
50	7.132 7	6.660 5	6.246 3	5.880 1	5.554 1	5.262 3	4.999 5	3.999 9	3.333 3	2.857 1	2.500 0
55	7.137 6	6.663 6	6.248 2	5.881 3	5.554 9	5.262 8	4.999 8	4.000 0	3.333 3	2.857 1	2.500 0
60	7.140 1	6.665 1	6.249 2	5.881 9	5.555 3	5.263 0	4.999 9	4.000 0	3.333 3	2.857 1	2.500 0

参 考 文 献

[1] Ross, S.; R. W. Westerfield; J. F. Jaffe. Corporate Finance. 6th Edition, McGraw-Hill Education, 2002.

[2] Brealey, R.; S. Myers. Principles of Corporate Finance. 6th edition, McGraw-Hill Companies, Inc., 2000.

[3] Palepu, K. G.; P. M. Healy; V. L. Bernard. Business Analysis & Valuation: Using Financial Statements: Text &Cases. 2nd Edition, South-Western College Publishing, 2000.

[4] Shapiro, A. Modern Corporate Finance. Macmillan Publishing, 1990.

[5] Ross, S.; S. Thompson. Fundamentals of Corporate Finance. First Australian Edition, IRWIN, 1994.

[6] Levy, H.; M. Sarnat. Capital Investment and Financial Decision. 5th Edition, Prentice Hall, 1994.

[7] Haugen, R. A. Modern Investment Theory. 4th Edition, Prentice Hall, International, Inc, 1994.

[8] Copeland, T.; J. Weston. Financial Theory and Corporate Policy. 3rd Edition, Addison Wesley, 1990.

[9] 朱翊照，王德萍. 资本运营管理［M］. 上海：复旦大学出版社，2010.

[10] 梅君，李悦，胡松. 上市公司并购与重组［M］. 北京：中国人民大学出版社，2008.

[11] 财政部注册会计师考试委员会办公室. 财务成本管理［M］. 北京：经济科学出版社，2007.

[12] 谷祺，刘淑莲. 财务管理［M］. 大连：东北财经大学出版社，2007.

[13] 刘志远. 高级财务管理［M］. 上海：复旦大学出版社，2007.

[14] 徐鹿，邱玉兴. 高级财务管理［M］. 北京：科学出版社，2007.

[15] 王庆成，李相国. 财务管理学［M］. 北京：中国财政经济出版社，2006.

[16] 钟新桥，刘荣英，杨洛新. 现代企业财务管理［M］. 武汉：武汉理工大学出版社，2006.

[17] 刘淑莲. 高级财务管理理论与实务［M］. 大连：东北财经大学出版社，2005.

[18] 王庆成，郭复初. 财务管理学［M］. 北京：高等教育出版社，2004.

[19] 余绪缨. 企业理财学［M］第二版. 沈阳：辽宁人民出版社，2004.

[20] 陈文浩. 公司财务［M］. 上海：上海财经大学出版社，2003.

[21] 陈荣奎. 公司财务管理学［M］. 厦门：厦门大学出版社，2002.

[22] 王化成. 财务管理教学案例［M］. 北京：中国人民大学出版社，2001.

[23] 陆正飞. 高级财务管理［M］. 杭州：浙江人民出版社，2000.

[24] 汤谷良，王化成. 企业财务管理学［M］. 北京：经济科学出版社，2000.

[25] 荆新，王化成，刘俊彦. 财务管理学［M］. 北京：中国人民大学出版社，2000.

[26] 毛付根，林贻武. 会计大典——理财学［M］. 北京：中国财政经济出版社，1999.